FREI CLARÊNCIO NEOTTI, OFM

MINISTÉRIO DA
PALAVRA

COMENTÁRIO AOS EVANGELHOS
DOMINICAIS E FESTIVOS

ANO C

EDITORA
SANTUÁRIO

DIREÇÃO EDITORIAL:
Fábio Evaristo R. Silva, C.Ss.R.

CONSELHO EDITORIAL:
Ferdinando Mancilio, C.Ss.R.
Marlos Aurélio, C.Ss.R.
Mauro Vilela, C.Ss.R.
Ronaldo S. de Pádua, C.Ss.R.
Victor Hugo Lapenta, C.Ss.R.

COORDENAÇÃO EDITORIAL:
Ana Lúcia de Castro Leite

REVISÃO:
Luana Galvão

DIAGRAMAÇÃO E CAPA:
Bruno Olivoto

**Dados Internacionais de Catalogação na Publicação (CIP)
(Câmara Brasileira do Livro, SP, Brasil)**

Neotti, Clarêncio
  Ministério da palavra: comentário aos Evangelhos dominicais e festivos: ano C/ Clarêncio Neotti. Aparecida, SP: Editora Santuário, 2018.

  ISBN 978-85-369-0532-7

  1. Ano litúrgico 2. Bíblia. N.T. Atos dos Apóstolos – Comentários 3. Igreja Católica – Liturgia 4. Palavra de Deus (Teologia) I. Título.

18-12957   CDD-264.029

Índices para catálogo sistemático:
1. Comentários: Evangelhos dominicais e festivos:
   Liturgia: Igreja Católica 264.029
2. Evangelhos dominicais e festivos: Comentários:
   Liturgia: Igreja Católica 264.029

1ª impressão

Todos os direitos reservados à **EDITORA SANTUÁRIO** – 2018

Rua Pe. Claro Monteiro, 342 – 12570-000 – Aparecida-SP
Tel.: 12 3104-2000 – Televendas: 0800 - 16 00 04
www.editorasantuario.com.br
vendas@editorasantuario.com.br

ABREVIATURAS E SIGLAS DA BÍBLIA

Ab - Abdias
Ag - Ageu
Am - Amós
Ap - Apocalipse
At - Atos dos Apóstolos
Br - Baruc
Cl - Colossenses
1Cor - 1ª Coríntios
2Cor - 2ª Coríntios
1Cr - 1º Crônicas
2Cr - 2ª Crônicas
Ct - Cântico dos Cânticos
Dn - Daniel
Dt - Deuteronômio
Ecl - Eclesiastes
Eclo - Eclesiástico (Sirácida)
Ef - Efésios
Esd - Esdras
Est - Ester
Êx - Êxodo
Ez - Ezequiel
Fl - Filipenses
Fm - Filêmon
Gl - Gálatas

Gn - Gênesis
Hab - Habacuc
Hb - Hebreus
Is - Isaías
Jd - Judas
Jl - Joel
Jn - Jonas
Jó - Jó
Jo - João
1Jo - 1ª João
2Jo - 2ª João
3Jo - 3ª João
Jr - Jeremias
Js - Josué
Jt - Judite
Jz - Juízes
Lc - Lucas
Lm - Lamentações
Lv - Levítico
Mc - Marcos
1Mc - 1º Macabeus
2Mc - 2º Macabeus
Ml - Malaquias
Mq - Miqueias

Mt - Mateus
Na - Naum
Ne - Neemias
Nm - Números
Os - Oseias
1Pd - 1ª Pedro
2Pd - 2ª Pedro
Pr - Provérbios
Rm - Romanos
1Rs - 1º Reis
2Rs - 2º Reis
Rt - Ruth
Sb - Sabedoria
Sf - Sofonias
Sl - Salmos

1Sm - 1º Samuel
2Sm - 2º Samuel
Tb - Tobias
Tg - Tiago
1Tm - 1ª Timóteo
2Tm - 2ª Timóteo
1Ts - 1ª Tessalonicenses
2Ts - 2ª Tessalonicenses
Tt - Tito
Zc - Zacarias
AT - Antigo Testamento
NT - Novo Testamento
a.C. - Antes de Cristo
d.C. - Depois de Cristo

INTRODUÇÃO

O volume C, dedicado, sobretudo, ao Evangelho de Lucas, segue o mesmo esquema do anterior.
Sabemos que a segunda leitura da liturgia dominical tem sempre um sentido pastoral, mas considerei pouco a segunda leitura, como poucas vezes levei em conta o elo buscado ou evidente entre as três leituras ou entre o Salmo responsorial e o Evangelho. Por opção, fiquei só com o Evangelho, em sua linguagem direta ou simbólica, com o gosto da cultura da época e, especificamente, do mundo hebreu, mas ultrapassando tempos, mentalidades e ambientes sociogeográficos. Já dizia Santo Efrém († 373) que as águas que correm dos textos da Escritura são tão abundantes que mais são as que se 'perdem' do que as que pode um sedento beber.

Lucas não era hebreu, não conheceu Jesus nem foi seu discípulo. Siro-antioqueno de origem, era pagão convertido ao Cristianismo e acompanhou Paulo em várias viagens. Paulo o chama de "meu médico caríssimo" (Cl 4,14). O nome é grego e é um diminutivo de Lúcio. Ele compôs tanto o terceiro Evangelho quanto o livro dos Atos dos Apóstolos e dedicou ambos a certo 'Teófilo' que, certamente, é nome fictício. Teófilo significa 'amigo de Deus'. Podemos todos considerar-nos destinatários de seu Evangelho. Lucas é homem culto, possivelmente médico de profissão, que pesquisou as fontes para escrever: "Depois de acurada investigação de tudo desde o início ... me pareceu conveniente escrever a história ordenadamente, para melhor conhecimento da doutrina" (Lc 1,3-4).

O advérbio 'ordenadamente' nos previne que ele pode ter juntado ditos e milagres de Jesus, acontecidos em momentos diferentes, mas postos por ele juntos por razões pedagógicas ou de estilo ou de enquadramento pré-definido. Independentemente do conteúdo teológico, os historiadores modernos põem Lucas entre os grandes autores da historiografia antiga. Os estilistas costumam elogiar muito seu vocabulário grego e sua inteligente maneira (hoje diríamos: inculturação) de transmitir ao mundo pagão fatos, mistérios e milagres acontecidos dentro do ambiente sócio-religioso-cultural hebraico. Embora não sendo hebreu, Lucas faz toda a história começar em Jerusalém, precisamente no templo, com o anúncio do nascimento de João Batista (Lc 1,5-21), e terminar em Jerusalém, novamente no templo, com os discípulos de Jesus louvando a Deus (Lc 24,53). A Cidade Santa, para Lucas, é mais que um lugar geográfico: é o lugar que Deus escolheu para o céu e a terra se tocarem e se unirem na pessoa de seu Filho nascido em carne humana.

Embora os temas lucanos não sejam estranhos aos outros Evangelistas, Lucas acentua a preferência de Deus pelos pobres e desprezados (entre os quais estavam os pobres de fato, que eram muitos, os chamados pecadores, as mulheres, as crianças, os portadores de defeito físico, os samaritanos). Jesus é apresentado como a esperança dos que têm motivos para não tê-la mais (por exemplo, o episódio da viúva-mãe à entrada de Naim). No tempo de Jesus, três quartas partes dos habitantes da Palestina, hebreus ou não, eram escravos ou libertos com direitos restringidos. Lucas apresenta um Jesus que, desde a primeira pregação na Sinagoga de Nazaré, "proclama um ano de graça para todos" (Lc 4,19), isto é, de libertação e liberdade, porque ninguém nasce escravo entre os filhos de Deus.

Talvez por sua origem pagã, Lucas é o Evangelista da universalidade. Todo o Antigo Testamento está centrado em um único povo, que se considerava eleito por Deus e único merecedor de suas bênçãos e recompensas. Inúmeras vezes Lucas mostra que Jesus viera para todos; *todos* no sentido de povos, *todos* no sentido de classe social dentro de um determinado povo. A leitura atenta do Evangelho de Lucas, que dá grande realce à missão da mulher na história da sociedade e na história da salvação, mostra que Deus não dispôs para as mulheres um papel inferior aos homens. Lucas é o Evangelista que mais relevo dá a Maria de Nazaré, mãe carnal do Filho de Deus, apresentando-a não só como mãe de Jesus, mas também como protótipo da Igreja inteira, que não só é fecundada pelo Espírito Santo, mas também recebe a plenitude dos dons eclesiais, junto com os Apóstolos, no Cenáculo, no dia de Pentecostes (At 1,14).

Lucas é o Evangelista que mais fala da oração, fazendo Jesus rezar antes de tomar as grandes decisões (nove vezes Lucas fala de Jesus em oração). Toda a cena do Calvário se passa num clima de oração. Lucas é o único, aliás, que nos conservou algumas orações como o Magnificat, o Cântico de Zacarias, a Oração do velho Simeão. Sem esquecer uma extraordinária e íntima oração de Jesus (trazida também por Mateus): "Eu te dou graças, Senhor do céu e da terra, porque escondeste estas coisas aos sabidos e prudentes, e as revelaste aos pequeninos. Sim, Pai, porque assim foi do teu agrado" (Lc 10,21-22). Lucas observa antes da oração de Jesus: "Jesus se sentiu inundado de alegria no Espírito Santo". O Evangelho de Lucas frisa muito a alegria, não tanto a alegria-sentimento, mas a alegria-certeza de que Deus nos ama e nos quer todos salvos e santos com ele. Costumamos ver no Magníficat um hino de ação de graças. Mas é também um cântico de alegria diante das maravilhas feitas pelo Senhor.

Lucas é o Evangelista que mais salienta a misericórdia de Deus. Os Santos Padres o chamam de 'Evangelista da misericórdia'. Bastaria lembrar a parábola do Bom Samaritano (Lc 10,30-37), ou a parábola do Filho Pródigo (Lc 15,11-32), ou o episódio da cura dos dez leprosos (Lc 17,11-19), ou o perdão concedido ao ladrão arrependido na Cruz (Lc 23,42-43): páginas que encontramos somente no Evangelho de Lucas e que modificam toda a teologia do perdão e da misericórdia, sustentada pelo Antigo Testamento.

A Constituição dogmática *Dei Verbum*, do Concílio Vaticano II, ensina: "A Igreja sempre venerou as divinas Escrituras da mesma forma como o próprio Corpo do Senhor". E "É tão grande o poder e a eficácia que se encerram na Palavra de Deus, que ela constitui sustentáculo e vigor para a Igreja, e, para seus filhos, firmeza da fé, alimento da alma, pura e perene fonte da vida espiritual" (n. 21). Pode ser ousadia minha, mas peço a Deus que estas páginas sejam "espírito e vida" (*Jo* 6,63).

Cito muitas vezes o Concílio Vaticano II, que deu novos rumos à religião, nova visão do Cristianismo. Talvez convenha lembrar às gerações novas que o Concílio foi a assembleia solene dos Bispos de todo o mundo, convocados pelo Papa e reunidos no Vaticano de 11 de outubro de 1963 a 8 de dezembro de 1965. Durante o Concílio, aconteceu a morte do Papa João XXIII e a eleição de Paulo VI, que levou a término a grande assembleia.

O Concílio produziu 16 documentos. Eles costumam ser citados pelas duas primeiras palavras latinas. Nem todos são citados neste volume. Dou, no entanto, o título de todos, na ordem em que foram publicados:

1. *Lumen Gentium* (Luz dos povos). Sobre a própria Igreja.
2. *Dei Verbum* (Palavra de Deus). Sobre a revelação divina.
3. *Gaudium et Spes* (Alegria e esperança). Sobre a Igreja no mundo de hoje.
4. *Sacrosanctum Concilium* (Sacrossanto Concílio). Sobre a sagrada Liturgia.
5. *Unitatis Redintegratio* (Reintegração da unidade). Sobre o Ecumenismo.
6. *Orientalium Ecclesiarum* (Igrejas orientais). Sobre as Igrejas católicas de rito oriental.
7. *Ad Gentes* (Às nações). Sobre a atividade missionária na Igreja.
8. *Christus Dominus* (Cristo Senhor). Sobre o múnus pastoral dos Bispos.
9. *Presbyterorum Ordinis* (Ordem dos presbíteros). Sobre o ministério dos sacerdotes.
10. *Perfectae Caritatis* (Perfeita caridade). Sobre a vida religiosa.
11. *Optatam Totius* (Desejada renovação). Sobre a formação sacerdotal.
12. *Apostolicam Actuositatem* (Atividade apostólica). Sobre o apostolado dos leigos.
13. *Inter Mirifica* (Entre as coisas admiráveis). Sobre os meios de comunicação social.
14. *Gravissimum Educationis* (Importância da educação). Sobre a educação cristã.

15. *Dignitatis Humanae* (Dignidade da pessoa). Sobre a liberdade religiosa.
16. *Nostra Aetate* (Nossa época). Sobre o relacionamento com as religiões não cristãs.

Cito muitas vezes o Catecismo. Trata-se do volume *Catecismo da Igreja Católica*, promulgado pelo Papa São João Paulo II no dia 11 de outubro de 1992.

Sou da opinião que nenhum pregador da Palavra de Deus ouse falar em reunião da comunidade, se não estudou os quatro Evangelhos, o Catecismo e os Documentos conciliares.

Mais um lembrete: propositadamente nos comentários aos Evangelhos, há frases lapidadas, que podem ser escritas em cartazes, ou projetadas para ajudar a reflexão em comum, partilhada, sobretudo, numa comunidade pequena.

Frei Clarêncio Neotti, OFM

TEMPO DO ADVENTO

1º DOMINGO DO ADVENTO

*1ª leitura: Jr 33,14-16
Salmo: Sl 24
2ª leitura: 1Ts 3,12-4,2
Evangelho: Lc 21,25-28.34-36*

Penamos e combatemos, porque esperamos em Deus vivo, nosso Salvador (1Tm 4,10)

ONDE HÁ ESPERANÇA, HÁ VIDA, ONDE HÁ VIDA, HÁ ESPERANÇA

A Igreja, peregrina no mundo, reveste-se de espera-esperança, aguardando o Messias que vem no Natal e o Messias que virá glorioso no fim de nossa história. É o mesmo Messias. Esse tempo de Advento (a palavra vem do verbo *vir* e quem vem é o Messias) é uma catequese de esperança. Estamos acostumados a viver o imediato, o momento presente. Muitas vezes nos faltam o sentido e a virtude da espera. Quem não espera envelhece rápido. A criatura humana só envelhece realmente à medida que perde as razões da esperança. Nossa espera pode ter muitos coloridos, sentimentos e emoções. Mas é ela que nos mantém vivos, em todos os sentidos. Podemos dizer que "onde há vida, há esperança". E podemos inverter a frase e dizer que "onde há esperança, há vida".

Estamos esperando aquele que disse: "Eu sou a vida" (*Jo* 14,6). Aquele que declarou: "Vim para que todos tenham a vida e a tenham em plenitude" (*Jo* 10,10). Esperança e vida então se exigem e se entrecruzam. Na primeira vinda, assumindo nossa condição em tudo, menos no pecado (*Hb* 4,15), o Messias nos redimiu e trouxe todas as possibilidades de viver. Na segunda vinda, que acontecerá exatamente na morte, ele transformará a morte em vida gloriosa, o fim em começo. Vivemos a presente vida na espera da eterna. O Advento, então, é um tempo de reflexão sobre as duas vindas do Senhor, ambas ligadas à vida humana, ambas ligadas à vida divina, ambas ligadas à minha vida pessoal.

São três as vindas do Senhor

São Bernardo faz uma belíssima observação sobre as vindas de Jesus: "Existem três vindas do Senhor. De fato, uma vinda escondida acontece entre as duas que conhecemos. Na primeira, o Verbo apareceu na terra, conversou com a gente. Na última, cada um de nós verá a salvação. Oculta, porém, é a vinda intermédia. Só os eleitos veem o Senhor como Salvador dentro de si mesmos. Na primeira vinda, portanto, ele veio na fraqueza da carne, na intermédia vem com a força do Espírito, na última virá na majestade de sua glória. Portanto, a vinda intermédia é, por assim dizer, o caminho que une a primeira à última: na primeira, Cristo foi nossa redenção; na última, manifestar-se-á como nossa vida; na intermédia, é nosso repouso e nossa consolação".

Somos os eleitos, que recebemos contínuas visitas do Senhor. Somos os eleitos, em cujo coração mora o Senhor. Somos os eleitos que já aqui e agora formamos o Corpo de Cristo (*1Cor* 12,27). Por isso, a esperança que celebramos no Advento tem muito de certeza e, necessariamente, assume um sentido de gratidão.

Começamos hoje o chamado Ano C. Lucas nos acompanhará em quase todos os domingos do ano. Ele acentua a misericórdia de Deus, a gratidão, que devemos ter, e a universalidade da salvação. O Cristo do Natal, o Cristo do Juízo final é a encarnação da misericórdia divina. Misericórdia para todos, sem exceção de ninguém, por mais pecador que seja. Por isso a criatura, redimida por Cristo, deveria estar em permanente agradecimento. Viver com o coração agradecido, voltado para o Senhor, é a melhor atitude de espera pela segunda vinda do Cristo.

Não ficará pedra sobre pedra

Não nos devem espantar os termos do Evangelho de hoje. Temos o chamado 'estilo apocalíptico', sempre usado, quando a Escritura fala das últimas coisas que acontecerão para a criatura humana (morte, julgamento, inferno ou paraíso). Todos os estilos têm seus símbolos, figuras e comparações. O estilo apocalíptico usa símbolos tremendos, buscados em catástrofes da natureza. É preciso saber o significado dos símbolos para se entender o que expressam. Na linguagem de cada dia, usamos continuamente símbolos. Todos os povos têm seus símbolos. Não há liturgia, não há religião sem símbolos.

Para falar da morte, Lucas usa a figura da cidade santa de Jerusalém, com o majestoso templo de construção inacabada e tido já como uma das sete maravilhas do mundo. Olhando o templo, Jesus disse: "Não ficará pedra sobre pedra, tudo será destruído" (Lc 21,6). A destruição aconteceu entre 60 e 70 depois de Cristo.

Nossa vida é como a Cidade Santa. Tudo gira em torno dela. Todas as precauções são tomadas em sua defesa. Dentro da vida, construímos nosso templo, feito dos mais preciosos materiais: a honra, a honestidade, a ciência, a sabedoria, o conhecimento profissional. Esse templo se torna o encanto e a razão de nossa vida. Embora inacabado, porque a vida sempre nos traz acréscimos, é majestoso; gostamos dele. Todos nós temos essa experiência: a de admirar nossas obras, a de escutar aplausos aos trabalhos que fizemos. No entanto, virá o dia do fim da vida terrena. Esse fim chama-se morte, que não necessita de sol (v. 25), que chega carregado de dor e angústia para todos (v. 25), causando desmaios (v. 26). Sua chegada é tida como um mal (que, figurado no barulho do mar e na violência das ondas, no pensamento de muitos contemporâneos de Jesus, era a morada dos demônios). Quando chega o fim, a criatura humana se sente só, sem ter em quem se apoiar, nem mesmo nas forças do céu (v. 26).

Pronto para caminhar eternidade adentro

O cristão, porém, poderá ter outra atitude diante da morte, diante de seu fim de mundo, porque sua morte é encontro com o Salvador, que venceu a morte e a transformou em porta de glória (v. 27). O mesmo poder sobre a morte (v. 27) e a mesma esperança de glória Jesus reparte conosco: são frutos de sua Páscoa, de sua vitória. Essa certeza é suficiente para que o cristão enfrente a morte de cabeça erguida (v. 29), pronto para caminhar eternidade adentro, porque para o cristão, a morte é libertação (v. 28) e encontro face a face com Jesus (v. 36).

Diante da perspectiva da morte e para que ela possa ser uma páscoa libertadora, Jesus volta a insistir no tema da vigilância (v. 34 e 36). Quando ele vier, quer-nos encontrar vigilantes (v. 36). Essa vigilância consiste, por um lado, em ficarmos atentos à presença de Deus, às muitas vindas 'intermédias' de Cristo, e vivermos essa chegada e presença o mais intensamente possível. Por outro lado, consiste em não praticarmos o que obscurece a presença do Senhor, o que impede que sejamos morada agradável de Deus, o que impede que Deus nos faça frutificar. Jesus resume esses empecilhos no exagero da satisfação corporal, quando nos apegamos às coisas terrenas (v. 34). O Advento é justamente um tempo de reflexão de como estamos vivendo a espera do Senhor.

A melhor técnica para manter-nos vigilantes e na presença do Senhor é rezar (v. 36). Jesus usou essa técnica (*Lc* 22,41-42) e a ensinou (*Lc* 22,40). A oração alivia o coração (v. 34), dá força, coragem (v. 36) e nos acostuma a ficar diante de Deus de tal modo que, quando estivermos face a face com o Supremo Juiz, sintamo-nos à vontade, como quando estamos diante de um amigo confidente. Quando pensamos a morte como um fim de tudo, invade-nos o medo. Quando pensamos a morte como um encontro com o Senhor, nossa morte toma um sentido de Natal, porque nela nascemos para o Senhor.

2º DOMINGO DO ADVENTO

1ª leitura: Br 5,1-9
Salmo: Sl 125
2ª leitura: Fl 1,4-6.8-11
Evangelho: Lc 3,1-6

Esta é a estrada, caminhai nela! (Is 30,21)

A HISTÓRIA DA SALVAÇÃO ACONTECE DENTRO DA HISTÓRIA HUMANA

A vinda salvadora de Jesus é comparada no Evangelho de hoje ao grande retorno do povo, vindo do exílio da Babilônia. Uma volta prenhe de esperança, com marcas de glória e de festa. As palavras pronunciadas, ou postas na boca de João Batista, são de Isaías (Is 40,3-5). Com elas o profeta anuncia a seus conacionais o fim da escravidão babilônica e o retorno à pátria. Um anúncio, que bem pode chamar-se de *evangelho*, isto é, uma boa notícia.

A estrada a preparar já não é mais a que atravessa o deserto de Babilônia a Jerusalém, mas outra: a que vai da mente ao coração. Se difícil foi atravessar a primeira, não menos difícil é caminhar a segunda, cheia de insídias e obstáculos, que são os conhecidos ídolos que impedem a aproximação de Deus e a criatura humana. Esses ídolos se chamam pecado e podem ser representados pela inveja, pelo orgulho ou pela vaidade, pela cobiça ou pelo roubo, pela luxúria ou pela impiedade, ou por tantos outros pecados conhecidos de todos. Esses ídolos impedem de 'ver' a salvação vinda de Deus.

João Batista se diz aquele que vai à frente, conclamando a todos a preparar a estrada para a passagem de Deus e a unir-se a ele no cortejo. Abrir uma estrada real no deserto parece obra impossível. João vem dizer que a possibilidade está na conversão, no perdão dos pecados. A conversão é um tema habitual na pregação dos profetas, em João Batista e também um tema central na pregação de Jesus, desde o início de sua vida pública. O tempo da libertação, da salvação é chegado. O Messias vai passar como "luz para iluminar o povo" (*Lc* 2,32). O Messias vai passar, sendo ele próprio o caminho para todos (*Jo* 14,6).

Todos verão a salvação de Deus

Conta-se hoje o início da atividade de João Batista, o último dos grandes Profetas do Antigo Testamento e o primeiro do Novo. Por um lado, Lucas segue o estilo do Antigo Testamento, ligando a pregação do Profeta a um dado histórico (*Os* 1,1; *Is* 1,1; *Mq* 1,1). Por outro, parece que Lucas previa que estava escrevendo para o mundo todo e para todos os tempos: dá o momento preciso da história (v. 1), o ambiente histórico-geográfico (v. 1) e o contexto religioso (v. 2).

Talvez o faça por duas razões. Uma, para acentuar que o Reino de Deus não é mito, não é fantasia, mas um acontecimento histórico. A história da salvação acontece dentro da história humana. E em muitos momentos os protagonistas são os mesmos. Outra, para mostrar que todos os poderes e reinos terrenos serão substituídos pelo Reino de Deus, embora em termos bem diferentes.

Lucas é o Evangelista da universalidade. Ao longo do seu Evangelho, procura mostrar que Jesus veio para todos. O tema ficará bastante claro no Evangelho lido no próximo domingo e em outros episódios que veremos durante o ano. Mas já hoje, ao lado da Galileia e da Judeia, enumera duas regiões pagãs. Todos são chamados. "Todos verão a salvação de Deus" (v. 6). Para nós hoje isso é lógico. Mas não o era para o tempo de Jesus, porque o povo hebreu se julgava o único povo escolhido, o único a merecer a amizade de Deus, o único a salvar-se.

Personagens históricas contemporâneas de Jesus

Vejamos um pouco as personagens enumeradas por Lucas no início de sua pregação profética. Tibério (César) era filho adotivo e genro do imperador (César) Augusto, que imperava quando Jesus nasceu (*Lc* 2,1). Sucedeu a Augusto no ano 14 e reinou até março de 37. Mas já desde o ano 12 tinha o poder nas mãos, porque Augusto estava doente. Pôncio Pilatos foi procurador romano na Judeia e Samaria de 26 a 36. Numa carta a Tibério, Herodes define Pilatos como "um homem duro, difícil de dobrar". Teve parte ativa na morte de Jesus e ficou na história como um homem venal, prepotente e cruel. Há muitas lendas em torno de sua vida depois da morte de Jesus.

Herodes Antipas era o filho mais moço de Herodes Magno (*Mt* 2 e *Lc* 1,5). Herodes tinha o título de tetrarca, isto é, governador de uma quarta parte do reinado de seu pai, Herodes Magno. O título de rei era comprado. E o povo o chamava de rei, para agradá-lo. Foi ele que mandou matar João Batista e zombou de Jesus na Paixão (*Mt* 14,1-12; *Lc* 23,8-12). Governou a Galileia do ano 4 antes de Cristo a 39 depois de Cristo, quando foi deposto e exilado. Felipe também era filho de Herodes Magno, mas só meio irmão de Antipas (Herodes Magno tinha dez mulheres). Governou até o ano 34. Lisânias, pouco conhecido, governou Abilene, território que hoje seria parte do Líbano, entre os anos 14 e 29 depois de Cristo.

É sabido o erro de quem calculou o calendário cristão. Provavelmente Jesus nasceu 6 ou 7 anos antes do chamado ano 1 da era cristã. Por isso, no 15º ano do Reinado de Tibério César (anos 26 ou 27), Jesus tinha *cerca* de 30 anos (*Lc* 3,23). Anás foi sumo sacerdote de 6 a 15. Quem o sucedeu foi seu genro Caifás (18 a 36). Mas Anás, embora deposto, continuou com toda a sua influência e era chamado de sumo sacerdote ainda no interrogatório de Jesus (*Jo* 18,13.19.24). Anás e Caifás eram saduceus.

João Batista: uma figura profética

Descrito o contexto histórico-geográfico, Lucas pinta, com uma única expressão, a figura de João: recebeu de Deus a palavra, isto é, foi por Deus tornado profeta. Ninguém é profeta por escolha pessoal como o é um médico ou um arquiteto. A vocação vem de Deus. De Deus também é o ensinamento que o profeta deve transmitir. Lucas diz que a Palavra de Deus veio sobre João no deserto (v. 2). É o deserto de Judá, não formado de areias, mas de montanhas calcárias onde, se chover, poderá crescer vegetação. Esse deserto era habitado, nos tempos de Jesus, por centenas de monges, chamados essênios. Viviam no deserto para 'preparar a vinda do Senhor' por meio da penitência e da santificação pessoal. Esperavam um Messias político, que restaurasse a liberdade nacional, o culto no templo, a compreensão das Escrituras e o predomínio de Israel sobre os outros povos.

É possível que João tenha vivido com eles. Segundo Marcos, João se propusera "preparar no deserto os caminhos do Senhor" (*Mc* 1,3). A figura penitente de João lembra os monges do deserto. Mas sua pregação era profética: vinha de Deus. Enquanto João se tornou uma figura destacada nos Evangelhos, em momento nenhum os Evangelhos citam os essênios, que só conhecemos de escritos não bíblicos. Também não se pode esquecer do sentido simbólico de deserto: terra ressequida, estéril, enquanto não receber água. Assim é a humanidade. Cristo, água viva, torna-a frutífera.

Os hebreus usavam muito as abluções. Mas a de João Batista tinha um sentido novo. Batismo significa imersão. E era um sinal público de que se queria mudar de vida, largar um caminho e tomar outro. Sobretudo deixar um modo humano e utilitarista de pensar e começar a pensar conforme os mandamentos de Deus, deixar de procurar os próprios interesses, para voltar o coração e a mente para Deus. Viver com o coração e a mente em Deus o Antigo Testamento chamava de sabedoria. A esse tipo de sábio serão revelados os mistérios do Reino (*Lc* 10,21).

3º DOMINGO DO ADVENTO

1ª leitura: Sf 3,14-18a
Salmo: Ct. Is 12,2-3.4bcd.5-6
2ª leitura: Fl 4,4-7
Evangelho: Lc 3,10-18

O Senhor é nosso Legislador, nosso Juiz, nosso Rei: ele nos salvará (Is 33,22)

NA HISTÓRIA DA SALVAÇÃO CONTA TAMBÉM O COTIDIANO DE CADA UM

Nos primeiros dois domingos falava-se de uma estrada que devemos abrir no deserto (coração humano) para a chegada do Messias. Essa estrada é sinônimo de conversão. Hoje o Evangelho responde à pergunta que normalmente nasce de um coração arrependido e com boa vontade: "Que devo fazer?" Todos devem fazer-se essa pergunta. Mas cabe a cada um corrigir seu próprio caminho para que se encontre, pessoalmente, com o caminho do Senhor.

A primeira parte do Evangelho que lemos hoje é exclusiva de Lucas. João Batista diz na pregação: "Fazei dignos frutos de conversão" (v. 8). Sempre a conversão. Sempre uma conversão vista como dinâmica e fecunda. O povo, que o escuta com simpatia, quer saber que coisa concreta deve fazer para que se produzam esses frutos. João dá alguns exemplos. Na segunda parte do trecho que lemos hoje, vemos que o maior de todos os frutos, produzido pela conversão, é o reconhecimento de Jesus de Nazaré como Messias, que vem na força do Espírito de Deus, repartindo com o convertido o mesmo Espírito Santo.

Novamente nos são lembradas as duas vindas do Messias: a do Natal e a do Juízo final. Durante a primeira vinda, Jesus derrama seu Espírito sobre quantos crerem nele. Na segunda, separará o trigo da palha, recolherá o trigo (os bons, que se deixaram fecundar pelo Espírito Santo e produziram frutos de santidade) e queimará a palha (os maus, que se encheram com a própria vaidade, estéril para o balanço final). As duas vindas são motivos de alegria, temas bem presentes na Liturgia de hoje, particularmente nas duas primeiras leituras e no salmo responsorial (*Is* 12,2-6).

Darei a cada um segundo suas obras

As boas obras são o prato positivo da balança em que o outro prato são os nossos pecados. O Apocalipse põe na boca do Cristo Juiz estas palavras: "Virei em breve e comigo a minha recompensa, para distribuir a cada um segundo suas obras" (*Ap* 22,12). As classes sociais costumam ter pecados específicos, por isso as boas obras também são específicas. Lucas é o Evangelista da universalidade, isto é, que insiste em que o Messias veio para todos. Todos, no sentido de que nenhum povo, em nenhum tempo, está excluído; todos, no sentido de ele vir para bons e maus, justos e pecadores. Não é por acaso que Lucas cita duas classes sociais desprezadas e tidas como pecadoras, que deviam ser evitadas pelos 'bons', embora estivessem presentes na vida de cada dia de toda a sociedade.

A primeira classe é a dos publicanos (cobradores de impostos). Eles cobravam os impostos para romanos e ganhavam sobre a quantidade arrecadada. Eram odiados. Fariseus e saduceus não mantinham com eles nenhuma convivência. A segunda classe é a dos soldados. Eram mercenários, considerados permanentemente impuros pela possibilidade de haverem derramado sangue e de estarem a serviço do poder estrangeiro. No tempo de Jesus, era proibido aos judeus o serviço militar. Por isso, esses soldados que foram escutar João Batista deviam ser pagãos a serviço de Herodes Antipas. A todos, indistintamente, João pregava a chegada do Senhor: "Todos verão a salvação de Deus" (*Lc* 3,6).

Cristianismo: religião da partilha

Nessas classes sociais e na multidão (v. 10), João Batista vê os vícios principais a serem corrigidos: apego aos bens materiais, simbolizados na posse de duas túnicas ou no armazenamento de comida (v. 11). A conversão exige o desapego, que se expressa, muitas vezes, no repartir o que se tem e o que se é com os necessitados. Jesus vai insistir no mesmo tema. O Cristianismo é, por excelência, uma religião de partilha. Também, para o cristão de hoje, o apego continua sendo um ponto muito difícil a superar, se quiser viver de forma evangélica.

Outro, parecido ao primeiro e com ele ligado, é a ganância, que provoca a fraude e o roubo (v. 13). Ela está no nosso coração como o sangue nas veias. Santo Antônio, num sermão quaresmal, dizia que todos os que bebem água do poço da ganância de novo terão sede, isto é, mais correrão atrás dela para se satisfazerem. A penitência consistirá em mudar de mentalidade, de caminho e rumar para a justiça, que nunca explora nem extorque, mas prepara a consciência para a caridade fraterna.

O abuso da força é outro pecado a ser vencido (v. 14) como condição para receber o Messias. No tempo de Jesus, o povo vivia violentado por todos os lados. E não é diferente nos dias de hoje. Vivemos não apenas cercados de violências, mas somos vítimas de inúmeras delas, da parte do poder político, do poder econômico, do poder estrangeiro, do poder dos ladrões. Todo o abuso de força enfraquece a criatura humana e a comunidade. Os três pecados apontados pelo Batista costumam andar juntos. O egoísmo, que não deixa repartir, e a ganância, que exige sempre, mais pedem a violência para a sua defesa. Os três tornam o coração humano impermeável à graça.

O fogo que separa graça e desgraça

A comparação entre o batismo com água e o batismo com o Espírito Santo realça bem a diferença que há entre João e Jesus. Um é profeta. O outro é o Filho de Deus. Um recebe tudo de Deus. O outro tem tudo e é tudo. Santo Agostinho diria: João é a voz no tempo, Jesus é a Palavra eterna, que existe desde o princípio. Se tirarmos a palavra, continua Agostinho, que sentido teria a voz? O batismo com água era um símbolo de purificação. O batismo com o Espírito Santo é santificação, divinização, participação na vida de Deus.

O batismo com fogo pode ter três significados. Por irradiar calor e luz, pode ser símbolo da majestade e da força divina (*Is* 33,14; *Hb* 12,29). Nesse sentido, reforça a diferença entre João e Jesus. Num segundo símbolo, o fogo pode significar a força purificadora: a figura é tomada do crisol, que separa a ganga do ouro. Assim entendido, o Batismo trazido pelo Messias limparia o coração humano, separando o ouro da graça das muitas impurezas. Um terceiro sentido lembra o fogo do inferno. Se Jesus é a plenitude da graça, é também o Juiz supremo que dá o céu aos bons e o inferno aos maus. Esse terceiro sentido é retomado ao dizer que Deus "queimará a palha no fogo que não se apaga" (v. 17). Os três sentidos são viáveis e ricos de reflexão: Jesus vem com a força divina para purificar e salvar. A criatura humana aceita a salvação, se quiser.

No trecho de Lucas que lemos hoje, aparecem claras a universalidade da salvação, a origem divina do Messias, diante de quem a criatura humana, por mais santa que seja, não é digna de "desamarrar a correia das sandálias" (v. 16); fica também claro que Jesus veio ao mundo como Salvador e como Juiz. E a criatura humana, mesmo vendo-o, viverá em contínua espera (v. 15), como o velho Simeão (*Lc* 2,25), como a velha Ana e seus ouvintes (*Lc* 2,38), como os que procuraram João Batista (v. 15). A espera/esperança é uma das fontes alimentadoras do Cristianismo, porque o Cristo não veio apenas no Natal. Ele é "aquele que é, que era e que vem" (*Ap* 1,8). E "feliz o servo que o Senhor, ao chegar, encontrar em seu posto" (*Mt* 24,46).

4º DOMINGO DO ADVENTO

1ª leitura: Mq 5,1-4a
Salmo: Sl 79
2ª leitura: Hb 10,5-10
Evangelho: Lc 1,39-45

Há um Deus no céu que revela mistérios (Dn 2,28)

O FILHO DE DEUS É RECEBIDO COM FÉ, RESPEITO E ALEGRIA

O Natal é a festa da visita de Jesus. Ele chega a nossa casa. Como recebê-lo? Hoje, último domingo de preparação, praticamente véspera de sua chegada, é-nos dito como recebê-lo. É lindo o modo como Lucas consegue levantar o véu do mistério da encarnação do Filho de Deus no encontro entre uma jovem e uma anciã, ambas privilegiadas por Deus na história da salvação. A Lucas não interessa nesse momento a geografia, o tempo ou o pormenor histórico. Interessa-lhe revelar que o Filho de Deus se encarnou no seio de uma mulher, por obra e graça do Espírito Santo, para beneficiar toda a humanidade. Interessa-lhe mostrar a humanidade (na pessoa de Maria e Isabel) admirada, em adoração e jubilosa pelo grande acontecimento.

No episódio da Visitação, encontramos Isabel, cheia de alegria a receber Jesus. E de alegria exultou o menino no seio da velha mãe. Temos o elogio a Maria por haver acreditado, por ser uma mulher de fé. Que sentido pode ter a visita de Jesus, se faltar a fé no coração? E há ainda um grande respeito pelo mistério divino. Maria concebera por obra e graça do Espírito Santo. Isabel, estéril e avançada em anos (*Lc* 1,36), por milagre, "porque para Deus nada é impossível" (*Lc* 1,37). O respeito pelo mistério, a fé, a alegria são qualidades indicadas no Evangelho de hoje para se celebrar o Natal. E são qualidades fundamentais, que nos devem acompanhar, para compreender toda a razão da presença de Jesus entre as criaturas humanas.

Não se entende
Natal sem fé

Maria soubera, na hora da Anunciação, que sua parenta, já idosa, iria ter criança (*Lc* 1,36). O Arcanjo lhe dera a notícia como uma prova de que para Deus nada é impossível e, portanto, ela, Maria, não tivesse a menor dúvida a respeito da concepção divina acontecida. A visita a Isabel (uma viagem de 150km que levava dois a três dias) tem, então, duas finalidades práticas: uma a de ajudar Isabel nos trabalhos domésticos nos três últimos meses da gravidez e fazer-lhe companhia; outra, a de buscar a certeza do sinal, a certeza de sua vocação para mãe do Messias.

Não que Maria duvidasse de Deus e da encarnação milagrosa de Jesus. Mas a busca da certeza, da verdade faz parte da condição humana, porque a fé madura não dispensa provas e razões. Isabel elogia a fé no cumprimento das palavras do Senhor (v. 45). Esse espírito de fé – que não dispensa as razões e os sinais da verdade – é uma das condições para bem se receber a chegada de Jesus no Natal.

Não se entende Natal sem fé. Vira dia feriado. Vira dia de se dormir até mais tarde. Vira dia de praia. Vira dia de cartões postais a amigos. O Natal de Jesus é antes de tudo um dia de fé na pessoa e na missão divina de Jesus. Maria e Isabel, mulheres agraciadas, mas de comportamento normal, são-nos propostas hoje como modelo da criatura diante do mistério da Encarnação e do Natal: respeitoso acolhimento tanto do Senhor que vem, quanto de quem no-lo traz e de quem o sabe presente. O Natal é a festa do acolhimento.

Não se entende
Natal sem alegria

Não há como separar o Natal da alegria. O Natal é a festa da alegria. No Evangelho que lemos hoje, vemos uma cena de grande alegria: da parte de Isabel, que recebe Maria em sua casa; da parte de Maria, que chega (o texto de hoje termina justamente quando Maria começa a dizer: "Eu me *rejubilo* em Deus, meu Salvador") à casa de Isabel; e da parte do menino no seio de Isabel, João, que seria o precursor, o anunciador da chegada do Messias.

O espírito de alegria é essencial para receber Jesus. No Evangelho do Natal, quando o anjo chama os pastores à gruta santa, anuncia-lhes "uma grande alegria: o nascimento do Cristo Senhor" (Lc 2,10-11). Isabel, hoje, dá as razões da alegria: o Filho de Deus se torna carne humana no seio de Maria (v. 42); Deus escolheu uma mulher da terra para ser mãe de seu Filho (v. 43), o que significa que, para sempre, Deus se uniu à humanidade. O Concílio Vaticano II o diz tão claramente: "O Filho de Deus trabalhou com mãos humanas, pensou com inteligência humana, amou com coração humano" (Gaudium et Spes, 22).

Hoje Deus cumpre a promessa da salvação. E, como sempre, age com superabundante misericórdia: não só estende a mão para salvar-nos, não só assume nossa condição, não só passa a morar conosco, como também reparte conosco sua divindade. Deus, associando-se à condição das criaturas humanas, torna possível o sonho da imortalidade para todos os nascidos de mulher. Isabel, cheia de alegria, é o espelho nosso no Natal, se nos convencermos de que nesse dia acontece um fato totalmente novo, que afeta nosso destino em cheio: tornamo-nos participantes da natureza divina (1Pd 1,4). "Imagem do Deus invisível (Cl 1,15), Jesus é o homem perfeito, que nos restituiu a semelhança divina, deformada desde o primeiro pecado" (Gaudium et Spes, 22).

O respeito pelo mistério

Há um sentimento humano que transparece no Evangelho da Visitação e que é também básico para bem se receber Jesus no Natal. É o respeito pelo mistério divino, pelo mistério humano e pelo encontro dos dois mistérios na pessoa de Jesus. O mistério está muito unido à fé. O mistério humano se aclara o máximo possível na luz do mistério de Cristo. Mas ambos continuarão mistério. Nem sempre compreendemos a mesma coisa, quando empregamos a palavra 'mistério'. Aqui, uso-a para significar uma verdade que ultrapassa nosso entendimento. Não contradiz nossa razão, mas se estende para além da nossa inteligência. A criatura humana é um mistério, repito, que nenhum cientista conseguiu desvendar.

Houve quem definisse o homem como um caniço ambulante, pela sua fragilidade. Cabe-lhe bem a definição de mistério ambulante. Podemos estudá-lo por todos os ângulos – da biologia, da psicologia, da religião, da sociologia, da evolução científica –, mas o núcleo central do ser humano é inalcançável. Existe, experimentamo-lo, mas não o entendemos. A mais linda atitude diante desse núcleo misterioso é o respeito. Tanto de quem olha a partir da ciência quanto de quem olha a partir da fé ou da religião.

Deus é, sobretudo, mistério. Nós o alcançamos de muitas maneiras e, ao mesmo tempo, é sempre inacessível em seu ser e em muitos de seus atos. A encarnação de Jesus – a maior, mais visível e palpável das revelações de Deus – é um desses atos que, apesar de ter acontecido historicamente, escapa à nossa intelecção. O comportamento de Isabel hoje, diante do mistério da encarnação, é o melhor exemplo de como devemos encarar o Natal. Acredita na encarnação de seu Senhor no seio de Maria, rejubila em sua fé e proclama-a em alta voz. A graça da fé, que costuma nascer e enraizar-se no núcleo mais secreto da consciência humana, torna-se estéril se não for proclamada, partilhada e transformada em louvor, reconhecimento e vida de nossa vida comunitária.

TEMPO DO NATAL

SOLENIDADE DO NATAL DO SENHOR MISSA DA NOITE

1ª leitura: Is 9,1-6
Salmo: Sl 95
2ª leitura: Tt 2,11-14
Evangelho: Lc 2,1-14

Pousa a tua mão sobre o filho do homem que tu criaste! (Sl 80,18)

O CÉU E A TERRA SE ABRAÇAM NUMA ALIANÇA ETERNA

Esta é a noite de Deus! Esta é a noite do homem! Esta é a noite dos céus! Esta é a noite da terra! No centro desta noite sagrada, que é de Deus, no centro desta noite santa para toda a terra, está uma *criança*! Uma criança que tem a força de rejuvenescer toda a velhice do mundo. Uma criança que, posta num cocho onde comem animais, é maior que o universo, é maior que os céus.

Mas não procurem grandezas nesta noite, porque tudo se reduz à humildade, à simplicidade, à pobreza. Com dados sóbrios, o Evangelista Lucas realça, quase por contraste, o poder universal de César Augusto, que ordena um recenseamento "em toda a terra" (v. 1), e a pobreza do Menino, posto numa manjedoura (v. 7) de uma gruta na periferia de um vilarejo pequeníssimo, na boca do deserto, apenas conhecido, porque ali nascera o pastorzinho Davi (*1Sm* 16,11), que seria rei (*2Sm* 2,4), que receberia a promessa de que de sua descendência nasceria o Messias salvador (*Is* 11,1-5.10). Cidade minúscula e pobre, mas sobre ela pairava a profecia de Miqueias, que vivera 700 anos antes de Jesus: "Tu, Belém de Éfrata, embora pequena entre os clãs de Judá, de ti sairá para mim aquele que deve governar" (*Mq* 5,1). A profecia se referia a Davi, filho de Jessé. Mas os próprios sábios de Herodes a aplicaram a Jesus (*Mt* 2,6), nascido nesta noite, que passou para a história como Noite Santa do Natal.

Noite de Deus. Noite do homem. Noite em que o céu se uniu à terra, numa aliança inaudita e para sempre. Esta é a noite prenhe de salvação, tecida de luz, revestida de graça, recoberta de bondade, riquíssima de misericórdia e de perdão. Esta é a noite do maior amor de Deus. Tiremos de dentro de nós todo pecado para nos aproximar – descalçados da maldade e vestidos da surpresa e da alegria – da gruta de Belém, nesta noite, onde se encontra o olhar amoroso de Deus-Pai e o encanto da menina de 15 anos, transformada milagrosamente em mãe virginal do Salvador do mundo.

Deus verdadeiro, homem como nós

Entremos na gruta pobre, que abriga toda a riqueza do céu e da terra. Se entrarmos com olhos, espírito e pés humanos, encontraremos apenas um casal, uma criança, um boi ruminando palha, talvez espantados com a nossa presença. Se entrarmos com olhos de esperança, espírito de fé e pés de quem procura incessantemente Deus, encontraremos um homem justo e santo (*Mt* 1,19), chamado José, da estirpe de Davi (v. 4), que se inclinou humilde diante do mistério da encarnação do Filho de Deus no seio de sua mulher (*Mt* 1,20-21). Encontraremos Maria, a jovem mãe, que acaba de dar à luz misteriosamente aquele que dela e nela fora gerado pelo Espírito Santo de Deus (*Lc* 1,35), "o Filho do Altíssimo, destinado a reinar pelos séculos sem-fim" (*Lc* 1,32-33), aquele que "salvará o povo de seus pecados" (*Mt* 1,21).

Se entrarmos com olhos humanos veremos uma criança recém-nascida, "envolta em panos e deitada numa manjedoura" (vv. 7.12). Os olhos da fé, porém, extasiam-se em ver o Filho do Pai eterno e da Virgem Maria, Deus de Deus e homem como nós! Chama-se Jesus, o Salvador do mundo! Chama-se Jesus Cristo, a imagem visível do Deus invisível, o enviado do Pai para refazer a humanidade.

**Veio trazer
a paz**

Se olharmos Maria nos olhos, veremos que eles veem longe. Veremos que olham para dentro da história e contemplam a procissão pequena dos que reconhecem a divindade de seu filho, dos que aceitam sua doutrina, dos que caminham pela estrada nova, a estrada do perdão e da fraternidade. Com os olhos de Maria, olhamos para dentro da história e vemos esse menino crescido, maduro, gritando na porta do templo, no meio da multidão: "Vinde a mim vós todos que estais fatigados e sobrecarregados e eu vos aliviarei! Aprendei de mim, que sou manso e humilde de coração, e achareis a paz que vosso coração tanto procura!" (*Mt* 11,28-29).

Esse menino que "nasceu para nós" (*Lc* 2,11) é o Príncipe da Paz (*Is* 9,6). Ele entrou na humanidade para dar-nos sua paz (*Jo* 14,27), para enxertar em nossa carne de violência e vingança a sua paz (*Ef* 2,14). Paz, dom divino nascido com o Filho de Deus nesta noite de Natal! Paz, conquista humana, sem a qual o homem viverá frustrado e morrerá descontente! Paz, canto dos anjos! Paz, anseio da humanidade! Paz, grito que acompanhará o Cristo em sua pregação! Paz, palavra pascal de Jesus ressuscitado aos Apóstolos, reunidos no cenáculo!

Esta é a noite da vitória sobre o ódio! Esta é a noite da semeadura do amor! Esta é a noite da superação das ofensas! Esta é a noite do oferecimento do perdão! Esta é a noite do desfazimento das discórdias! Esta é a noite da construção da unidade! Esta é a noite da fuga das trevas! Esta é a noite em que as criaturas se revestem da luz divina! Esta é a noite feliz!

Deus esconde
a divindade na humanidade

Se é felicidade que Deus venha morar conosco, maior felicidade constitui o fato de na pessoa de Jesus, Filho de Deus e filho de Maria, todos sermos divinizados. Nesta noite, enquanto Jesus entra na família humana, nós entramos para a família de Deus. Por isso esta é a noite de Deus e é a noite do homem. Os anjos cantam "Glória a Deus nas alturas" (v. 14), para que nós, criaturas humanas, aprendamos a louvar o Senhor, que derramou sobre o mundo todo o seu amor. Seu Filho, nascido de Maria nesta noite, nascido para nós, é a mais alta, a mais profunda e a mais extremada expressão de seu amor de Pai.

E chegam os pastores. Gente simples e pobre. Gente desprezada, porque era considerada pecadora por não poder, em razão de seu trabalho, cumprir todas as leis prescritas. Foram eles que mereceram saber a grande notícia, pelo anúncio dos anjos. E dentro da noite, seus joelhos se dobram diante do mistério. "Eu te louvo, Senhor, Pai do céu e da terra, porque revelaste este mistério aos pequeninos" (Lc 10,21). Deus se faz pequenino e só se revela aos pequenos; aos que têm a humildade de José; aos que têm a simplicidade de Maria; aos que têm o coração aberto e curioso das coisas de Deus como os pastores.

Esta noite é grande, porque grande é o acontecimento do Natal do Senhor! Esta noite é grande, porque grande é o novo destino da criatura humana! E essas coisas grandes acontecem na pequenez e na simplicidade. Deus se revela, escondendo sua divindade na humanidade. O Senhor do céu e da terra assume a condição de servo e apresenta-se como simples e pobre criatura humana (Fl 2,7). Seu nascimento acontece dentro da história, mas só o percebem os pequenos e os humildes. Esta é a noite da humildade! Da humildade do Deus Altíssimo, que veio "armar sua tenda em nosso meio" (Jo 1,14). Da humildade de criaturas como Maria, José e os pastores anônimos. Nesta noite o céu e a terra se abraçam numa aliança eterna. A garantia é esse menino recém-nascido, envolto em faixas, deitado na manjedoura e aquecido pelo bafo de dois animais pacíficos. Noite de Deus! Noite do homem! Noite da certeza humilde! Noite da humildade. Noite da pacificação! Noite feliz da nossa salvação!

SOLENIDADE DO NATAL DO SENHOR MISSA DO DIA

1ª leitura: Is 52,7-10
Salmo: Sl 97
2ª leitura: Hb 1,1-6
Evangelho: Jo 1,1-18 ou Jo 1,1-5.9-14

A Palavra do Senhor permanece para sempre (1Pd 1,25)

DEUS DE DEUS, LUZ DA LUZ, DEUS VERDADEIRO DE DEUS VERDADEIRO

Há o costume de o Padre celebrar três Missas na festa do Natal. Costume antiquíssimo, que a reforma litúrgica, determinada pelo Concílio Vaticano II, não aboliu: uma à meia-noite, outra na aurora e outra em pleno dia. A razão é simples. No século IV, o Papa celebrava a Missa solene do Natal na Basílica de São Pedro. É a que hoje chamamos de 'Missa do dia'. Depois da proclamação do dogma da maternidade divina de Maria, em 431, o Santo Padre passou a celebrar uma Missa à meia-noite na Basílica de Santa Maria Maior, na capela dedicada à maternidade divina de Maria. Esta passou a ser a 'Missa da meia-noite', popularmente chamada 'Missa do Galo'. Para ir da Basílica do Latrão, residência do Papa, à de São Pedro, a estrada passava, necessariamente, pela Igreja de Santa Anastácia, veneradíssima no Oriente, exatamente no dia 25 de dezembro, a qual, em Roma, ficava ao lado do palácio onde, no século VI, domiciliaram-se os governantes bizantinos. Por respeito às autoridades civis, de origem oriental, o Papa fazia uma parada na Igreja de Santa Anastácia e celebrava a Missa. Seria a 'Missa da Aurora'. O Missal romano trazia, então, três formulários. Os bispos e padres passaram a imitar o Papa, celebrando três Missas no Natal.

O costume do presépio entra a partir do primeiro presépio montado por São Francisco, no Natal de 1223. O costume da árvore é de origem germânica e só entrou a partir do século XIX.

Embora haja três formulários de Missa, o Padre pode ler, a qualquer hora que celebrar, as leituras da Missa da meia-noite. Na homilia deste ano, damos preferência ao Evangelho da 'Missa do dia', que é o Prólogo do Evangelho de João.

Uma festa para ser vivida

No Natal não só recordamos o fato histórico do nascimento de Jesus Cristo, mas o celebramos, isto é, fazemo-lo presente, fazemo-lo fato nosso. Assim, a festa do Natal é a festa de Deus, que veio "armar sua tenda entre nós" (v. 14) e é, ao mesmo tempo, a festa nossa, porque hoje nascemos para a vida divina. O Filho de Deus entrou na vida humana, e nós entramos na vida divina.

João nos conta que o Verbo de Deus fez-se carne e veio habitar no meio de nós (v. 14). Todos somos convidados a abrir as portas do coração, da nossa casa, da nossa comunidade a Cristo, na certeza de que, na história humana, embora marcada pela maldade e pelo sofrimento, a última palavra pertence à vida, ao amor, à felicidade. Deus veio morar em nosso meio para que nós pudéssemos morar nele.

João compara Jesus Cristo à luz. Assim como a luz é límpida e penetra tudo o que não lhe fizer obstáculo, assim Cristo deve embeber-nos de sua graça divina: "de sua plenitude todos recebemos graça sobre graça" (v. 16) e a maior de todas é a de podermos "vir a ser filhos de Deus", se crermos nele (v. 12). O Natal não é uma festa para ser assistida como convidados. É uma festa para ser vivida. Somos a massa fermentada pelo Cristo: juntos formamos o pão. Massa e fermento inseparáveis. Quando temos consciência desse feliz e vital encontro, podemos dizer com São Paulo: "Já não sou eu que vivo, é Cristo que vive em mim" (*Gl* 2,20).

O Filho enviado pelo Pai

No princípio (v. 1) significa 'antes do tempo', porque o tempo começou com a criação. O Filho de Deus existiu antes do tempo, ou seja, é eterno. No *Credo* dizemos: "Nascido do

Pai antes de todos os séculos". Lucas nos deixou embevecidos, na noite de Natal, na gruta de Belém, diante de Maria, a Mãe de Jesus. Mas Maria não deu o *ser* a Jesus, isso seria absurdo. João dá um passo atrás do Natal, atrás da encarnação e nos quer mostrar a identidade mais profunda de Jesus: seu relacionamento com o Pai no mistério da Santíssima Trindade. O *Credo* nos ensina que Jesus Cristo é "Deus de Deus, Deus verdadeiro de Deus verdadeiro".

Desde o Concílio de Niceia (325), a teologia emprega um termo, que permanece em todas as línguas: Jesus é *consubstancial* ao Pai. E assim, com o Pai, é "criador de todas as coisas (v. 3), visíveis e invisíveis" (*Cl* 1,16). As três pessoas divinas não dividem entre si a única divindade, mas cada uma delas é Deus por inteiro: o Pai é aquilo que é o Filho, o Filho é aquilo que é o Pai, o Espírito Santo é aquilo que são o Pai e o Filho, isto é, um só Deus (*Catecismo da Igreja*, 253).

Observe-se que o livro do Gênesis também começa com esta expressão: "No princípio" (*Gn* 1,1). De dentro de sua eternidade, Deus "fez o céu e a terra", "criou o homem à sua imagem" (*Gn* 1,27) e, "no mistério de sua vontade", mandou seu Filho para "unir todas as coisas, tanto as que estão no céu quanto as que estão na terra" (*Ef* 1,10). Como nossos primeiros pais pecaram por orgulho e desobediência, esquecendo-se de que eram criaturas e não senhores, a missão do Filho de Deus na terra teve de ser redentora. Ao vir ao mundo, Jesus como que realiza uma nova criação. São Paulo não tem medo de usar as expressões "nova criatura" (*2Cor* 5,17), "novo homem" (*Ef* 4,24). Para cumprir essa missão, Jesus, sem deixar sua divindade, assumiu a natureza humana e, por obra e graça do Espírito Santo, assumiu um corpo no seio da Virgem Maria.

**Deus
feito homem**

Ao Filho de Deus, que desce dos céus à terra, João chama com um termo grego 'Logos', traduzido em latim por 'Verbum' e, em português, muitas vezes, por 'Palavra'. É um termo filosófico, mais extenso e abrangente, porém com o significado que a razão lhe possa dar. Significa uma pessoa divina que não teve receio de assumir a condição humana: "O Logos de

Deus se fez carne e armou sua tenda entre nós" (v. 14). Jesus assume uma segunda natureza sem deixar a primeira: uma única pessoa em duas naturezas. Lemos no *Catecismo* (n. 423): "Cremos e confessamos que Jesus de Nazaré, nascido judeu de uma filha de Israel, em Belém, no tempo do rei Herodes, o Grande, e do imperador César Augusto; carpinteiro de profissão, morto e crucificado em Jerusalém, sob o procurador Pôncio Pilatos, durante o reinado do imperador Tibério, é o filho eterno de Deus feito homem; que ele 'veio de Deus' (*Jo* 13,3), 'desceu do céu' (*Jo* 3,13; 6,33) e se fez carne e habitou entre nós".

Ao contar a vinda de Cristo à terra, João deixa claro, desde o início do Evangelho, que se trata de um ser divino em carne humana, de um homem inseparável da divindade. E ele veio para abrir a todos a possibilidade de "se tornarem filhos de Deus" (v. 12), desde que "creiam em seu nome" (v. 12). E não nos tornamos filhos de Deus pelas vias da natureza, mediante um útero de mulher (v. 13), mas mediante o Espírito Santo (*Jo* 3,4-5), isto é, pela graça que o Cristo, "cheio de graça e verdade" (v. 14), trouxe-nos, derramando de sua plenitude sobre nós "graça sobre graça" (v. 16).

O Natal é a festa do nascimento de Deus em carne humana e começo de sua missão na terra. A festa da luz que penetra as trevas (v. 5). A festa do "maravilhoso encontro que nos faz renascer, pois, enquanto o Filho de Deus assume a nossa fraqueza, a natureza humana recebe uma incomparável dignidade; Deus torna-se de tal modo um de nós, que nós nos tornamos eternos" (*Pref. III do Natal*).

FESTA DA SAGRADA FAMÍLIA

*1ª leitura: 1Sm 1,20-22.24-28
ou Eclo 3,3-37.14-17a
Salmo: Sl 83 ou Sl 127
2ª leitura: 1Jo 3,1-2.21-24
ou Cl 3,12-21
Evangelho: Lc 2,41-52*

*Em tua descendência, serão abençoadas
todas as famílias da terra (At 3,25)*

FAMÍLIA DE NAZARÉ:
ESPELHO PARA NOSSAS FAMÍLIAS

Estamos ainda na semana do Natal, e a Liturgia nos leva a Nazaré, para encontrar a singular família de José, Maria e Jesus. No dia de Natal, todas as atenções estiveram voltadas para o mistério do Menino. A festa de hoje nos quer lembrar que o Filho de Deus, tornado criança, tem uma família, tem um ambiente histórico e social. Também ele teve necessidade de afeto e de cuidados. Como Jesus assumiu em tudo a condição humana, também ele viveu uma vida normal como todas as crianças. A festa também nos lembra que devemos buscar na família de Jesus o espelho para todas as famílias que creem no Cristo Filho de Deus Salvador.

No dia a dia da família de José nada aconteceu de anormal. Aliás, a normalidade caracteriza esse lar. Não há milagres ou curas, não há pregações especiais, não há povo correndo para ver e admirar o menino, o adolescente, o moço Jesus, que assume a profissão do pai adotivo e trabalha como carpinteiro. Uma profissão, é verdade, que fica bem em Jesus, porque ela lembra construção, e Cristo foi o construtor do Reino de Deus na terra; lembra melhorias, e ele veio recriar e aperfeiçoar as coisas e as pessoas.

Gosto de pensar na normalidade da Santa Família. Uma família hebreia, piedosa, observante das leis, o que significa ter por base e orientação os valores propostos pelos profetas, livros sapienciais e as leis mosaicas. José e Maria conheciam bem o preceito divino: "Amarás o Senhor teu Deus com todo o coração, com toda a alma, com todas as forças e observarás os meus preceitos e os ensinarás a teus filhos e deles falarás quando estiveres em casa e quando estiveres andando pelos caminhos" (*Dt* 6,6-7). Uma família normal, que viveu do trabalho, nem rica nem miserável, que sofreu as vicissitudes bastante adversas por que passava o povo hebreu naquele momento, com a dominação romana, os impostos altíssimos, os terrenos melhores nas mãos de ricos estrangeiros.

Um adolescente normal

O Evangelho de hoje está carregado de simbolismos, de lições e insinuações. Só aos 13 anos completados, o menino devia peregrinar todo o ano ao templo. Lucas antecipa a idade, como que para dizer que o destino de Jesus era o templo e as coisas de Deus. Ocupar-se das coisas do Pai não era viver perdido, mas era cumprir uma missão específica que tinha. E a missão tinha muito a ver com o templo, porque ele, Jesus de Nazaré, seria o novo templo, o novo marco da presença de Deus no meio do povo.

Não é estranho que Jesus estivesse no meio dos doutores. Além da educação religiosa recebida em casa, os meninos tinham ensino religioso também na escola junto à sinagoga. E entre os 12 e 13 anos deviam fazer um exame diante, hoje diríamos, dos professores. Esse exame se fazia na sinagoga local ou junto ao templo de Jerusalém. Lucas faz Jesus ir espontaneamente ao exame, talvez para lembrar que, anos depois, iria espontaneamente à prova suprema de sua fidelidade e morrer em Jerusalém. Jesus se comporta como um adolescente normal, seguindo os costumes, mas há um mistério que o envolve. E o Evangelista o deixa entrever.

A mistura de sentimentos e símbolos

Lucas faz os doutores da lei admirarem a sabedoria do menino (v. 47), para sugerir que Jesus adolescente, igual a todos os adolescentes, difere de todos, porque nele está a sabedoria divina. A procura angustiada de José e Maria (v. 48) mostra, primeiro, os sentimentos normais de pai e mãe; depois, lembra um tema central do Antigo Testamento, que não será abolido no Novo, mas até reforçado: a criatura humana é um ser à procura de Deus, que parece estar despreocupado conosco. Todos temos essa experiência. Se Maria e José, que conviviam fisicamente com ele, devem sair à sua procura, quanto mais os que só podem viver com ele pela fé!

A volta submissa com eles (v. 51) mostra os sentimentos humanos e filiais de Jesus. Mas, ao mesmo tempo, o Evangelista insinua que a obediência de Jesus é maior que a obediência ao pai e à mãe terrenos: ela se prende à vontade do Pai do Céu. Mais tarde Jesus vai dizer: "Meu alimento é fazer a vontade daquele que me enviou" (*Jo* 4,34).

Lucas não tem interesse em descrever um 'menino-prodígio', mas um menino que tem pela frente um destino que ultrapassa a compreensão humana, mesmo daqueles que conseguem achegar-se a ele, como Maria e José. Lucas chega a dizer claramente: "Eles não entenderam o que se passava" (v. 50). O Evangelista, portanto, embora querendo dizer que grandes coisas estavam à espera de Jesus, toma cuidado em não acentuar o sobrenatural, o extraordinário, para não criar um mito em torno do menino. Por isso, apesar da sabedoria demonstrada, termina o fato, dizendo: "Jesus crescia em sabedoria, idade e graça diante de Deus e diante dos homens" (v. 52). Em outras palavras, como todo adolescente, também ele cresceu, aprendendo.

Tal pai, tal filho

Pela primeira vez no Evangelho de Lucas, Deus é chamado de Pai (v. 49). Uma das grandes revelações que Jesus fará ao longo da vida pública será a da paternidade de Deus. O Antigo Testamento conhece Deus mais como patrão e senhor. Jesus nos mostra outro rosto de Deus: o de pai. Hoje ele o chama de "meu Pai" (v. 51). Mais tarde dirá que Deus é pai de todos, e para com todos se comporta como pai cheio de amor, bondade, perdão, misericórdia e ternura. Essas mesmas qualidades Jesus vai pedir a nós, porque a paternidade de

Deus supõe que nos assemelhemos ao Pai do Céu como um filho se assemelha ao pai terreno. Diz o provérbio: "Tal pai, tal filho". Compreende-se, então, que Jesus diga no Sermão da Montanha: "Sede perfeitos como o Pai do Céu – vosso pai – é perfeito (*Mt* 5,48).

São muitas as dificuldades que a família encontra hoje. Algumas parecidas com as da família de Nazaré, como o problema do trabalho, da exploração que enriquece uns e empobrece outros. Outras dificuldades provêm do fato que vivemos num mundo de rápidas transformações. Sempre que uma estrutura sofre uma troca ou uma alteração de valores, entra em crise. A crise faz sofrer. Mas não é negativa. As crises costumam ser mais purificadoras que destruidoras. Sai-se bem das crises quem cultiva o senso crítico, seguindo o conselho de São Paulo: "Examinai tudo e ficai com o que é bom!" (*1Ts* 5,21). Bom não é sinônimo de "sempre se fez assim". Bom não é sinônimo de "útil para mim". Bom é tudo aquilo que nos ajuda a viver com o coração voltado para Deus e para o próximo.

Uma das razões da crise da família hoje é o fato de que Jesus não ocupa o centro dela, como ocupou na Família de Nazaré. Talvez devamos reaprender a crescer, com Jesus, em maturidade, sabedoria e graça diante de Deus e da sociedade. Sabedoria, aqui, significa embeber nosso dia a dia da presença de Deus e do gosto dessa presença. A festa de hoje nos vem lembrar que Jesus, podendo ter escolhido outros caminhos, escolheu a via natural da família como ponto de partida para criar a nova Família de Deus na terra. O futuro da Igreja e da humanidade passa pela família.

SOLENIDADE DE SANTA MARIA, MÃE DE DEUS

1ª leitura: Nm 6,22-27
Salmo: Sl 66
2ª leitura: Gl 4,4-7
Evangelho: Lc 2,16-21

Levarei a plenitude da bênção de Cristo (Rm 15,29

DEUS MANDOU SEU FILHO, NASCIDO DE MULHER

Quantas vezes na vida rezamos: "Santa Maria, Mãe de Deus!" Apesar de tantas vezes repetida, é a expressão mais carregada de mistério que tem o Cristianismo. Da maternidade divina de Maria, brotam todos os outros privilégios marianos. Deus poderia ter escolhido outro caminho para o surgimento de seu Filho no mundo. Poderia ter aparecido já adulto, pronto para começar a pregação. Talvez seria até mais fácil compreender a ação divina na redenção. Mas Deus preferiu que seu Filho nascesse de uma mulher (*Gl* 4,4), e esta mulher foi Maria, mulher como todas as mulheres, uma mulher pobre de um povo pobre.

Por intermédio do Arcanjo Gabriel, Deus lhe pediu o consentimento (*Lc* 1,31). Ela aceitou (*Lc* 1,38). E a partir daquele instante passou a ser a bendita entre todas as mulheres (*Lc* 1,42), acolhendo, em seu seio o bendito, o Filho do Pai eterno, nela gerado por obra e graça do Espírito Santo (*Mt* 1,20). Jesus de Nazaré, nascido de Maria, é inseparavelmente verdadeiro Deus e verdadeiro homem. Canta a Antífona na Oração das Laudes de hoje: "Mistério admirável é hoje anunciado! Eis que tudo se renova! Fez-se homem o próprio Deus! Conservando a divindade, assumiu a humanidade!"

Maria não é apenas a mãe física do corpo humano de Jesus. Ela é mãe da pessoa Jesus, que tem inseparáveis as duas naturezas: a divina e a humana. Oculta a divina em sua vida terrena, manifesta a humana em tudo, menos no pecado (*Hb* 4,15). Por isso, Maria é mãe de Jesus homem e mãe de Jesus Deus. A maternidade divina de Maria é um dogma de fé, proclamado solenemente pela Igreja no Concílio ecumênico de Éfeso, celebrado em 431.

O maior presente de todos os tempos

Antes de sua vinda ao mundo, Cristo possuía o ser divino. É eterno como o Pai e consubstancial ao Pai. A razão de sua encarnação prende-se a uma missão: reatar os laços de comunhão das criaturas com o Criador, ser o elo inquebrantável da aliança entre Deus e a humanidade ferida pelo pecado. Poderíamos levantar a hipótese de Cristo ter vindo em carne humana ao mundo, caso o velho Adão não tivesse pecado. Quem somos nós para limitar os planos de Deus? Mas o fato é que Jesus se encarnou com uma missão específica: ser o redentor das criaturas, ser o 'despertador' das sementes de imortalidade, que jaziam infecundas nos seres humanos, transformar o universo num coro harmonioso de eterno louvor à Trindade.

O mistério da encarnação e nascimento do Filho de Deus ocupou o centro das festas natalinas e ocupará o centro do ano inteiro. Por isso, no primeiro dia do ano, a Igreja joga todas as luzes sobre a mulher abençoada com todas as bênçãos do céu, escolhida desde sempre para ser a Mãe de Jesus. Toda a grandeza de Maria lhe advém de sua maternidade. E todas as bênçãos da Igreja se prendem ao bendito fruto do ventre de Maria (*Lc* 1,42), o maior presente de Deus à humanidade. O Natal nos mostrou um novo tempo, uma nova aliança. Unindo-se Deus à virgem-mãe, Mãe e Filho passam a ser a encarnação da benevolência e da bênção divina. Da maternidade divina de Maria, nascem todos os outros privilégios de Maria.

O Filho de Maria: plenitude da bênção divina

Atrás do nosso prosaico 'Feliz Ano Novo!', esconde-se o 'Deus te abençoe!' Ele fica bem não só por ser o início de um novo ano, mas também porque, celebrando a maternidade divina de Maria, celebramos a plenitude das bênçãos de Deus. Compreende-se porque a Liturgia escolheu, como primeira leitura dessa festa, a belíssima bênção que Deus ensinou a Moisés, para ser usada por Aarão e os sacerdotes (*Nm* 6,22-27), todos os dias, no final dos sacrifícios vespertinos (*Eclo* 45,15). A Liturgia cristã a usa aos domingos, na 'bênção solene'. São Francisco, que não era sacerdote, adotou-a, e, com ele, toda a Família franciscana, tanto que ela é mais conhecida como 'bênção de São Francisco' do que como 'bênção de Aarão'.

O Senhor te abençoe! (*Nm* 6,24). O mesmo desejo aparece no salmo rezado hoje como 'Salmo responsorial' (*Sl* 67,2). A bênção divina, na Sagrada Escritura, compreende tanto os bens espirituais quanto os bens materiais, como a saúde e o bem-estar. Assim, em atenção a José, Deus "derramou sua bênção sobre tudo o que Putifar possuía em casa e no campo" (*Gn* 39,5). O *Magnificat* de Maria nos ensina que, na encarnação do Filho de Deus, todas as gerações, para sempre, foram beneficiadas pela misericórdia divina (*Lc* 1,47-55). João, no prólogo do seu Evangelho, diz que, na maternidade divina de Maria, todos nós "recebemos graça sobre graça" (*Jo* 1,16). De fato, o Filho de Maria contém em si toda a bênção divina: "Do céu Deus nos abençoou com toda a bênção espiritual em Cristo" (*Ef* 1,3).

O Senhor te guarde! (*Nm* 6,24). É o grande desejo que expressamos, quando dizemos a um amigo: 'Vai com Deus!' ou: 'Fica com Deus!' Temos certeza de que quem está com Deus está seguro e bem guardado: "Não temo mal algum, porque tu estás comigo" (*Sl* 23,4). Como o Pai cuidou de seu Filho Jesus, assim cuidará de nós, tornados, em Cristo, filhos de Deus (*Rm* 8,16).

**Na bênção de Deus
está a nossa paz**

O Senhor faça brilhar sobre ti a sua face! (*Nm* 6,25). Vai aqui o desejo de que Deus nos olhe com benevolência e acolhimento. Também o Salmo responsorial de hoje exprime o mesmo desejo. Outro salmo, escrito para as horas de aflição, reza assim: "Faze brilhar a tua face sobre o teu servo, salva-

-me por tua misericórdia! (*Sl* 31,17). O salmo 80, que é uma oração pela restauração da sociedade, suplica: "Restaura-nos, Senhor Deus onipotente! Mostra-nos tua face radiante e seremos salvos!" (*Sl* 80,4.20). A luz na face de Deus significa sua divindade. Hoje celebramos a maternidade divina de Maria. Seu Filho é a luz do Mundo (*Jo* 12,46), vinda para restaurar a humanidade em desgraça.

O Senhor se compadeça de ti! (*Nm* 6,25). O primeiro significado desse pedido poderia ser o desejo de que Deus use de misericórdia conosco diante de nossos pecados e fraquezas. O Filho de Maria é a encarnação da misericórdia divina. Mas o amor de Deus para conosco foi bem mais longe. O verbo *compadecer* traz na sua raiz o significado de 'sofrer junto', de 'partilhar o sofrimento com'. Jesus, Filho divino de Maria, assumiu nossa carne e nossa condição em tudo, menos no pecado (*Hb* 4,15). São Paulo chama esse rebaixamento voluntário e amoroso de Deus de *kenosis*, ou seja, anulamento de suas prerrogativas divinas e aceitação da mais radical fragilidade humana (*Fl* 2,6-8). O Filho de Deus não só se aproxima de nós para envolver-nos com um manto de misericórdia, mas nos assume inteira e compassivamente, torna-nos irmãos seus, faz-nos coerdeiros com ele, filhos todos de sua Mãe Maria e de seu Pai do Céu.

O Senhor te dê a sua paz! (*Nm* 6,26). Como vem bem esse desejo hoje, Dia Mundial da Paz! Quando Deus nos cobre com sua bênção e proteção, quando Deus restaura e fortifica nossa humanidade, quando Deus nos assume como filhos em seu Filho, a paz nos envolve como o seio de Maria abrigou o seu Filho divino.

SOLENIDADE DA EPIFANIA DO SENHOR

1ª leitura: Is 60,1-6
Salmo: Sl 71
2ª leitura: Ef 3,2-3a.5-6
Evangelho: Mt 2,1-12

Nele sejam abençoadas todas as nações que o bendizem (Sl 72,17)

TODOS OS POVOS O ADOREM E O RECONHEÇAM COMO SEU SENHOR

A festa da Epifania – ou dos Santos Reis, como a chama carinhosamente o povo – é uma das mais antigas da Igreja. E uma das mais ricas em sentido. A festa de hoje poder-se-ia chamar 'festa de Cristo, luz dos povos'; ou 'festa da fé'; ou 'festa do dever missionário'; ou ainda 'festa da unidade das raças'. Guardando o antigo nome de Epifania, a Igreja acentua a revelação de Jesus, Filho de Deus, como salvador de todos os povos.

Podemos alcançar essa verdade, se lermos os sinais que nos são dados para reconhecer Jesus. Hoje é uma estrela, amanhã serão seus milagres, sobretudo o milagre da ressurreição. Importa não ficar indiferentes diante dos sinais. Os Magos hoje, além de simbolizarem a universalidade da salvação, simbolizam também os que percebem os sinais do Senhor e se deixam guiar por eles na procura da verdade. As Escrituras Sagradas (para os judeus) e os astros (para os pagãos) anunciam o milagre de Belém. Os sacerdotes e os escribas, embora conhecendo o sinal (v. 5), não saem à procura do Messias. Os pagãos, guiados por sinal bem menos significativo, encontram-no e, com grande alegria (v. 10), prostram-se diante dele e o adoram (v. 11).

A fé é comparada a um caminho a andar. O Evangelho de hoje mostra-nos um caminho percorrido, com seus sinais, suas dificuldades, seus cuidados pela direção e pela meta. E mostra, quase como uma recompensa pela fidelidade e persistência, o encontro com a razão da fé: o Cristo, Filho de Deus, em carne humana. Jesus, em sua humanidade, em sua divindade oculta, encontrado, torna-se a luz que ilumina os caminhos, ou melhor, torna-se ele mesmo o Caminho (*Jo* 14,6).

Cristo: estrela da manhã

Deixemos de lado qualquer explicação astronômica ou astrológica do surgimento da estrela nos céus e vamos olhar a estrela com outros olhos e noutros horizontes. Em todo o seu Evangelho, Mateus é cuidadoso em mostrar que, em Cristo, se realizam todas as profecias, porque ele é a plenitude dos tempos (*Gl* 4,4). Havia a profecia de Balaão, um famoso profeta pagão da Transjordânia, chamado para amaldiçoar os israelitas, quando tentavam entrar na Terra Prometida. Surpreendentemente, Balaão fizera oráculos favoráveis a Israel e dissera: "Vejo-a, mas não é agora; contemplo-a, mas não está perto; uma estrela desponta de Jacó, um cetro se levanta de Israel... e será vencedor" (*Nm* 24,17).

Para Mateus, então, não era difícil nem ofensivo aproximar a profecia de Balaão e uma crença astrológica. Primeiro, porque as estrelas do céu são criaturas feitas pela mão de quem, agora, nasceu na carne humana, numa gruta dos arredores de Belém, terra natal também do grande Rei Davi (*1Sm* 16,1). E todas as criaturas existem para servir o Senhor e anunciá-lo, cada uma à sua maneira. Segundo, porque o símbolo da estrela é bem mais importante que a estrela em si, como astro. O símbolo não contradiz a realidade, mas lhe dá novo significado. O Menino nascido na gruta de Belém é ele, em pessoa, a 'estrela da manhã', na expressão do Apocalipse (22,16), e estrela que se levanta não no firmamento, mas, como diz São Pedro (*2Pd* 1,19), levanta-se no coração dos fiéis.

A graça que frutifica, a graça que se perde

Fiquemos ainda no tema da luz. Na primeira leitura da Missa de hoje, Isaías fala da luz que chega a Jerusalém (*Is* 60,1):

a luz do Senhor. As nações todas são atraídas por essa luz, e a alegria inundará a cidade (*Is* 60,3). Jesus adulto dirá: "Eu sou a luz do mundo" (*Jo* 8,12), ou seja, "eu sou a salvação do mundo". A estrela dos Magos bem simboliza a salvação que chega, trazida por Cristo, que tira o pecado e repleta o mundo da alegria do encontro com o Senhor e da abundância das bênçãos divinas. Na segunda leitura, Paulo volta a recordar que a luz, a salvação veio para todos, inclusive para os povos pagãos, hoje simbolizados nos Magos: "Os pagãos são também herdeiros conosco e membros do mesmo corpo, coparticipantes das promessas em Cristo Jesus" (*Ef* 3,6).

Celebramos hoje a universalidade da salvação. O Evangelho mostra-nos a presença de um sério problema: a coexistência de gente boa e gente má. Mais tarde, Jesus vai comparar esses dois tipos ao trigo e ao joio semeados num mesmo campo, parecidos entre si no crescimento, mas totalmente diferentes nos frutos (*Mt* 13,24-30). O Pai do Céu os deixa crescer, mas é rigoroso na colheita final. A presença do mal é um mistério (*2Ts* 2,7). A ação do maligno é uma desgraça. Todos temos a experiência do mal, e ninguém até hoje conseguiu explicá-lo. No episódio de hoje, Herodes encarna as pessoas más que, por terem medo do bem, procuram destruí-lo. Os Magos personificam o lado bom da humanidade à procura do Sumo Bem, encarnado em Jesus.

Jesus veio tanto para Herodes quanto para os Magos. Ninguém é excluído da graça. Assim como Jesus lembrou que o sol brilha para todos, bons e maus (*Mt* 5,45), também a salvação por ele trazida é para todos. Se olharmos o comportamento de Herodes e dos Magos, perceberemos por que no coração de uns a graça frutifica e no coração de outros a graça é estéril. Esse problema, que preocupa a tantos e a muitos até tem escandalizado, acompanhar-nos-á até o fim dos tempos. O Evangelista João, para expressar o mesmo problema, diz: "A luz resplandeceu nas trevas, mas as trevas não a compreenderam" (*Jo* 1,1). Na verdade, embora a salvação venha sempre pelo Cristo, ela depende da disposição, da procura e acatamento do nosso coração.

Céu e Terra
trocam presentes

Em alguns países (Itália, p.ex.) hoje é dia de dar presentes. Seja porque Jesus é o máximo presente que Deus nos deu, depois de haver-nos criado e posto num universo maravilhoso, seja porque os Magos trouxeram presentes ao Menino. Muito se escreveu sobre os presentes que os Magos trouxeram. Em si, nada têm de extraordinário, porque eram presentes típicos do Oriente. A mirra e o incenso só eram encontrados naqueles países. A mirra é uma resina cheirosa, tirada de algumas coníferas (o pinheiro e o pínus pertencem a essa família). Era usada em pó ou líquida para perfumar ambientes, preparar óleos sagrados ou defuntos para o velório. Misturada a vinho, tornava-se entorpecente.

Por essa última qualidade, compreende-se por que quiseram dar a Jesus, na cruz, mirra misturada com vinho, que ele recusou (*Mc* 15,23). Costuma-se dizer que na oferta do ouro, os Magos quiseram reconhecer a dignidade real do Menino (v. 2); no incenso, simbolizaram sua divindade, tanto que o adoraram (v. 11); e na mirra, estaria prefigurada sua condição humana, sujeita a todos os sofrimentos, como a perseguição que seria desencadeada logo depois (*Mt* 2,16), sua paixão dolorosa e sua morte.

Podemos dizer que hoje o céu e a terra trocam presentes. Nós da terra nos ajoelhamos diante do Menino, que nos foi dado (*Is* 9,5), reconhecendo nele "o Filho do Altíssimo, cujo reino não terá fim" (*Lc* 1,32-33), adorando-o em sua divindade e em sua humanidade e predispondo-nos a participar de sua missão redentora, ou seja, a compartilhar gratuitamente com os outros os dons recebidos, particularmente o dom da fé e do encontro com Deus.

FESTA DO BATISMO DO SENHOR

1ª leitura: Is 40,1-5.9-11
ou Is 42,1-4.6-7
Salmo: Sl 28 ou Sl 103
2ª leitura: Tt 2,11-14;3,4-7
ou At 10,34-38
Evangelho: Lc 3,15-16.21-22

Batizados num só Espírito para sermos um só corpo
(1Cor 12,13)

BATISMO DE JESUS DE NAZARÉ: MANIFESTAÇÃO DA SANTÍSSIMA TRINDADE

Com a festa de hoje encerramos o tempo do Natal. Ao mesmo tempo em que termina o período natalício, abre-se o grande período da vida pública de Jesus, iniciado com o Batismo do Senhor nas águas do rio Jordão, pelas mãos de João Batista. Vem-nos espontânea a recordação do nosso batismo, quando fomos inseridos também nós na vida pública da comunidade cristã. Os dois batismos, o de Jesus e o nosso, têm muito a ver um com o outro.

Os quatro Evangelistas contam o Batismo, o que nos deixa a certeza de que é um fato básico na vida de Jesus, muito recordado pelas primeiras comunidades. Nas quatro narrações há uma descida do Espírito de Deus, para dizer que tudo quanto Jesus de Nazaré fizer, fá-lo-á com a força divina, isto é, com plenos poderes. Quando alguém lhe perguntar: "Em nome de quem estás agindo?", ele tanto poderá responder: "Em nome de Deus", quanto: "Em meu próprio nome". A resposta tem o mesmo sentido.

Poder-se-ia ter a impressão de que Jesus começa a vida pública como um desconhecido, já que vivera 30 anos praticamente 'escondido' na casa de Nazaré, trabalhando no ofício de carpinteiro. Seria justa a pergunta: "Quem é este homem?" A página do batismo é também um momento da revelação desse novo profeta. Não só o seu anunciador João Batista lhe faz o retrato, mas também o Pai do Céu faz ouvir sua voz, confirmando a filiação divina de Jesus; e o Espírito Santo, descendo sobre ele, confirma solenemente que toda a missão está impregnada da força e da bênção divina. No Natal, Jesus se manifestou aos pastores, ou seja, ao povo escolhido. Na Epifania, manifestou-se aos pagãos, porque ele viera para todos os povos. Hoje é a Santíssima Trindade que se manifesta. Dela fora a obra da criação. Dela será a obra da redenção de todo o universo.

Por que Jesus foi batizado?

Quando se fala do Batismo de Jesus, vem a pergunta: "Por que Jesus foi batizado, se não tinha pecado nenhum?" A pergunta se prende ao fato de nós ligarmos o batismo à purificação do pecado original. Mas essa não é a única razão de ser do batismo. E, mesmo que fiquemos com a purificação do pecado, compreende-se que Jesus – "cordeiro de Deus, que carrega os pecados do mundo", como o chama o Batista, na versão de João Evangelista (1,29) – tenha-se sujeitado ao batismo por causa dos pecados nossos, que ele veio tirar. Nem foi a única vez que Jesus praticou gestos de que não tinha necessidade. Bastaria lembrar o rito da circuncisão (*Lc* 2,21) ou a apresentação no templo (*Lc* 2,22-24).

Se a circuncisão tinha como sentido religioso marcar a aliança com Deus (*Gn* 17,9), de que outra aliança poderia Jesus se lembrar senão a de sua própria filiação? A apresentação no templo era a consagração do primogênito ao serviço de Deus (*Nm* 8,17). E tinha Jesus necessidade dessa consagração, se toda a sua entrada na história humana era um serviço consagrado por excelência? Poderíamos também nos perguntar: por que se sujeitou a uma morte reservada a malfeitores e morreu como se fosse um criminoso?

Batizará no Espírito Santo

O Batismo de Jesus tem o grande significado de inaugurar a vida pública. No episódio do batismo, estão contidos elementos essenciais de sua vida: maior que o grande e penitente profeta João Batista (v. 17), porque é "filho muito amado do Pai" (v. 22); cheio do Espírito Santo, que "desce sobre ele em forma corpórea" (v. 22) e com ele permanecerá e dele será a testemunha através dos tempos (*Jo* 15,26); será o Cordeiro de Deus, que carregará os pecados, ou seja, será o salvador, o redentor da humanidade, o caminho que une o céu à terra, o garante da fidelidade da nova aliança.

O batismo de hoje se plenifica num outro: o batismo da morte. Pode parecer estranha a expressão, mas ela é do próprio Jesus. Quando os filhos de Zebedeu lhe pedem o privilégio de se assentarem um à direita e outro à esquerda na glória, Jesus lhes pergunta: "Aguentareis ser batizados com o batismo com que tenho de ser batizado?" (*Mc* 10,38). Lucas põe a mesma expressão na boca de Jesus: "Tenho de receber um batismo, e como me angustio enquanto não se cumpre!" (*Lc* 12,50). De fato, é pela morte que Jesus se torna a pedra fundamental de um novo mundo. E é pelo batismo que somos introduzidos nesse mundo novo, mas será pela morte que nos tornamos 'pedras vivas' da Casa de Deus, para usar uma expressão de São Pedro (*1Pd* 2,5).

João Batista diz que Jesus batizaria o povo no Espírito Santo (v. 16). Os profetas antigos (por exemplo, Isaías 42,1) diziam sempre que, quando o Messias chegasse, ele viria com a plenitude do Espírito Santo de Deus. Eles não sabiam ainda que o Espírito Santo era e é uma pessoa da Santíssima Trindade. Eles chamavam de Espírito Santo a força de Deus capaz de purificar, de fortalecer (*Is* 11,2), de restaurar (*Sl* 104,30), de quebrar as cadeias dos prisioneiros (*Is* 61,1), de dar luz aos cegos e, sobretudo, de justificar, isto é, de fazer a criatura humana cumprir a vontade de Deus com amor filial. Nisso consistiria toda a santidade. Por isso o Espírito de Deus – de que o Messias devia estar repleto (*Lc* 4,14) – era chamado de Espírito *Santo*, santo em si e capaz de santificar. Jesus se apresenta na vida pública 'cheio do Espírito Santo' e se propõe a repartir com as criaturas essa plenitude do Espírito (*Jo* 20,22), ou seja, dá-nos a possibilidade de revestir-nos de sua própria santidade. Lucas chama o dia de Pentecostes de dia em que os Apóstolos foram batizados no Espírito Santo (*At* 1,5).

O bilhete para a herança eterna

A Igreja sempre viu no batismo de Jesus a origem do batismo cristão, empregado desde a primeira comunidade formada em torno dos Apóstolos. Na hora da Ascensão, aludindo ao poder que tinha no céu e na terra, Jesus mandou batizar todos os povos (*Mt* 28,18-19). Muitos textos dos Atos (cf. 2,37-41; 8,12ss; 8,35-38; 9,10-18; 10,44-48) provam a praxe do batismo àqueles que, ouvindo a pregação, passavam a crer na pessoa de Jesus e em seus ensinamentos. Paulo, escrevendo aos Efésios, compara o batismo a um sinal indelével: "Fostes selados com o selo do Espírito Santo" e este selo será o bilhete para a herança eterna (*Ef* 1,13-14).

Deixar-se batizar deveria implicar uma consciência da aceitação de Jesus como Filho de Deus Salvador; de uma vivência de seu mistério; de um compromisso com seu programa de construção da Família de Deus. Mas isso não vem acontecendo. Talvez dois costumes da Igreja contribuam para o fato: a grande maioria é batizada em criança, e isso desde os tempos mais antigos; e tem-se administrado o batismo indiscriminadamente a filhos de pais não praticantes e, portanto, alheios à fé viva e engajada na comunidade. A Igreja sente e vê esse problema (que não é teológico, mas pastoral) e procura contorná-lo com cursos, renovação das promessas, catequese de adolescentes, reforço da preparação para o Sacramento da Crisma. O ideal para cada batizado seria o exemplo de Jesus: a partir do batismo assumiu de corpo e alma a sua missão e a levou até às últimas consequências.

TEMPO DA QUARESMA

QUARTA-FEIRA DE CINZAS

1ª leitura: Jl 2,12-18
Salmo: Sl 50
2ª leitura: 2Cor 5,20-6,2
Evangelho: Mt 6,1-6.16-18

*Deus voltará a ter misericórdia de nós
e calcará aos pés as nossas faltas (Mq 7,19)*

QUARESMA: UM CAMINHO
FEITO COM JESUS AO CALVÁRIO

Entramos hoje no caminho quaresmal. Um caminho que nos leva a Jerusalém. Não à cidade geográfica, mas à paixão, morte e ressurreição do Senhor. Um caminho que, pela mão de Jesus, nos leva para perto de um mistério divino. A Sagrada Escritura, muitas vezes, expressou a caminhada da criatura para um encontro especial com Deus por meio de um tempo de 40 dias. Mais que quantidade matemática, o número 40 indica um tempo dentro do qual acontece qualquer coisa de decisivo entre a criatura humana e Deus.

Assim, aconteceu com Moisés, que ficou 40 dias no alto do Sinai (*Êx* 24,18). Ou com o profeta Elias, no alto do Horeb (*1Rs* 19,8). Moisés e Elias estarão conosco no Evangelho do segundo domingo da Quaresma, quando, com Jesus, estaremos no Monte Tabor (*Lc* 9,30). Podemos ainda pensar nos 40 dias concedidos aos ninivitas para sua conversão (Jn 3,4), que, de fato, aconteceu. Ou os 40 dias que Jesus passou no deserto antes de começar sua vida pública (Lc 4,2). Poderíamos lembrar outros exemplos. Mas esses são suficientes para vermos que '40 dias' são um símbolo precioso, que fala de um encontro com Deus.

Quaresma quer dizer 40 dias. E nosso encontro será com Deus na pessoa do Cristo sofredor, morto e ressuscitado. Toda a liturgia da Quaresma está voltada para esses acontecimentos. Não estaremos sozinhos na caminhada. Jesus caminha conosco. Se olharmos para os exemplos de Moisés, Elias, os ninivitas e o próprio Jesus no deserto, perceberemos logo que a caminhada é feita, não com os passos de nossas pernas, como quando acompanhamos uma procissão, mas com nossa mente e nosso coração, nosso corpo inteiro e nossa alma. A caminhada é feita de oração e reflexão sobre a nossa vocação (cada um de nós é chamado individualmente por Deus, que nos concede, a cada um, um destino bom a cumprir) e uma absoluta confiança em Deus. Esse conjunto se chama *conversão*, tema central da Quaresma.

Cinzas, símbolo de nossa pobreza

Converter-se significa voltar-se para Deus. Não há conversão sem oração. Não há oração sem confiança em Deus. A oração baseada na confiança nos faz ver nossa pobreza de méritos e a necessidade de Alguém que nos dê a mão e a serena convicção de que, ajudados, mão na mão do Senhor, podemos chegar à Páscoa. Símbolo da nossa pobreza, ou até mesmo nulidade, é a cinza que recebemos hoje sobre nossa cabeça. Ela nos recorda de imediato a origem e o destino de nosso corpo, ou seja, a fragilidade da nossa existência na terra.

Mas ela nos pode lembrar também o pó da estrada que encontram os caminhantes. Os caminhantes somos nós e nossa meta é chegar com Jesus à Paixão e à Ressurreição. É a Ressurreição de Jesus que nos diz que, embora nosso corpo seja destinado ao pó, nossa pessoa tem um destino eterno. Cada um de nós poderá dizer com os Apóstolos que nossa única missão é sermos "testemunhas da Ressurreição de Cristo" (At 4,33) na terra e "participantes da natureza divina" (2Pd 1,4) no céu.

A proposta de Deus para nós

Pode vir-nos o pensamento que *conversão* é uma questão de nossa vontade. Sim e não. Sim, porque exige nosso querer, nosso esforço, nossa perseverança. Não, porque a conversão é graça dada por Deus, que deve ser pedida. Deus é a razão última e o primeiro motor de nossa conversão. Na verdade, a conversão é mais um ato de acolhimento daquilo que o Senhor nos diz e pede de nós. O voltar-se para Deus implica uma mudança no modo de pensar e de agir. Ou seja, um conformar nosso pensamento e ação à proposta que Deus tem para nós.

E qual seria a proposta que Deus tem para nós? Ela vem explicitada no ensinamento e na pessoa de Jesus. Por isso se poderia dizer que nos converter implicaria descentrar-nos de nós mesmos e centralizar nossa vida e nossas metas em Jesus. Somos um satélite do Senhor, de quem recebemos luz, movimento e sobrevivência. O ideal é poder dizer com toda a sinceridade e veracidade do coração: "Não sou mais eu que vivo, é Cristo que vive em mim" (*Gl* 2,20).

Lembremos que a conversão não nos pede tanto que discutamos nosso comportamento, quanto nos deixamos interpelar pelo comportamento de Deus a nosso respeito. Por exemplo: Deus é rico em misericórdia comigo. Desse fato nasce a pergunta: que tamanho tem nossa misericórdia para com os outros? Deus nos ama com imenso amor e gratuitamente. Desse fato nasce a pergunta: por que nosso amor para com o próximo é tão interesseiro e raras vezes é gratuito? Deus deu sua vida por nós, sem que merecêssemos. Disso nasce a pergunta: até que ponto nossa vida pertence aos outros? Deus entrou em nossa história. Por que resistimos entrar na história de Deus e anulamos as sementes divinas que existem em nós?

Esmola, jejum e oração intensa

Os textos litúrgicos do início da Quaresma sugerem, como ajuda de conversão e como expressão concreta de nosso esforço, a esmola, o jejum e a oração intensa. O jejum se refere em primeiro lugar à boca. Há um pecado capital chamado gula. O jejum não é apenas o contrário da gula, é também um abster-se, propositadamente, de alimentos e bebidas ou coisas que satisfazem o sentido do gosto (cigarro, por exemplo). Quando nos privamos de determinado alimento todos os dias da Quaresma ou em determinados dias (de carne, por exemplo), praticamos a abstinência. O jejum de alimentos recorda a frase dita por Jesus ao demônio, que o tentava pela gula: "Não só de pão vive o homem, mas de toda a palavra que sai da boca de Deus" (*Mt* 4,4), uma citação do Antigo Testamento (*Dt* 8,3). Quaresma é um tempo de alimentar a alma por meio da escuta da Palavra de Deus.

A esmola extingue a avareza. Ela mexe com o nosso bolso. Ela lembra que não somos donos de coisa nenhuma, que tudo pertence a Deus. Que somos uma fraternidade, cujos bens devem ser condivididos. Ela nos recorda de que a criatura apegada às coisas terrenas não consegue alçar-se ao céu. É dando aos necessitados, que recebemos de Deus. Dizia Santo Antônio: "Assim como fechamos instintivamente muitas vezes as pálpebras para conservar límpidos os olhos, também devemos dar esmola com frequência para conservar a beleza da graça de Deus em nós". A esmola deve refletir essa beleza de graça divina, que está em nós; por isso o carinho com que damos a esmola é mais importante que a soma que desembolsamos. A Quaresma é um tempo especial de partilha do que temos e somos.

A oração se faz com os lábios, sim. Mas se for feita só com os lábios será como a fumaça dos sacrifícios de Caim: não sobe para o alto (*Gn* 4,5). Nossa oração deve partir do coração e ser participada pelo coração, isto é, pelo nosso ser inteiro. Nossa oração é como música envolvente que acompanha nosso jejum, nossa esmola, nossa abertura aos outros e ao mesmo tempo nosso elevamento a Deus. A Quaresma é um tempo privilegiado de oração.

1º DOMINGO DA QUARESMA

1ª leitura: Dt 26,4-10
Salmo: Sl 90
2ª leitura: Rm 10,8-13
Evangelho: Lc 4,1-13

O Deus da paz esmagará Satanás debaixo de vossos pés (Rm 16,20)

SE NÃO VENCERMOS ESTAS TENTAÇÕES, NÃO CELEBRAREMOS A PÁSCOA

Todos os anos a Igreja abre os domingos da Quaresma com as tentações de Jesus no deserto. Se a Quaresma é um tempo de revisão de vida e de purificação, as três tentações sofridas por Jesus resumem as grandes tentações que a criatura humana sofre ao longo da vida. As mesmas tentações de Adão no paraíso terrestre (*Gn* 3). Tentações que, se não forem vencidas, nos impedem de celebrar a Páscoa e dela receber os frutos da redenção.

A primeira é a tentação de antepor os bens materiais aos bens espirituais. A luta pela conquista do pão e tudo o que o pão significa pode levar-nos a não nos alimentar da Palavra de Deus e, como consequência, a sermos fracos diante das vicissitudes da vida e a desanimarmos na caminhada da santidade. A segunda é a tentação do poder, acompanhada de sua irmã gêmea, a tentação de dominar, que impedem a vida fraterna e comunitária, fundamental no Reino de Deus. A terceira é a tentação do orgulho, que pode chegar ao ponto de determinar o que Deus pode ou não pode fazer. O orgulhoso é incapaz de um relacionamento com Deus.

Nas três tentações estão incluídas muitas outras. Na primeira, por exemplo, com facilidade, encontramos a gula e a ganância, a avareza, o mau costume da propina e o apego doentio aos bens materiais. A segunda, a do poder, faz-se sempre acompanhar da injustiça e da exploração, da violência e da insensibilidade, da eliminação violenta ou astuta de adversários ou concorrentes, da prepotência e da inveja, do luxo e da aparência. A terceira traz consigo a soberba e a vanglória, a impiedade e a hipocrisia, a arrogância e a blasfêmia, a autossuficiência, o desprezo da graça e a incredulidade. Toda pessoa adulta tem experiência, em maior ou menor grau, dessas tentações. A superação das tentações por parte de Jesus é uma grande lição de comportamento para cada um de nós.

As tentações de Adão e as tentações de Jesus

Na frase que antecede o Evangelho de hoje (*Lc* 3,38), Jesus é, de alguma forma, apresentado como o novo Adão, quando Lucas mostra a origem humana de Jesus. Se lermos com atenção a tentação do paraíso, perceberemos que são as mesmas palavras com que o demônio tentou Jesus. Tomemos uma única frase do Gênesis: "A mulher notou que era bom para comer, pois era atraente aos olhos e desejável para se alcançar sabedoria" (*Gn* 3,6). 'Bom para comer': a tentação do pão. 'Atraente aos olhos': a tentação da cobiça, da posse, do poder. 'Desejável para alcançar sabedoria', ou seja, tornar-se como Deus: a tentação do orgulho, da autossuficiência. Adão e Eva sucumbiram. Jesus, o novo Adão (*1Cor* 15,45), venceu-as.

As tentações de Jesus são as mesmas do povo de Israel no deserto. Observe-se que também as de Jesus acontecem no deserto. Compare-se a tentação do pão com a tentação antes de ganharem o maná (*Êx* 16,3). Ou a tentação do poder divino, que chegou à idolatria com o bezerro de ouro (*Gn* 32,1-6). Ou as várias tentações de extremado orgulho, contestando a liderança de Moisés, como no episódio de Massa e Meriba (*Êx* 17,1-7); Massa, aliás, significa 'Tentação' e Meriba, 'contestação'.

O demônio preocupado com Jesus

Lucas diz que Jesus estava "cheio do Espírito Santo" (v. 1) e por ele foi levado ao deserto, onde "foi tentado pelo diabo durante quarenta dias". "Cheio do Espírito Santo", para expressar a plenitude de sua divindade. Lucas só fala de três que, como dissemos, resumem todas as tentações que um ser humano pode sofrer. É o imenso problema do bem e do mal, os quais se enfrentam, que preocupa todas as religiões, primitivas e novas, e também aos que não têm fé. Para o Evangelho, o demônio é uma realidade. Jesus acreditou na existência de Satanás, como "príncipe do mal" (*Jo* 12,31) e a quem chama de "homicida e embusteiro" (*Jo* 8,44). São Paulo chamou o demônio de "deus deste mundo" (*2Cor* 4,4). No episódio das tentações, exatamente porque Jesus viera recriar o mundo e refazer a situação das criaturas humanas, o Evangelista mostra a preocupação do demônio com o que estava por acontecer. E o faz enfrentar astutamente Jesus, como enfrentara o primeiro homem. Vejamos, então, as tentações de um ponto de vista pessoal de Jesus e sua missão.

A primeira tentação visava desviar Jesus do caminho do sofrimento e da cruz. Se esse caminho era o caminho redentor querido por Deus, o demônio faz outra proposta: ele poderia transformar-se num rei que daria pão de graça a todos. A palavra 'pão' resume todas as necessidades humanas. João mostra que isso agradaria sumamente ao povo (*Jo* 6,15.26). Também os romanos diziam que para ter um povo feliz bastaria dar-lhe pão e diversão. Jesus poderia facilmente, com a força de seus milagres, resolver todas as condições econômicas. Com isso teria todo o povo na mão, nadando em felicidade. Acontece que Jesus não viera apenas para satisfazer os desejos terrenos das criaturas. Esses desejos pertencem ao temporal e ao transitório. Jesus viera para refazer nosso destino eterno e definitivo.

A segunda tentação levaria Jesus à liderança política. Mas uma liderança suja, porque compromissada com o demônio. Essa tentação aparece em vários outros momentos da vida pública de Jesus. Acontece que ele não viera apenas libertar politicamente o povo, mas trazer-lhe a verdadeira liberdade dos filhos de Deus, e essa liberdade significa exatamente vencer Satanás e seus seguidores. É de São Paulo a afirmação: "É necessário que Jesus reine até pôr todos os inimigos debaixo de seus pés" (*1Cor* 15,25).

Quem pode ensinar o que Deus deve fazer?

A terceira tentação toca num dos sentimentos mais caros de Jesus: a confiança no Pai do Céu. O demônio o chama de "Filho de Deus" (v. 9). Essa verdade evoca no coração de Jesus um mar de sensações e relacionamentos. Mais tarde, ele diria: "Todo o poder me foi dado nos céus e na terra" (*Mt* 28,18). Se tinha todo o poder, por que não se tornar um messias taumaturgo? Um Cristo pairando no ar, na praça do templo, teria certamente bem mais seguidores que um Cristo pregado numa cruz, fora da cidade, entre criminosos. Mas essa é uma velha tentação: querer impor a Deus o que ele deve fazer. Essa presunção não se coadunava com a missão de Jesus, que viera "para fazer a vontade do Pai" (*Hb* 10,9).

E a vontade do Pai passava pelo sofrimento e morte. Vem à mente o Jardim das Oliveiras. Diante da proximidade da hora, embora carregado de angústias, Jesus repete ao Pai: "Não se faça a minha vontade, mas a tua" (*Lc* 22,42). O demônio tentador, ao deixá-lo hoje, prometeu voltar "em momento oportuno" (v. 13). Lendo a Paixão, vemos que o momento oportuno foi aquele final de semana, quando Satanás tomou conta do coração de Judas (*Jo* 13,27), procurou apossar-se de Pedro (*Lc* 22,31), dispersou os Apóstolos (*Mc* 14,50). O próprio Jesus chamou sua prisão de "hora do poder das trevas" (*Lc* 22,53). Mas acabou se realizando sua promessa: "Quando eu for crucificado, atrairei todos a mim" (*Jo* 12,32).

2º DOMINGO DA QUARESMA

1ª leitura: Gn 15,5-12.17-18
Salmo: Sl 26
2ª leitura: Fl 3,17-4,1
ou Fl 3,20-4,1
Evangelho: Lc 9,28b-36

A glória do Senhor se manifestará e todos a verão (Is 40,5)

HUMANIDADE SOFREDORA E DIVINDADE GLORIOSA DE JESUS

A Transfiguração, que lemos todos os anos no segundo domingo da Quaresma, tem muito a ver com a paixão e morte de Jesus. A Transfiguração acontece num contexto da profecia do sofrimento (*Lc* 9,21-23 e *Lc* 9,44-45) e da declaração de Pedro de que Jesus era "o Cristo de Deus" (*Lc* 9,20). Já o Papa São Leão Magno († 461) afirmava que a Transfiguração tinha por finalidade imediata afastar do coração dos Apóstolos o desespero diante da humilhação da cruz, que viria, tanto da Cruz de Cristo quanto da cruz que cada um deve tomar às costas todos os dias (*Lc* 9,23).

A Transfiguração é também um sinal seguro de esperança. Assim como o Cristo, condenado à morte, não perde sua dignidade divina, também a criatura humana, ainda que carregada de miséria e sofrimento, tem um destino glorioso e divino. O Evangelho da Transfiguração tem, então, um profundo sentido quaresmal: olha para a paixão e a morte com a mesma intensidade com que olha para a páscoa. Olha para a humanidade de Jesus, sem desprender os olhos de sua divindade. Olha para Jesus crucificado, mas já vendo na Cruz o símbolo da glória.

A ligação com a paixão e morte poderia também ser feita a partir da escolha dos três Apóstolos. Tiago e João haviam pedido que se sentasse um à direita e outro, à esquerda de Jesus, quando ele ocupasse o trono de rei em Jerusalém (*Mc* 10,37). Pedro havia tentado impedir Jesus de ir a Jerusalém para sofrer e morrer (*Mt* 16,22-23). Os três iriam a Jerusalém. Os três acompanhariam Jesus ao Jardim das Oliveiras na noite da agonia (*Mc* 14,33; *Mt* 26,37). A presença dos três na Transfiguração não aconteceu por acaso. Além do mais, Pedro devia ser o chefe dos Apóstolos depois da Ascensão. A João, o único dos Doze a estar a seus pés no Calvário, ele confiaria a guarda de sua mãe (*Jo* 18,27). Tiago seria o primeiro dos Doze a ser martirizado, já no ano 44 (*At* 12,1-2). Os três não seriam 'ministros de Estado' de um Jesus rei terreno, mas testemunhas da Paixão e da Ressurreição (*At* 2,32).

Onde o céu se une à terra

Dentro do Evangelho de Lucas, a Transfiguração ocorre dias antes de Jesus começar a última viagem a Jerusalém. Teria acontecido no Monte Tabor, de 588 metros de altura, não longe de Nazaré, na Galileia. Mas nenhum Evangelista diz que foi no Tabor. São Cirilo de Jerusalém († 386) é o primeiro a falar numa tradição que localiza a Transfiguração no Tabor. Talvez por que o Tabor era tido, havia séculos, como um monte sagrado. Sabemos que, para a maioria das religiões, os montes altos são considerados o ponto em que o céu se encontra com a terra (lembremos o Monte Sinai, o Horeb, o Garizim, o Carmelo, o Ebal e o das Bem-Aventuranças).

O monte de hoje, portanto, mais do que um lugar geográfico, é um símbolo. É um bom lugar de a criatura encontrar-se com seu Criador, longe do barulho, longe da planície, que é símbolo do ramerrão da vida cotidiana. Se hoje o Cristo manifesta sua divindade em seu corpo humano, ele o faz na mais alta e bela montanha da Galileia, isto é, num lugar sagrado onde, na imaginação do povo, seria possível se unirem o céu e a terra e Deus se manifestar.

Subiu o monte para rezar

Pedro quer armar três tendas sobre a montanha. Isso não significa que é sobre uma montanha que devemos construir nossa casa. O lugar geográfico é indiferente. Mas devemos ter nossa moradia permanentemente perto da divindade. Em outras palavras, devemos viver envolvidos pelo mistério do Cristo, Filho de Deus Salvador, que se revela a nós. Esse modo de viver envolvido por Deus é o que o livro do Apocalipse vai chamar de "novo céu e nova terra" (*Ap* 21,1).

Os Evangelistas dão grande importância à Transfiguração. Em todos os grandes momentos da vida de Jesus, Lucas procura mostrá-lo como um homem de oração. Sem dúvida, para dizer que a oração envolve todos os principais passos da vida humana e para mostrar que todo o mistério de Jesus se desenvolve em clima de oração. Assim, Jesus reza no meio do entusiasmo da multidão (*Lc* 5,16), antes da escolha dos Apóstolos (*Lc* 6,12), antes da declaração messiânica de Pedro (*Lc* 9,18) e hoje "sobe o monte para rezar" (v. 28). A Transfiguração acontece durante a oração (v. 29).

Os três Apóstolos dormiam, enquanto Jesus rezava e se transfigurava (v. 32). Eles lembram as criaturas que não percebem a presença de Deus, não veem com os olhos da fé a divindade de Jesus e sua missão salvadora. Os mesmos três Apóstolos dormiram no Jardim das Oliveiras (*Lc* 22,45), enquanto Jesus orava. Muitas vezes, Jesus afirma que é preciso estar vigilante para compreender as coisas de Deus, ter a consciência acordada para poder entender como é possível o Deus da vida morrer, como é possível que o Cristo faça brotar da morte uma vida nova e eterna.

Quem é esse Jesus de Nazaré?

A presença de Moisés sugere de imediato o Monte Sinai, onde Moisés, com o rosto mergulhado na luz de Deus a ponto de o povo não poder olhar para ele, recebeu os Dez Mandamentos. Cristo não veio abolir Moisés, mas complementá-lo (*Mt* 5,17). Sua presença hoje é todo um passado que deve ser respeitado, mas como passado, porque o presente e o futuro será guiado pelo Cristo da Paixão e da Páscoa. É interessante observar que Moisés fala com Jesus sobre sua 'partida' para Jerusalém (v. 31). Algumas traduções trazem 'sua morte'. Mas o termo original é 'êxodo', o mesmo termo empregado para a saída do povo da escravidão do Egito. Jesus, com sua Paixão,

Morte e Ressurreição, dá início a um novo êxodo, a um novo povo, a uma nova caminhada pelo deserto, agora já não mais rumo a uma determinada terra, "boa e espaçosa, onde correm leite e mel" (*Êx* 3,8), mas rumo a uma determinada meta: a casa do Pai, onde todos podem degustar a comunhão eterna com Deus.

A presença de Elias recorda logo o Monte Horeb, onde o profeta se declarara "apaixonado pelo Deus Todo-poderoso" (*1Rs* 19,10.14), que se manifestou a ele e lhe ordenou recomeçar tudo de novo e reconstruir a aliança de fé no Deus único, apesar da generalizada infidelidade do povo. A presença de Elias está sugerindo que o Cristo, por sua oração e sua morte, conseguirá um novo pacto de fidelidade, desta vez definitivo, porque Jesus é maior que Moisés, maior que Elias: é o Filho de Deus (v. 35).

Nos episódios que antecederam à Transfiguração, Lucas deixou no ar, em torno de Jesus, a pergunta: "Quem é este" que dá ordens a demônios (*Lc* 4,36), que perdoa pecados (*Lc* 5,21), que comanda os ventos e as ondas do mar (*Lc* 8,25)? Agora, antes de Jesus começar a última e definitiva viagem a Jerusalém, Lucas faz o próprio Pai do Céu dar a resposta: "Ele é o meu Filho" (v. 35). A voz do Pai vem da nuvem. No Antigo Testamento a nuvem lembrava sempre a presença de Deus. Deus em pessoa responde à pergunta "Quem é este?", à qual nós, por nós mesmos, não conseguimos responder. Mas cabe a nós, ouvida a declaração de Deus, *escutar* Jesus (v. 35), isto é, pautar nossa vida segundo seus ensinamentos, crer em sua pessoa divina e sua missão salvadora, para com ele ressuscitar na Páscoa e sermos "um com Deus como ele e o Pai são um" (*Jo* 17,22).

3º DOMINGO DA QUARESMA

1ª leitura: Êx 3,1-8a.13-15
Salmo: Sl 102
2ª leitura: 1Cor 10,1-6.10-12
Evangelho: Lc 13,1-9

Quem pode dizer:
"Tenho consciência pura, estou limpo de pecado?" (Pr 20,9)

A MEDIDA DA NOSSA MISERICÓRDIA DEVE SER A MISERICÓRDIA DE DEUS

As páginas escolhidas para o Evangelho deste e dos próximos dois domingos estão muito ligadas entre si, quase numa sequência. Hoje, aproveitando dois fatos acontecidos na cidade de Jerusalém (e que só Lucas conta. Não os encontramos na literatura histórica profana do tempo), Jesus desenvolve alguns temas de caráter religioso, que tocam bastante o ser humano: todos somos pecadores necessitados de conversão; a desgraça não é necessariamente consequência do pecado pessoal cometido; Deus é misericordioso e cheio de perdão.

A parábola contada logo em seguida por Jesus continua na mesma linha: Deus perdoa, mas quer ver os frutos da penitência, os frutos das boas obras; ele tem paciência, espera pelo pecador; sua paciência é infinita, mas é limitado o tempo que a criatura humana tem para produzir frutos, porque só nesta vida presente podemos praticar e fazer o bem.

A maior catástrofe que poderia acontecer ao ser humano seria a de não perceber que Cristo é o Salvador, que se encarnou para dar o perdão e refazer a vida. O tema do Cristo como encarnação da misericórdia divina retornará no Evangelho do próximo domingo (filho pródigo) e do seguinte (a pecadora perdoada). E sempre em dupla dimensão: Deus é misericordioso conosco, mas exige que sejamos misericordiosos com o próximo. A misericórdia é uma iniciativa de Deus. Nossa resposta primeira é o arrependimento de nossos pecados e a segunda é a compreensão para com a fraqueza dos outros. A misericórdia de Deus se transforma em amor para conosco, até o extremo de uma comunhão. Nossa compreensão deve ir além da tolerância e se manifestar em gestos de amor fraterno, capazes de criar uma verdadeira comunidade de irmãos.

Crime, sacrilégio e fatalidade

É conhecida a crueldade de Pilatos, atestada também por historiadores profanos, como Flávio Josefo, nascido em Jerusalém e falecido em Roma († 100). E conhecida era a antipatia de Pilatos pelos galileus, dos quais desconfiava sempre que estivessem tramando algum motim. E os galileus tinham razão para viverem em pé de revolta: eram explorados quase como escravos, ora a serviço dos sírios, que possuíam a maior parte das terras boas, ora pelos romanos, que cobravam altíssimos impostos. Por isso mesmo, pode-se compreender a violência de Pilatos com o grupo de galileus que, no templo, ofereciam sacrifícios e que, aos olhos de Pilatos, se aproveitavam do lugar sacro para conspirações.

Mas a chacina praticada por Pilatos, aos olhos do povo, era um imperdoável escândalo: primeiro pelo massacre em si, que era nítido crime e grave sacrilégio. Depois, por ter Deus permitido que morressem no momento em que prestavam culto, massacrados de tal modo que o sangue dos animais sacrificados e o deles se misturaram no chão do templo. Na mentalidade do povo, se eles foram mortos na hora em que praticavam o bem, deveriam estar cobertos de pecados. Caso contrário, Deus devia tê-los livrado da desgraça. Essa ligação entre castigo e pecado persiste ainda hoje em muita gente. Justifica-se a explicação que querem de Jesus, o novo Mestre.

Todos estamos inclinados à maldade

A história da catástrofe parece um episódio dos nossos dias, quando os noticiários contam o desmoronamento de casas, soterrando famílias inteiras. O Evangelista conta um fato de crueldade que parte de um mandante conhecido e um fato acontecido ao acaso. Pela resposta que Jesus dá, vê-se que a pergunta não era: "Como Deus entra nesses fatos?" Teria sido tão bom, se Jesus tivesse respondido a essa pergunta, que tem a ver com a presença do mal no mundo. Mas a pergunta se referia à culpabilidade escondida dos que foram mortos, seja pela violência humana, seja pela violência de uma 'fatalidade', já que a teologia farisaica ensinava que a morte violenta era sempre castigo por culpa grave. Na verdade, os que fizeram a pergunta já vieram com um preconceito.

Jesus não responde sobre a culpabilidade dos mortos, mas recorda que todos somos pecadores e todos precisamos fazer penitência, porque todos estamos inclinados à maldade e, por isso, todos somos 'candidatos' a uma morte bem pior do que a dos galileus: a morte eterna. A morte, as catástrofes nos recordam a precariedade da vida terrena. E é aqui que entra a parábola da figueira plantada no meio da vinha (sítio). Símbolos que o povo conhecia bem. A vinha (o sítio) é o povo, é a humanidade. A figueira é cada um de nós. O dono da vinha e da figueira é Deus. O cultivador é Jesus. Ele intercede pelo povo. Pede que Deus tenha paciência, na espera de que o povo ouça sua palavra e, pondo-a em prática (*Lc* 8,21), converta-se. Jesus já havia usado a figura da luz, que ilumina (*Mt* 5,14), do fermento, que faz levedar a massa (*Mt* 13,33). Agora usa a figura do adubo. Jesus tem interesse nos bons frutos. Foi para isso que ele se encarnou. Ele oferece todas as possibilidades. Seu coração é misericordioso. Mas o tempo que nos é dado tem seu limite: é o espaço da vida terrena.

Para produzirmos bons frutos precisamos ter o coração voltado para Deus, feito o girassol, que está sempre direcionado para a luz, para engrossar e amadurecer os grãos. Ao esforço de ter o coração voltado para Deus, a Escritura chama de *conversão*. A conversão, de que fala Jesus hoje (vv. 3 e 5), está no centro de sua pregação, desde o início da vida pública: "Vim para chamar os pecadores à conversão" (*Lc* 5,32). Tomar consciência do próprio estado de pecador (não dos outros), abandonar o pecado próprio (não exigir que os outros o façam) e voltar-se para Deus é um aspecto essencial do Evangelho e, consequentemente, do Cristianismo.

Paciência:
força da história

Não se consegue a conversão por meio de um rito. Pressupõe uma decisão que parta do coração (consciência) e envolva a pessoa inteira. Enquanto estivermos nesse estágio dinâmico de conversão, Cristo é todo perdão e bondade. É como o jardineiro paciente que rega, aduba e poda a planta. Observe-se, porém, que Lucas, embora procure sempre mostrar o lado misericordioso de Jesus, não esconde a ameaça feita por ele, caso persistamos no pecado (vv. 3.5.9).

Há ainda outro tema quaresmal presente no Evangelho de hoje: a paciência de Deus, pela qual se deveria medir a nossa paciência, a virtude que nos ensina a suportar os erros dos outros, as nossas próprias tribulações e a carregar os contratempos. Nada tem a ver com o cruzar dos braços ou com uma atitude indiferente. Comentando a vida de São Francisco de Assis, São Boaventura diz que os méritos de um santo só encontram sua perfeição consumada na paciência.

Fazia São Boaventura esse comentário ao falar das dores cruéis que sofreu o Santo de Assis. Mas podia também tê-lo feito ao escrever como o santo punha sua confiança em Deus, ou de como perdoava as maldades, ou de como procurava a simplicidade na pobreza, porque a paciência envolve todo o ser humano. Numa de suas Admoestações, ensinou São Francisco: "Onde há paciência e humildade, não há ira nem perturbação". A paciência é uma das maiores forças da história.

4º DOMINGO DA QUARESMA

1ª leitura: Js 5,9a.10-12
Salmo: Sl 33
2ª leitura: 2Cor 5,17-21
Evangelho: Lc 15,1-3.11-32

Deus tem misericórdia de nós:
ele lança ao fundo do mar os nossos pecados (Mq 7,19)

FELIZES OS MISERICORDIOSOS, PORQUE ALCANÇARÃO MISERICÓRDIA

Com mais força do que no domingo passado, voltamos ao tema da misericórdia, muito ligado ao tema da conversão. Ambos os temas são centrais da quaresma. A morte de Jesus é um ato supremo de misericórdia, completado pelo dom da ressurreição dado a todos. Assim como todos precisamos de conversão e penitência, todos precisamos da misericórdia de Deus. E, à imitação de Deus, praticar a misericórdia para com os outros é parte integrante da dimensão humana. Deus é o "Pai das misericórdias" (*2Cor* 1,3). De nós Jesus dirá: "Felizes os misericordiosos, porque alcançarão misericórdia!" (*Mt* 5,7).

Lucas é o único Evangelista a contar a parábola do filho pródigo. Ela vem num conjunto de três parábolas, com as quais Jesus se defende da acusação forte que lhe fazem os escribas e fariseus de que ele acolhe os pecadores, inclusive os publicanos que eram os mais odiados, e com os quais os fariseus e os escribas evitavam de conversar. Jesus não só os acolhia e conversava com eles, mas ia também a suas casas e aceitava comer com eles.

As três parábolas são: a da ovelha perdida (*Lc* 15,4-7), a da dracma (dinheiro) perdida (*Lc* 15,8-11) e a do filho perdido (*Lc* 15,11-32). Nossa tendência é de olhar mais para a ovelha perdida, para a dracma e para o filho pródigo. Na verdade, as figuras centrais são o pastor, a mulher que procura o dinheiro extraviado e o pai que abraça o filho que retorna; três retratos de Jesus. Três exemplos práticos para o cristão. Três situações nada raras da nossa vida.

Fariseus, saduceus e publicanos

A parábola retorna no 24º domingo comum deste ano. Ocorrem nela algumas categorias de pessoas, que marcavam a sociedade do tempo de Jesus. É bom ter clareza sobre elas, para entendermos que a parábola atinge a todas. É bem provável que nós nos encontremos numa dessas categorias.

Publicanos – hoje diríamos 'cobradores de impostos'. No tempo de Jesus, a Palestina estava subjugada pelos romanos. Todos deviam pagar pesados impostos a Roma sobre terras, animais, plantas, número de filhos, sal usado. Essas taxas eram cobradas por funcionários comissionados por Roma. Esses, por sua vez, montavam escritórios e tinham seus cobradores próprios. Eram odiados por todos. O Apóstolo Mateus era publicano (*Mt* 9,9).

Fariseus – formavam um partido político-religioso (hoje acrescentaríamos 'de direita'). Estudavam as leis de Moisés, as tradições e procuravam cumpri-las à risca. Tinham muitos adeptos. Seus grandes opositores eram os *saduceus* (classe mais liberal, composta pela aristocracia sacerdotal. Anás e Caifás eram saduceus). Os fariseus tinham prestígio e impunham respeito. Sonhavam com uma teocracia, isto é, um governo chefiado por Deus ou por um delegado divino. Jesus não condenou a doutrina dos fariseus, mas foi duro com seu comportamento hipócrita, soberbo, exclusivista, legalista e exagerado. São Paulo era fariseu (*At* 23,6; *Fl* 3,5). Nicodemos também (*Jo* 3,1-21).

Jesus convivia com os pecadores

Há ainda duas outras classes mencionadas por Lucas:
Escribas – também chamados de doutores da lei ou legisperitos. No início não passavam de copistas. Aos poucos, tor-

naram-se a classe entendida nas leis, os advogados do tempo, tanto em questões civis quanto religiosas. Seu título de honra era *Rabi*. Como toda a legislação se baseava na Sagrada Escritura, entendiam do assunto e, por isso, faziam-se também de mestres da espiritualidade, concorrendo com a classe sacerdotal. Jesus condenou-lhes o casuísmo, a hipocrisia de seus julgamentos e a vaidade. O povo, às vezes, olhava Jesus como um novo rabi, diferente, porém, dos escribas.

Pecadores – Uma classe bastante numerosa. Eram pecadores os que tinham um comportamento fora da lei ou tinham uma profissão considerada indigna, como a de curtidor de couros, pastor, condutor de bestas de cargas, vendedor ambulante, jogador de dados, pescador ou era portador de defeito físico visível. Pecadores eram também os pagãos e todos os que ignoravam a Lei de Moisés. E pecador tornava-se quem frequentasse a casa de um deles. Não é de estranhar, portanto, que os fariseus considerassem Jesus como pecador, já que "comia com eles" (v. 2).

Os quatro Apóstolos pescadores (Pedro e André, Tiago e João) provavelmente eram vistos como pecadores. A eles somava-se, certamente, o publicano Mateus. A lição de hoje é clara: todos precisamos da misericórdia divina, porque todos temos as nossas misérias. Condição para recebê-la é "aproximarmo-nos de Jesus e escutá-lo" (v. 1).

Miséria e misericórdia

A palavra *miséria* (mísero, miserável) e a palavra *misericórdia* são parentes próximas. Em ambas, está a raiz latina *miser* (pobre, necessitado). Em *misericórdia*, acrescenta-se a palavra *cor* (coração). A palavra *misericórdia* sugere duas direções de sentido, ambas ativas. Primeira, misericórdia = um coração voltado para o necessitado. Segunda, misericórdia = um coração necessitado voltado para quem pode socorrê-lo. No primeiro sentido, tenho misericórdia, quando eu me abro e volto-me para o necessitado. No segundo sentido, há misericórdia quando eu, necessitado, volto-me para quem me pode socorrer. Isso significa que o egoísta (voltado para os seus interesses) e o orgulhoso (autossuficiente) jamais compreenderão a misericórdia.

No primeiro sentido, Deus é o mais misericordioso de todos, chegando a amar os ingratos e os maus (*Lc* 6,35) e a ponto de se poder dizer: Deus é a misericórdia. Infinito é seu amor, infinita é sua misericórdia. Observe-se como na parábola de hoje ele sai ao encontro do filho. É verdade que o filho voltava arrependido. Mas o pai não lhe pede contas, não lhe impõe condições, não testa sua sinceridade, não se importa pelo que dirão 'os outros' (o filho mais velho é um exemplo de escandalizado). Simplesmente o abraça e, nesse abraço, acontece o perdão, lindamente simbolizado na "túnica mais preciosa" (v. 22), com que mandou vesti-lo, e a festa que mandou fazer.

No segundo sentido, a criatura humana é a mais beneficiada pela misericórdia, sempre que se põe em seu devido lugar de criatura dependente de Deus. A parábola de hoje ilustra bem a verdadeira misericórdia e seus contrários. Bastaria comparar a atitude do Pai com a do filho mais velho, cumpridor de todos os deveres e respeitoso do pai e de seus bens. Em outras palavras, não basta observar os mandamentos (os fariseus também os observavam). É preciso ter misericórdia. Talvez podemos dizer que o Antigo Testamento se fundamentava na observância da Lei, e o filho mais velho bem podia ser o exemplo dessa observância sincera. O Novo Testamento dá um largo passo avante: além de observar a lei, devemos ser "ricos em misericórdia" (*Ef* 2,4), e o pai da parábola de hoje é o grande e justo modelo. Foi o próprio Jesus quem disse: "Sede misericordiosos como o Pai do céu é misericordioso" (*Lc* 6,36).

5º DOMINGO DA QUARESMA

1ª leitura: Is 43,16-21
Salmo: Sl 125
2ª leitura: Fl 3,8-14
Evangelho: Jo 8,1-11

Deus, Pai de Nosso Senhor Jesus Cristo, regenerou-nos em sua grande misericórdia (1Pd 1,3)

A MISERICÓRDIA DEVERIA ENVOLVER-NOS COMO NOS ENVOLVE A LUZ

Continuamos no tema da misericórdia. No domingo passado, a lição nos vinha por meio de uma parábola (a do filho pródigo), isto é, uma história inventada. Hoje a lição nos vem por meio de um fato da vida real. A misericórdia de Deus encontra seu ponto alto logo mais na crucificação e ressurreição de Jesus, ou seja, no mistério pascal. A quaresma é parte integrante do mistério pascal. Escreveu o Papa São João Paulo II, na encíclica sobre a Misericórdia divina: "O mistério pascal contém em si a mais completa revelação da misericórdia, isto é, daquele amor que é mais forte que a morte, mais potente que o pecado e a maldade, do amor que ergue a criatura humana de suas quedas, mesmo abissais, e a liberta das mais graves ameaças (*Dives in misericordia*, 101).

O Antigo Testamento falou muito da misericórdia de Deus. Mas fica-nos a ideia de um Deus-patrão, que olha com benévola compreensão para seus empregados. Jesus acentua a paternidade divina. Deus nos ama com amor de pai. E faz dessa revelação do rosto misericordioso do Pai um dos principais temas de sua pregação. Mais: seu comportamento é todo tecido de misericórdia. Mais: a misericórdia de Deus, que ele encarna e demonstra em seus atos, ele a pede aos discípulos. O Antigo Testamento talvez medisse a misericórdia de Deus com o metro da misericórdia humana. Jesus quer que a misericórdia humana tenha o tamanho infinito da misericórdia de Deus.

Escreveu ainda João Paulo II na *Dives in misericordia*: "Notemos que Cristo, ao revelar o amor-misericórdia de Deus, exigia ao mesmo tempo dos homens que se deixassem guiar na vida pelo amor e pela misericórdia. Essa exigência faz parte da própria essência da mensagem messiânica e constitui a medula do Evangelho. O Mestre exprime isso tanto por meio do mandamento, por ele definido como *o maior* (*Mt* 22,38), quanto sob a forma de bênção, ao proclamar: *Bem-aventurados os misericordiosos, porque alcançarão misericórdia!* (5,7)" (n. 19).

Ensinava com autoridade

Entre o Monte das Oliveiras e o templo não havia mais de um quilômetro. O Monte das Oliveiras e o Monte Sion (onde estava Jerusalém, com o templo) olhavam-se frente a frente, eram apenas separados pelo Vale do Cedron, um riacho que só tinha água em época de chuva. Na última semana antes da Paixão, Jesus passou as noites no Monte das Oliveiras (ou em Betânia, na casa de Lázaro, ou no Jardim do Getsêmani) e os dias no átrio do templo (*Lc* 21,37-38). Também João, no evangelho de hoje, deixa entrever que Jesus passara a noite no Monte das Oliveiras (v. 1).

Jesus ensinava no átrio do templo. Era de manhã, a hora em que muitos iam ao templo fazer o que hoje chamaríamos de 'Oração da manhã'. Pouco adiante, João diz que ele ensinava "perto dos cofres de esmola" (*Jo* 8,20), lugar por onde todos passavam necessariamente. Hoje pararam para ouvi-lo (v. 2). João diz que ensinava "sentado" (v. 2). O ensinar sentado significava 'ensinar com autoridade'. A presença de Jesus no templo irritava os escribas e os fariseus, que chegaram a chamar os ouvintes de Jesus de "corja amaldiçoada que ignora a Lei" (*Jo* 7,49).

Maior do que a lei é a misericórdia

Um dia antes, os fariseus haviam mandado os guardas do templo prender Jesus (*Jo* 7,44-45), mas os guardas tiveram medo da reação do povo. Deve ter havido grande discussão entre os escribas e fariseus. Nicodemos tomou a defesa de Jesus, achando que não se podia prender alguém sem antes ouvi-lo e conhecer ao certo o que fazia (*Jo* 7,51). E é aqui que entra o fato de hoje. Os fariseus e os escribas tramaram uma cilada. Trouxeram-lhe uma mulher pega em adultério. A lei mandava matá-la (*Lv* 20,10). Mas, se Jesus consentisse na morte por apedrejamento, teria problemas com os romanos, que haviam proibido aos judeus de aplicar, baseados em leis religiosas, a pena capital (*Jo* 18,31). Se Jesus a mandasse ficar livre, quebraria, à vista de todos, a Lei de Moisés, e isso seria suficiente para montar-lhe um processo.

O episódio ensejou uma grande lição: Jesus viera trazer não a condenação, mas a misericórdia; não o perdão legal, mas o perdão da consciência; não viera para destruir, mas trazer a vida e dá-la em abundância (*Jo* 10,10). Os fariseus e os escribas assemelham-se hoje ao filho mais velho da parábola do domingo passado (a do filho pródigo). Jesus assemelha-se ao bom pai, que recebe de volta o pecador arrependido, sem castigo. Os fariseus e os escribas, observantes da lei e, portanto, obedientes a Deus, quiseram aplicar a lei. Jesus ensinou que maior do que a lei é a misericórdia, e é a misericórdia que encontra eco no coração de Deus, não a observância da lei.

Santo Agostinho, pecador arrependido, ao explicar o salmo 32, diz esta verdade: "A terra está cheia da miséria humana; a terra está cheia da misericórdia de Deus". Se o Evangelho de hoje nos mostra criaturas cheias de pecados, que querem castigar o pecado dos outros sem antes penitenciar-se de seus próprios, mostra-nos também um momento novo: a chegada da misericórdia divina na pessoa de Jesus de Nazaré. Os fariseus e os escribas hoje se viram forçados a emitir um parecer sobre si mesmos. Reconhecendo que tinham seus pecados, retiraram-se. Jesus não disse à adúltera que ela era inocente. Reconheceu-a pecadora (v. 11). Apenas não a condenou, porque sua misericórdia era maior que o pecado dela. Observe-se que, de imediato, Jesus acrescenta: "Eu sou a luz do mundo" (*Jo* 8,12), isto é, misericórdia e salvação para todos.

A multiplicação da misericórdia

Quem recebeu misericórdia deverá multiplicá-la: primeiro, abrindo seu coração para Deus; depois, abrindo seu coração para os irmãos, o que pressupõe amor e não juízo de comportamento. Poderíamos arrolar algumas dezenas de palavras que lembram de imediato um coração necessitado de ajuda: orfandade, exílio, instabilidade, doença, desemprego, sectarismo, desespero, angústia, guerra. Se a criatura humana sofria de orfandade, Cristo lhe deu a filiação divina: "A prova de que sois filhos é que Deus enviou aos vossos corações o Espírito de seu Filho. Portanto, se sois filhos, sois também herdeiros" (Gl 4,4-7). Se a criatura sofria o exílio, Cristo abriu-lhe as portas da pátria verdadeira: "Não vos perturbeis. Eu vou preparar-vos um lugar. Voltarei e vos levarei comigo para que, onde eu estiver, estejais vós também" (Jo 14,1-4).

Se a criatura sofria instabilidade, Cristo apontou a certeza do caminho: "Eu sou o caminho, a verdade e a vida. Se me conheceis, conhecereis também o Pai" (Jo 14,6-7). Se a criatura sofria sectarismo, Cristo lhe estendeu a universalidade: "Todo o homem verá a salvação de Deus!" (Lc 3,6). Se a criatura sofria a guerra, Cristo lhe ofereceu uma nova paz: "A minha paz vos dou" (Jo 15,27). Se a criatura sofria a morte, Cristo lhe trouxe a vida: "Quem crê em mim, ainda que esteja morto, viverá" (Jo 11,25). Gestos de misericórdia de Jesus, gestos da misericórdia divina, gestos que cada um de nós deveria repetir para que a misericórdia de Deus e a nossa nos envolvessem como a luz do dia.

DOMINGO DE RAMOS E DA PAIXÃO DO SENHOR

Evangelho da procissão de Ramos: Lc 19,28-40
1ª leitura: Is 50,4-7
Salmo: Sl 21
2ª leitura: Fl 2,6-11
Evangelho: Lc 22,14-23,56 (Paixão)
ou Lc 23,1-49

Senhor, salva-me por tua misericórdia! (Sl 6,5)

A MISERICÓRDIA DIVINA REVELADA NA CRUZ E NA RESSURREIÇÃO

Com o Domingo de Ramos entramos na Semana Santa, também chamada de Semana Maior, já que, nesta semana, acontecem os maiores fatos da história da salvação. Não devemos, nesses dias, olhar apenas para os fatos históricos. É preciso enxergar neles o sentido salvador que trazem. Por isso mesmo, a narração da paixão e morte não basta ser lida ou escutada; deve ser rezada e meditada. Como Maria, devemos *guardar* esses fatos no coração (*Lc* 2,51), isto é, fazê-los nossos, colocá-los dentro de nossa vida, encarná-los, vivenciá-los.

Hoje se misturam dois fatos: a entrada triunfal de Jesus Cristo em Jerusalém, como rei pacífico e libertador da humanidade, e sua paixão e morte, como geradoras de libertação e de paz. A história da paixão não é apenas a história da paixão de Jesus de Nazaré. É também assunto nosso, porque Jesus morre por nós e, nesse comportamento de doação até o extremo, torna-se nosso modelo de doação e de combate a tudo o que se opõe à construção do Reino de Deus.

Os fatos que celebramos na Semana Santa se chamam 'mistério pascal'. Ele é o centro e o ponto mais alto da vida de Jesus. Ou melhor, não existe Evangelho sem o mistério pascal, que inclui paixão, morte e ressurreição. Os três fatos, distintos, são inseparáveis. As palmas, que erguemos hoje e com as quais aclamamos o Cristo, são de vitória. Ele vencerá o martírio. Não tivesse acontecido a ressurreição, Jesus, ainda que lembrado como uma das melhores e mais sábias personagens da História, ter-se-ia tornado apenas uma página da crônica policial do passado. A História celebra muitos desses heróis. Com Cristo foi diferente. Sua história não para na morte para virar lembrança e saudade. Sua história, depois de mergulhar na morte, continua gloriosa em Jesus de Nazaré ressuscitado.

Salvação imerecida

Os quatro Evangelistas contam a Paixão do Senhor. Num ano lemos a de Mateus, noutro a de Marcos e, no terceiro, a de Lucas. A Paixão de Jesus, segundo João, é lida todos os anos na Sexta-feira Santa. Não devemos ler – o perigo existe – a Paixão de Jesus como uma peça jurídica de condenação. Os Evangelistas a descrevem como um fato histórico, sim, mas dentro de uma perspectiva de salvação e dos objetivos em que eles se fixaram ao escrever o seu Evangelho. Por isso, se todos coincidem no fato histórico, acentuam menos ou mais pormenores, ou os omitem.

Assim, Lucas é o único a contar o episódio do bom ladrão (*Lc* 23,40-43) e do envio de Jesus a Herodes (*Lc* 23,6-12). A Lucas não interessa somente o fato, mas também o sentido eclesial contido nele. O fato, então, toma a força de um símbolo dentro da história da salvação. Herodes, por exemplo, torna-se a imagem dos que se interessam falsamente por Jesus. Não se interessam pela salvação que ele traz com sua doutrina, mas pela curiosidade dos milagres ou pelas vantagens da promoção social.

No bom ladrão estamos figurados todos. É na morte de Jesus que encontramos o perdão e a salvação. É a morte de Jesus que abre as portas do céu. Ninguém merece a salvação. Ela nos vem pela misericórdia divina.

Executores do martírio

No relato da Paixão aparecem algumas figuras sobre as quais convém ter clareza. *Pilatos*: nas províncias conquistadas pelos romanos, eram nomeados procuradores para governá-

-las. Pôncio Pilatos foi governador da Judeia e da Samaria entre os anos 26 e 36. Enquanto os Evangelhos nos fornecem uma imagem relativamente boa de Pilatos, apesar de haver condenado Jesus à morte, os escritores profanos do tempo (Filo e Flávio Josefo) pintam-no como um homem violento, corrupto, intolerante, cruel e assassino. Nada se sabe o que aconteceu com Pilatos depois de sua destituição do poder. Os cristãos das primeiras gerações construíram muitas lendas em torno dele. Em algumas, ele se suicida. Em outras, é assassinado. Em outras, torna-se cristão. Como governador, morava em Cesareia, no litoral. Nas grandes festas ia passar um tempo em Jerusalém, onde ocupava o chamado 'Palácio de Herodes'.

Herodes: Há mais de um Herodes nos Evangelhos. O da infância de Jesus é Herodes Magno, conhecido também pelos colossais palácios que construiu. O Herodes da Paixão de Jesus é Herodes Antipas, filho mais novo de Herodes Magno. Governava a Galileia e a Pereia. O povo o chamava rei, embora também ele estivesse sujeito a Roma. Enquanto Pilatos hostilizava os hebreus, Herodes procurava ser amigo deles. Essa era uma das razões por que Pilatos e Herodes não se davam. Esse Herodes Antipas é o mesmo que mandou matar João Batista (*Mt* 14,1-12).

Anciãos do povo: eram os homens mais notáveis da cidade. Eles tinham assento no sinédrio, uma espécie de senado. Roma havia deixado alguns poderes ao sinédrio, que decidia todos os assuntos religiosos e alguns civis. Em outros assuntos, dependiam da aprovação do procurador romano. Por exemplo, não tinham autoridade de condenar alguém à morte (*Jo* 18,31).

Inocente e silencioso

Lucas apresenta a Paixão de Jesus como um martírio, isto é, um testemunho da vontade de Deus: "Segundo está determinado, o Filho do Homem vai morrer" (22,22). Acentua o silêncio e a paciência de Jesus diante dos insultos e acusações (23,9). Acentua o perdão dado a Pedro (22,61) e aos crucificadores (23,34) e nos dá a belíssima cena do ladrão arrependido (23,43), um excepcional exemplo de misericórdia. Todos esses pontos formarão como que a moldura do martírio dos discípulos. Veja-se, por exemplo, o martírio de Santo Estêvão (*At* 7,59-60).

Ao lado do silêncio e da paciência, Lucas acentua a inocência de Jesus. Todos os Evangelistas falam dela, mas Lucas é o único a apresentar as três acusações diante de Pilatos: subversão do povo, sonegação de impostos e afirmação de ser rei (*Lc* 23,2). Evidentemente, o sinédrio apresentou três acusações de caráter político, porque a Pilatos não interessariam acusações de fundo religioso. Pilatos teria interrogado Jesus sobre as três acusações, mas como as duas primeiras nada acrescentavam à meta do Evangelho, Lucas ficou apenas com a terceira, que é cheia de sentido. Pilatos faz-lhe a pergunta em termos políticos: "Tu és o rei dos judeus?" (23,3). Jesus era e não era. Não era em sentido político e nunca havia pretendido sê-lo. Mas era, por ser senhor e rei de todos os povos. Por três vezes Pilatos o declara inocente (23,4.14.22). O mesmo o faz Herodes (23,15). Também as mulheres que choram ao longo do caminho do Calvário (23,27) são sinal da inocência de Jesus. Repete-o o ladrão arrependido (23,41). Mas a grande declaração vem do centurião aos pés da Cruz: "Verdadeiramente, esse homem era um justo" (23,47).

Não podia faltar na narração de Lucas o espírito de oração, que embebe toda a vida de Jesus. Ele reza no Getsêmani e convida à oração de confiança e entrega à vontade de Deus (22,40-46). Mas é na Cruz que temos as belíssimas orações: "Pai, perdoai-lhes, porque não sabem o que fazem!" (23,44) e "Pai, em tuas mãos entrego o meu espírito!" (23,46).

TRÍDUO PASCAL E TEMPO PASCAL

QUINTA-FEIRA SANTA CEIA DO SENHOR

1ª leitura: Êx 12,1-8.11-14
Salmo: Sl 115
2ª leitura: 1Cor 11,23-26
Evangelho: Jo 13,1-15

Crescei no amor, a exemplo de Cristo, que nos amou (Ef 5,2)

O AMOR SEM LIMITES DE CRISTO E NOSSO AMOR AOS IRMÃOS

Hoje, na parte da manhã (ou em outro dia mais cômodo para todos os padres da diocese), o Bispo celebra a Missa, rodeado de todos os sacerdotes. Na presença de todos, consagra os Santos Óleos, com os quais os padres, durante o ano, ungirão os enfermos e os recém-batizados e ele administrará o Sacramento da Crisma e ungirá as mãos dos neossacerdotes. Momento de grande expressão fraterna é a renovação dos compromissos sacerdotais dos padres diante do Bispo.

Se exceturamos essa Missa com o Bispo, hoje, celebra-se uma única Missa na paróquia, e sempre vespertina, à hora da Última Ceia de Jesus com os Apóstolos. Por razões pastorais, o Bispo pode permitir outra Missa, em rito simples, apenas para possibilitar aos fiéis a recepção da Eucaristia, nesse dia de sua instituição. A Missa vespertina, chamada 'Missa da Ceia do Senhor', deve ter a máxima solenidade e participação possível. Nessa Missa, consagram-se as hóstias para o dia de amanhã. Essas hóstias são guardadas num tabernáculo especial, em alguma capela lateral da igreja, e recebem carinhosa adoração por parte do povo. A Liturgia pede que essa adoração se prolongue por algum tempo, o máximo até meia-noite. Depois do que, também esse altar ornamentado volta a ter um posto discreto, sem muitas luzes e sem adoração pública.

O servo assentado à mesa do Senhor

As leituras da Missa vespertina nos introduzem diretamente na razão de ser da celebração litúrgica. Celebrar quer dizer tornar presente, atualizar. Não apenas lembramos o que aconteceu naquela primeira Quinta-feira Santa no Cenáculo, mas o trazemos para o dia de hoje, com o mesmo significado, com a mesma força, com as mesmas consequências. Conta-nos João que Jesus, "tendo amado os seus que estavam no mundo, levou ao extremo o seu amor por eles" (Jo 13,1). Esse extremo do amor de Jesus manifesta-se hoje em três momentos: na instituição da Eucaristia, na instituição do Sacerdócio e no mandamento do Amor fraterno.

Celebramos a Eucaristia, nascida do amor; a Eucaristia criada pelo amor; a Eucaristia, que só se entende no amor; a Eucaristia, que só pode ser recebida com amor. A primeira leitura nos lembrou o costume introduzido por Moisés. Desde a libertação do povo da escravidão de 200 anos no Egito, os hebreus se reuniam todos os anos, antes da Páscoa, para celebrar a graça da libertação. No tempo de Jesus, celebravam-na com piedade, sim, mas com amargura, porque havia séculos, que o povo não era livre, ora sujeito aos sírios, ora escravo dos babilônios e, ultimamente, tributário dos romanos.

Podemos muito bem imaginar um grupo de homens maduros, celebrando a libertação, com uma vontade imensa de darem um grito de liberdade e se verem livres da opressão. No meio deles, aquele que tinha todo o poder libertador. No meio deles, aquele que começara a Ceia com estas palavras: "Desejei ardentemente comer esta Páscoa convosco". Páscoa significa passagem da servidão à liberdade. Mas Jesus vê a libertação do povo com outros olhos: com os olhos do amor extremado, capaz de transformar escravos, servos e marginalizados em comensais da mesa de Deus.

Liberdade gloriosa dos filhos de Deus

Terminada a ceia pascal, recontados e comentados os principais passos da história do povo hebreu, Cristo surpreende os ansiosos Apóstolos. Quebra o ritual rigoroso, fixado por Moisés. Toma o pão, parte-o e o repassa aos Doze, dizendo: "Isto é o meu corpo!" E tomando a quarta taça ritual de vinho, sobre ela pronuncia estas palavras inauditas: "Este é o cálice do meu sangue, o sangue da nova e eterna aliança, que será derramado por vós e por todos para o perdão dos pecados". Jesus, emocionado até as profundezas do coração, acrescenta: "Tomai e comei. Tomai e bebei!"

Não apenas transforma o pão em seu corpo (isto ele podia fazer, porque era Deus e a Deus nada é impossível!), não só transubstancia o vinho em seu sangue, como reparte com os Apóstolos o pão feito carne sua, o vinho feito sangue seu, para que, alimentados de divindade, eles, homens mortais, recebam a imortalidade; para que eles, homens desgraçados e opressos, recebam a graça da libertação que abrange, sim, a libertação social e política, indo além, porque concede aquilo que Paulo chamou de "liberdade gloriosa dos filhos de Deus" (*Rm* 8,21).

No mesmo ímpeto de amor libertador, no mesmo gesto, que repete o da criação de todas as coisas, Jesus Cristo institui o sacerdócio, exatamente para celebrar a Eucaristia, isto é, tornar presente o Corpo e o Sangue do Salvador. Sim, foi hoje, foi nesta noite sagrada de Quinta-feira maior, foi no momento em que instituía a Eucaristia no Cenáculo, que Jesus fez o sacerdócio. Foi hoje que nós padres nascemos, ligados à Eucaristia bem mais do que um filho à sua mãe, porque um filho, uma vez nascido, pode crescer sem a mãe, enquanto que nós padres, nascemos da Eucaristia e para a Eucaristia, e não sobrevivemos sem a Eucaristia. O padre e a Eucaristia são irmãos gêmeos, nascidos do mesmo gesto de amor e ao mesmo tempo. É certo que o padre não se limita à celebração eucarística, porque seu ministério vai desde o anúncio da Palavra ao serviço de conduzir o Povo de Deus. Mas a Eucaristia será para o padre a razão de ser de seu apostolado e a manjedoura segura para onde orienta o povo, a fim de que todos possam comer e beber o alimento que produz a vida eterna (*Jo* 6,51).

Da cabeça aos pés

A Eucaristia foi feita para o povo de Deus. O Padre foi feito para fazer e distribuir esse alimento divino. A Eucaristia é um Deus-amor, que se dá. O sacerdote, como a própria palavra o diz, é um dom de Deus para o povo. E, para marcar essa doação de Deus e do padre, Jesus, nesta noite de Quinta-feira Santa, quebra novamente o ritual da ceia pascal judaica. Cinge uma toalha e põe-se a lavar os pés dos Apóstolos. Gesto proibido aos mestres e aos senhores. Gesto proibido até mesmo aos escravos. O Evangelista João, que encheu, de forma muito densa, todo o capítulo sexto do seu Evangelho com o mistério eucarístico, na Última Ceia, destaca o exemplo do Lava-pés.

Pedro resiste. Jesus lhe diz: "Se não te lavar os pés, não terás parte comigo" (v. 8). Pedro, talvez sem medir o alcance da frase, exclama: "Não só os pés, mas também as mãos e a cabeça" (v. 9). O Filho de Deus lavou os pés de todos eles, acrescentando: "Também vós deveis lavar-vos os pés uns dos outros" (v. 15). Em outras palavras: vós vos deveis compreender da cabeça aos pés, isto é, inteiramente; vós vos deveis perdoar da cabeça aos pés, isto é, inteiramente; vós vos deveis bem-querer da cabeça aos pés, até o extremo, para formar, na vida prática, a comunhão que na Ceia fazeis comigo.

A comunhão fraterna está intimamente ligada à comunhão eucarística, como o sacerdócio está ligado à Eucaristia. Exigem-se e são, ao mesmo tempo, nascente e foz uma da outra. "Fazei isto em memória de mim!" (*Lc* 22,19). Celebremos a Eucaristia! Refaçamos e vivamos os laços do amor fraterno que nos unem em comunhão entre nós e, por meio de Cristo, com Deus! "Fazei isto em memória de mim!" Bendito o sacerdote, Cristo vivo no meio do povo!

SEXTA-FEIRA SANTA PAIXÃO DO SENHOR

1ª leitura: Is 52,13-53,12
Salmo: Sl 30
2ª leitura: Hb 4,14-16; 5,7-9
Evangelho (Paixão): Jo 18,1-19,42

O Filho de Deus me amou e se entregou por mim (Gl 2,20)

ONDE O HOMEM SEMEOU A MORTE, DEUS PLANTOU A VIDA

"**E**u vim para que todos tenham a vida e a tenham em plenitude" (*Jo* 10,10), afirmou Jesus ao contar a parábola do Bom Pastor.

Jesus veio para dar a vida, e nós lhe demos a morte! Ali está ele, morto na Cruz. Esta hora está toda envolta em mistério, como o Calvário se envolveu nas trevas às três horas da tarde de sexta-feira. Envolta no mistério da maldade humana. Envolta no mistério da bondade de Deus.

Não sei se fico estarrecido diante da maldade dos homens, ou se me encanto com a bondade de Deus, que transforma a morte em vida. Porque, se a criatura humana teve a força suficiente para matar o Bom Jesus, Deus teve força maior de transformar a maldição em bênção, o pecado em graça, a traição em encontro, a morte verdadeira em verdadeira vida. Porque Deus "não é um Deus da morte e de mortos, mas da vida e de vivos" (*Lc* 20,38).

A criatura humana rejeita Jesus, e Jesus a abraça, pregado e agonizante, num abraço de aconchego e de perdão, porque Deus não é um Deus de ódio, mas de amor. O mesmo Evangelista que descreve a paixão e a morte de Jesus, que lemos hoje, afirma: "Deus é amor! E seu amor se manifestou a nós na pessoa de seu Filho unigênito, que veio a este mundo" (*1Jo* 4,8-9), este mesmo Filho, que vemos aqui crucificado e morto, por causa do amor.

**Lugar de fracasso,
lugar de vitória!**

A criatura humana teve um coração duro e orgulhoso para Jesus, e Jesus, ainda que entristecido com a dureza do coração humano (*Mt* 17,17), repete, com seu olhar amortecido, a frase que dissera nas estradas da Galileia: "Vinde a mim, aprendei de mim, que sou manso e humilde de coração, e encontrareis o repouso que procurais!" (*Mt* 11,28-30), porque Deus não é um Deus prepotente e escravizante, mas um Deus cheio de ternura e de bondade.

A criatura humana, que teve a força suficiente para trair, prender, caluniar, açoitar e matar o Bom Jesus, não teve e nunca terá força para modificar Deus e seus planos de amor. Jesus de Nazaré, pregado e suspenso na Cruz, derrama, de seu lado aberto, sobre a seca estupidez humana, torrentes de amorosa misericórdia, porque Deus não é um Deus vingativo, mas um Deus justo e clemente.

Onde o homem traiu, Deus acarinhou.
Onde o homem semeou morte, Deus plantou ressurreição.
Onde o homem quis um fim, Deus recomeçou.
Cruz, lugar de maldade! Cruz, lugar de bondade!
Cruz, lugar de ódio! Cruz, lugar de amor!
Cruz, lugar de vingança! Cruz, lugar de perdão!
Cruz, lugar de ímpio assassinato! Cruz, lugar de terno encontro!
Cruz, lugar de morte! Cruz, lugar de vida!
Cruz, lugar de fracasso! Cruz, lugar de esperança e de vitória!

**Salve, ó Cruz,
doce esperança!**

Jesus está morto na Cruz! O Filho de Deus, que assumiu a nossa carne no seio de Maria, por obra e graça do Espírito Santo, e "armou sua tenda entre nós" (*Jo* 1,14), foi posto fora do convívio humano! Jesus de Nazaré, que passou entre o povo, fazendo o bem, dando vista aos cegos, ouvidos aos surdos e fala aos mudos (*Mc* 7,37), está morto, pregado numa cruz. O Cristo, enviado pelo Pai para perdoar os pecados e lavar a desgraça da humanidade, carregou sobre si toda a nossa iniquidade e sucumbiu ao peso dos nossos crimes.

Nosso coração treme e chora diante do mistério da Cruz, do mistério de um Cristo morto. E chora, porque cada um de nós tem nisso sua parte de culpa. Os Apóstolos saíram pelo mundo, dizendo a todos que eles foram testemunhas dessa morte do Senhor Jesus, suspenso numa cruz (*At* 10,38-43). Também nós somos testemunhas, sabemos que de nossos pecados foram feitos os açoites da flagelação. Traímos como Judas, mas não nos desesperamos como Judas. Traímos como Pedro. E choramos como Pedro, porque esperamos na misericórdia. Do lado aberto de Cristo nasce uma torrente de misericórdia e perdão. Dessa morte, causada pelos nossos pecados, recebemos "graça sobre graça" (*Jo* 1,16). São Paulo, olhando para a Cruz do Senhor, escreveu aos romanos: "Onde o pecado se multiplicou, superabundou a graça" (*Rm* 5,20).

Olhando para o Cristo morto na Cruz, melhor que de lágrimas, nossos olhos se enchem de esperança. E podemos cantar com a Liturgia: "Salve, ó Cruz, doce esperança! / Concede aos réus remissão! / Dá-nos o fruto da graça, / Que floresceu na Paixão!" A Cruz, de instrumento de suplício e maldição, transformou-se num trono de graça. A Carta aos Hebreus nos convida: "Aproximemo-nos confiantemente do trono da graça a fim de alcançar misericórdia e alcançar a graça de um bom auxílio" (*Hb* 4,16). A Cruz, de momento de frustração e desespero, tornou-se a nascente de todas as esperanças, sobretudo, da esperança de que Você se converta, de que Você se lave no sangue do Cordeiro de Deus imolado na Cruz, de que Você confesse com todas as veras do coração, como o soldado romano: "Verdadeiramente, este homem Jesus é o Filho de Deus" (*Mc* 15,39).

Levanta-te!
Eu te iluminarei!

Se Você reconhecer que o Crucificado é o Filho de Deus, que se fez homem para nos salvar e nos salvou por meio dessa morte, Você reviverá com ele! E ouvirá de seus lábios: "Eu sou a ressurreição e a vida! Quem crer em mim, ainda que esteja morto, viverá!" (*Jo* 11,25).

Se Você matar a maldade, que mora na sua carne e no seu sangue, Você fará nascer a bondade, e com ela renascerá a vida. E ouvirá de seus lábios: "Quem acredita em mim terá a vida!" (*Jo* 6,40).

Se Você matar o ódio que se aninhou em seu coração, todos os espaços de sua vida serão inundados de amor, e, com o amor, renascerá a vida. E Você escutará de seus lábios. "Quem ama é filho de Deus e possui a vida!" (*1Jo* 4,7; 5,12).

Se Você matar o desejo de vingança, que rói a noite de seus dias, Você inundará com a luz do perdão todas as suas noites, e, com o perdão, renascerá a vida. E ouvirá de seus lábios: "Levanta-te dentre os mortos e eu te iluminarei!" (*Ef* 5,14).

Se Você matar a fome de domínio e poder, que o faz pisar seus irmãos, Você estará eliminando as forças que matam, criando espaços de fraternidade, e com a fraternidade renascerá a vida. E ouvirá de seus lábios: "Todos vós sois irmãos; quem se humilhar será exaltado" (*Mt* 23,8.12).

A veracidade dessa promessa está na própria Cruz. Nela Cristo humilhou-se até a morte (*Fl* 2,8). Nela Cristo foi exaltado. Nela Cristo morreu para dar-nos a vida em plenitude. Nela está a nossa salvação. Nela está a fonte de luz que iluminará a nossa glória eterna.

SÁBADO SANTO VIGÍLIA PASCAL

1ª Leitura: Gn 1,1-2,2 ou 1,1.26-31
Salmo: Sl 103 ou Sl 32
2ª Leitura: Gn 22,1-18 ou 22,1-2.9a.10-13.15-18
Salmo: Sl 15
3ª Leitura: Êx 14,15-15,1
Salmo: Sl 15
4ª Leitura: Is 54,5-14
Salmo: Sl 29
5ª Leitura: Is 55,1-11
Salmo: Is 12,2-3.4bcd.5-6
6ª Leitura: Br 3,9-15.32-4,4
Salmo 18: Sl 18B
7ª Leitura: Ez 36,16-17a.18-28
Salmo: Sl 41
8ª Leitura: Rm 6,3-11
Salmo: Sl 117
Evangelho: Lc 24,1-12

NESTA NOITE PASCAL, REABREM-SE AS PORTAS DO CÉU

A Liturgia chama esta noite de 'Noite santíssima', porque esta é a noite em que Jesus ressuscitou dos mortos, confirmando sua divindade e sua doutrina divina. Noite santíssima, porque a criatura humana, na ressurreição de Jesus de Nazaré, é redimida de todos os pecados e, sobretudo, da maior consequência do pecado, que é a morte. Cristo, morrendo, destruiu a morte e, ressurgindo, trouxe-nos vida nova, vida imortal, vida eterna.

"Cristo ontem e hoje, princípio e fim: dele são os tempos e a eternidade, a ele pertencem a glória e o poder" (*Hb* 13,8 e *1Pd* 4,11). Com essas palavras acendemos, no meio da noite, o Círio pascal, símbolo de Jesus redivivo e glorioso, que permanecerá conosco, em meio à nossa comunidade. Ele mesmo nos prometeu: "Ficarei convosco todos os dias, até o fim dos tempos" (*Mt* 28,20).

Cristo, de quem todas as coisas tomam vida, não podia ficar encerrado na pedra. Ressuscitou para nos confirmar que é o Senhor da vida. Na parábola do Bom Pastor, ele declarara: "Eu tenho o poder de dar a vida e tenho o poder de retomá-la" (Jo 10,18). Na Sexta-feira, ele deu a vida por nós, morrendo na Cruz. Hoje a retoma, para acordar em nós as sementes de imortalidade que todos trazemos, mas que eram chochas, porque lhes faltava a fecundidade divina. Com Jesus, nesta madrugada de Páscoa, nascemos para a vida eterna.

**Tornamo-nos
filhos da luz**

Na noite de Páscoa, a Igreja não encontra comparação visível melhor do que a luz. Por isso acende o fogo dentro da noite. Por isso acende o Círio, uma luz maior que todas as velas. Por isso acende tudo o que é luz na igreja. Luz, nos Evangelhos, significa salvação. Esta é a noite da salvação, trazida por Jesus de Nazaré, que, apesar de ter escondido sua divindade, declarou em alta voz no templo de Jerusalém: "Eu sou a luz do mundo e darei a quem me seguir a luz da vida!" (Jo 8,12). Nesta noite pascal, pela força do Cristo ressuscitado, tornamo-nos "filhos da luz" (Ef 5,8).

E foi à luz da fé, que nos assentamos para ouvir alguns dos grandes momentos da história humana. Ouvimos o relato da criação. Deus, em seu excesso de amor, criou-nos à sua imagem e semelhança. Criou-nos para a felicidade e a alegria sem-fim. O pecado apagou essa imagem luminosa de Deus em nós, e a tristeza encheu nossa vida. Por isso, nessa noite de Páscoa, o Cristo refaz a criação e reestampa em nós a imagem de Deus, e nós voltamos a ser 'filhos de Deus'; esse fato nos enche de júbilo e felicidade.

Depois, lemos um dos principais episódios da vida de Abraão. Esse episódio, mais que todos, confirma o título que damos a Abraão: nosso pai na fé. Abraão teve de decidir: ou a fidelidade a Deus ou seus interesses pessoais. E Abraão escolheu a fidelidade, mesmo diante do absurdo de sacrificar seu filho único. A leitura de Abraão, obediente a Deus, fez lembrar o dia em que Jesus parou à beira do poço de Jacó e disse aos Apóstolos: "O meu alimento é fazer a vontade do

Pai" (*Jo* 4,34). E a vontade do Pai para com Jesus foi duríssima: que morresse na Cruz. Mas Deus o ressuscitou. E, por ter feito a vontade do Pai até o fim, Deus o glorificou. E dessa glória todos somos iluminados nessa noite santa.

**Andar em novidade
de vida**

A terceira leitura tocou de cheio em dois dos maiores problemas humanos: o problema da escravidão e da maldade. A travessia do Mar Vermelho significou para os hebreus a libertação de 200 anos de escravidão. A passagem pelo Mar Vermelho é símbolo de outra vitória. Para os hebreus, os demônios moravam no fundo do mar. Ora, a leitura do Êxodo (*Êx* 14,15-15,1) nos diz que o mar se abriu e os israelitas passaram a pé enxuto. Ou seja, foram mais fortes que os demônios e a maldade, puderam até atravessar seguros a casa de Satanás, vencendo todas as dificuldades físicas e espirituais, rumo à Terra Prometida.

No entanto, o homem, criado na bênção, alternando fidelidade e infidelidade, libertando e libertando-se, era incapaz de superar sozinho sua condição de criatura manchada e enfraquecida pelo pecado, machucada pelos contratempos, desalentada pelas decepções. Mesmo que tivesse toda a fé e a esperança de Abraão, a santidade e a grandeza de Moisés, a criatura seria incapaz de alcançar sozinha o céu. A Torre de Babel (*Gn* 11,1-9) tornou-se o símbolo dessa incapacidade.

Foi então que Deus, que criara o ser humano por amor e no amor, novamente por amor veio em seu socorro, dando-lhe o próprio Filho como seu caminho, sua verdade, sua vida (*Jo* 14,6). Presente de Deus, ele nasceu na carne humana e entrou na nossa história, vivendo em tudo igual a nós, menos no pecado (*Hb* 4,15). Ele não apenas nos visitou, como um médico visita um doente. Não apenas passou por nós, como o sol de cada dia, que passa, ilumina, purifica e faz crescer. Ele foi um de nós, carne de nossa carne e sangue do nosso sangue. Mas Filho de Deus. Foi esse Filho de Deus que a maldade humana pregou numa Cruz, Sexta-feira, e cujo corpo as santas mulheres depuseram na sepultura. Deus o ressuscitou glorioso, para que nós pudéssemos "andar em novidade de vida", como nos dizia São Paulo na leitura que fizemos há pouco (*Rm* 6,4). Essa 'novidade de vida' não abrange apenas a vida presente, mas também a eterna. Nesta noite, com sua Ressurreição, Cristo nos reabriu as portas do céu.

Novo e eterno dia do mundo

Nesta noite de Páscoa, Cristo tornou-se a garantia da nova e eterna aliança com Deus, a ligação viva, vívida e vivificante entre o céu e a terra, entre o tempo e a eternidade, entre o humano e o divino. Nesta noite de Páscoa, o Pai do Céu recebeu todo o louvor possível na pessoa de Jesus de Nazaré, que cumpriu em plenitude e perfeição sua vontade e comprou com sua paixão e morte o direito de recriar as coisas e remarcar os rumos das criaturas. Esta noite de Páscoa, luminosa como um pleno meio-dia, trouxe-nos a certeza absoluta da bondade de Deus a nosso respeito. Ainda há pouco cantávamos: "Aleluia! Dai graças ao Senhor, porque ele é bom e seu amor é sem-fim! Aleluia! Bem-vindos somos à casa de Deus, porque seu amor é sem-fim!".

A Páscoa é o novo e eterno dia do mundo. Por isso, nesta noite pascal, a Igreja consagra a água do Batismo, pela qual renascemos para a comunidade cristã, e nos convida a renovar nossa promessa de fidelidade a Deus, agora não só com a impressionante força de Abraão, mas com a força divina de Jesus Cristo, vencedor do pecado e da morte. Esta não é só a noite da Ressurreição de Jesus Cristo. É também a noite da nossa ressurreição. Nós somos o corpo do Cristo ressuscitado.

Por isso mesmo devemos viver como Cristo. Devemos frutificar como Cristo. Para ter esta coragem e esta força, renovemos nossas promessas batismais. Renovemos nossa promessa de viver como filhos e filhas de Deus. No dia do nosso Batismo, os padrinhos nos colocaram nas mãos uma vela acesa: era a luz do Cristo ressuscitado, era a luz que nos recordava que, no Batismo, nos tornávamos 'filhos da luz'. Enquanto acendemos nossas velas na chama do Círio pascal, peçamos ao Cristo ressuscitado que nos transmita, junto com a luz, sua força e sua vida, sua fidelidade.

SOLENIDADE DA PÁSCOA DO SENHOR

1ª leitura: At 10,34a.37-43
Salmo: Sl 117
2ª leitura: Cl 3,1-4 ou 1Cor 5,6b-8
Evangelho: Jo 20,1-9

Deus nos ressuscitou com Cristo e nos sentou nos céus (Ef 2,6)

PÁSCOA DE HOJE: CERTEZA DE PÁSCOA ETERNA

Celebramos hoje o evento mais extraordinário e mais importante da história da humanidade e da história da salvação: a Ressurreição de Jesus. Há dois mil anos temos essa certeza: um homem ressuscitou e esse homem era o Filho de Deus. Na Igreja primitiva, a Páscoa era a única festa. Santo Agostinho afirma que "a Páscoa é a alma de todas as celebrações na Igreja". De fato, todas as outras têm suas raízes e razões na Páscoa. Teria sentido pequeno festejar o Natal, se Jesus tivesse apodrecido em algum túmulo, incapaz de vencer a morte. Ninguém dá o que não tem. Se Jesus não fosse senhor da vida, como poderia fazer-nos viver? Sua promessa de dar-nos a plenitude da vida (Jo 10,10) teria sido falsa, como falsas são tantas promessas de políticos em campanha. Mas em Jesus não há mentira (1Pd 2,22). Sua morte verdadeira continha uma lição de amor (Gl 2,20; Ef 5,2) e não é difícil de entender. Sua ressurreição confirma todas as suas palavras e ensinamentos, e será sempre um mistério, isto é, um fato que ultrapassa toda a compreensão racional e é apenas apreendido pela fé.

O milagre da ressurreição é fundamental para a nossa fé cristã. Fundamental no sentido estrito da palavra: é fundamento sobre o qual se levantou e levanta-se o edifício da fé. Tirado esse fundamento, todo o edifício ruiria. Um Cristianismo não construído sobre a ressurreição seria impossível. A ressurreição é o único milagre que garante a divindade de

Jesus de Nazaré. É a única prova indestrutível de sua messianidade redentora.

Hoje é Páscoa! Estamos diante de um túmulo vazio, onde fora depositado o corpo de um homem morto pregado numa cruz. Mas seu corpo não está mais ali. "Por que procurais entre os mortos quem está vivo? Não está mais aqui. Ressuscitou!" – afirmaram os anjos vestidos de luz às mulheres (v. 4.6). Ressuscitou! E o encontramos falando com os Apóstolos incrédulos, comendo com eles e mostrando-lhes as mãos e os pés perfurados pelos cravos. Encontramo-lo, consolando Maria Madalena, angustiada desde o Calvário. Encontramo-lo ressuscitado, explicando aos discípulos entristecidos de Emaús o significado das profecias e de suas próprias palavras. Encontramo-lo, como disse São Paulo na Carta aos Coríntios, escrita no ano 57, aparecendo e falando para "mais de 500 pessoas numa só vez, das quais a maioria está ainda viva" (*1Cor* 15,6). Cristo ressuscitou! Nós cremos sem tê-lo visto!

**Aleluia!
Deus é grande!**

A certeza da ressurreição enche a Igreja e a Humanidade de alegria. Cantávamos na Vigília Pascal: "Exulte o céu com seus anjos e alegre-se a terra inundada de tanto esplendor. A luz do Rei eterno venceu as trevas do mundo!" Essa alegria a Igreja a expressa também no *aleluia*, uma palavra hebraica, que passou a todas as línguas modernas, uma palavra cheia de sentido em sua origem religiosa e que quer dizer: louvai o Senhor! Deus é grande! Deus fez coisas grandiosas! Nós estamos repletos de alegria!

Sim, aleluia, hoje e sempre! Porque Jesus é maior do que a morte e a venceu, e, por sua vitória, todos nós viveremos. Aleluia, porque a Páscoa de hoje é certeza de páscoa eterna!

**Páscoa,
passagem**

Há séculos os hebreus celebravam a Páscoa. Era uma festa de que ninguém mais sabia a origem. Talvez se prendesse à *passagem* do inverno para a primavera, quando as ovelhas tinham pasto verde e macio. Moisés, porém, deu-lhe novo sentido: celebrar a libertação do povo da escravidão e sua caminhada para a Terra prometida. De novo, uma *passagem*: a passagem de Deus, que passou por entre o povo para protegê-lo da morte (*Êx* 12,26-27); a passagem de vida de escravo para vida de pessoas livres (*Dt* 16 e *Êx* 13 a 15).

Jesus escolheu a festa da Páscoa hebraica, rica em sentido de libertação trazida por Deus, para libertar em definitivo a humanidade da morte, arrancá-la da escravidão da maldade e passá-la à gloriosa condição de filhos livres de Deus (*Jo* 11,52; *1Jo* 3,1-2). De novo uma *passagem*. Páscoa quer dizer *passagem*. Passagem na vida de Jesus. Passagem na nossa vida. Jesus passou do estado de homem em corpo e alma, para o estado de ressuscitado. Ao ressuscitar, Jesus não voltou atrás, como aconteceu com Lázaro, mas foi além da morte, assumindo uma condição que escapa à nossa compreensão e à nossa experiência. Esse destino nos espera depois de nossa morte. Desde os primeiros dias, os cristãos criaram o costume de celebrar o fato maravilhoso e inaudito da Ressurreição de Jesus, que confirmou suas palavras: "Eu sou a ressurreição e a vida!" (*Jo* 11,256). A Eucaristia é a celebração da morte e ressurreição de Jesus.

**Passar
é preciso**

João desce a pormenores ao contar a ressurreição: fala do túmulo, da entrada do túmulo, dos lençóis que envolviam o corpo de Jesus, do pano posto sobre a cabeça do morto e lembra que era o primeiro dia da semana (domingo), bem cedo. Os hebreus não enterravam seus mortos em covas de terra, mas os depositavam em túmulos escavados na pedra viva, sempre fora dos muros da cidade. O defunto não era levado em caixão, mas simplesmente envolto em lençóis de linho (*Jo* 19,40). Junto do cadáver depunham ervas aromáticas (*Jo* 19,39). Depositado o corpo sobre a pedra, cobriam-lhe o rosto e a cabeça com outro pano e fechavam a entrada da sepultura.

Na manhã de Páscoa, a pedra que fechava a entrada do túmulo de Jesus está removida, o túmulo vazio, os lençóis estendidos, o sudário dobrado. Simão Pedro inspeciona tudo.

Mais tarde, diz ao povo reunido na manhã de Pentecostes: "Deus ressuscitou Jesus e disso sou testemunha!" (At 2,32). E João empenha seus próprios olhos, quando no Evangelho de hoje afirma: "Eu vi o fato e acreditei!" Jesus ressuscitado, oito dias depois, dirá a Tomé incrédulo: "Porque me viste, Tomé, acreditaste. Felizes os que não viram e creram!" (Jo 20,29). Esses outros somos nós, que celebramos hoje a Páscoa com a mesma convicção de Pedro e João.

Há um famoso e muito repetido verso do poeta português Fernando Pessoa, que diz: "Navegar é preciso!" Santo Agostinho, muito tempo antes dele, falando da Páscoa – que é passagem –, disse: "Passar é preciso!" Passar de onde para onde? De onde estamos, envoltos em trevas, para a luz da ressurreição; de onde estamos, amarrados pelo egoísmo, para o amor partilhado; de onde estamos, tristes, vazios e sem rumo, para a alegria do caminho certo; de onde estamos, cercados de erros que dividem, para o campo da verdade, que acolhe e unifica. Passar de onde estamos, gananciosos e armados de medo, para a pureza do desapego e da fraternidade; de onde estamos, abrindo fossos de autoproteção, para a construção de pontes de paz, que facilitam o encontro; de onde estamos, marcados pelo pecado, para a graça, que é a marca dos filhos de Deus; da morte que escolhemos, para a vida que Deus escolheu para nós. Afinal, passar do que é do mundo para o que é de Deus. Porque, se não passamos para Deus que permanece, passaremos com o mundo que passa.

2º DOMINGO DA PÁSCOA

1ª leitura: At 5,12-16
Salmo: Sl 117
2ª leitura: Ap 1,9-11a.12-13.17-19
Evangelho: Jo 20,19-31

Cingidos com a verdade... e prontos para anunciar o Evangelho da paz (Ef 6,14-15)

SOMOS OS EMBAIXADORES DO CRISTO RESSUSCITADO

Nos últimos domingos da Quaresma, a Liturgia acentuou muito a misericórdia divina, para mostrar-nos que, no Tríduo Sacro, a misericórdia de Deus alcançava seu ponto mais alto. Hoje, oitava da Páscoa, volta o tema da misericórdia, presente na Oração, no Salmo Responsorial e, de forma concretizada, na primeira leitura (Atos) e no Evangelho. A presença do tema da misericórdia levou o Papa São João Paulo II a baixar um decreto, chamando, depois do Ano do Grande Jubileu, esse segundo domingo da Páscoa, de "Domingo da Misericórdia Divina".

Numa cena que lembra a criação do mundo e parecida com a manhã de Pentecostes, João conta-nos como, na tarde de Páscoa, Jesus apareceu aos Apóstolos e enviou-os com a mesma missão salvadora com que ele fora enviado pelo Pai. O envio é contado também pelos Sinóticos (*Mt* 28,19-20; *Mc* 16,15-16; *Lc* 24,47-48). Mas João dá uma conotação teológica nova: o envio dos Apóstolos é relacionado com o envio de Jesus da parte do Pai ("Como o Pai me enviou, assim eu vos envio", v. 21). Fica claro que a Igreja é a continuadora da missão de Jesus. Não só o prolongamento do Corpo de Jesus ressuscitado, como a chamou São Paulo (*Cl* 1,18), mas também o prolongamento de sua voz e de sua graça. A Igreja não tem outra missão na terra a não ser a de continuar a obra de Jesus.

Essa missão evangelizadora, a Igreja só a pode cumprir na força do Espírito Santo. Fazendo uma comparação, diríamos que a Igreja é o carro que nos conduz ao porto feliz da eternidade, cujo motor é o Espírito Santo. Numa cena que recorda a criação do ser humano (*Gn* 2,7), Jesus sopra sobre os Apóstolos o Espírito Santo. É o Espírito Santo a grande testemunha, isto é, aquele que deve proclamar Cristo Ressuscitado, caminho, verdade e vida da humanidade redimida. Sem o Espírito Santo de Cristo, a Igreja seria instituição meramente humana, talvez uma associação de filantropia.

**Uma estrada
a fazer**

A evangelização da Igreja, feita sob o Espírito Santo, deverá recriar a criatura humana e santificá-la. Por isso devemos receber a remissão dos nossos pecados, isto é, retornar à primitiva e perdida intimidade com Deus-Pai. Essa estrada não se faz por meio dos sentidos (essa é a grande lição do Apóstolo Tomé, hoje), mas por meio da fé. Crendo que "Jesus é o Cristo, o Filho de Deus" (v. 31), teremos "a *vida* em seu nome", vida que será a perfeita e eterna comunhão com Deus, comunhão que é a maior expressão da misericórdia divina a nosso respeito.

Vejo em Tomé o símbolo da criatura humana à procura da verdade. Não podemos ser pessoas crédulas. A fé envolve nosso ser inteiro, também a inteligência, a vontade, os sentimentos. A esse conjunto, a Bíblia chama de 'coração'. Por isso, poderíamos dizer que 'cremos com todo o coração'. Mas a fé não depende dos sentidos e dos sentimentos. Abrange-os, mas não se reduz a eles. A frase de Jesus: "Feliz quem não vê, mas crê" (v. 29), além de ser orientativa para nós, é de grande consolo. São Paulo dirá aos Coríntios: "Nem o olho viu nem o ouvido ouviu nem jamais penetrou no coração humano o que Deus preparou para os que o amam" (*1Cor* 2,9).

**Cristianismo: religião
de portas abertas**

Observemos que em ambas as aparições estão trancadas as portas "por medo" (vv. 19 e 26). Jesus supera as portas trancadas não só porque possui agora um corpo ressuscitado, mas também para dizer-nos que devemos superar o medo da perseguição, da incompreensão, da decepção e da morte. Por causa dessas e de outras razões, fechamo-nos em nossa casa e em nós mesmos. Todos temos experiência desse fechamento, que não é pascal, não é cristão. Fechar-se é morrer. A presença de Jesus enche-nos de alegria (v. 20). E abrimo-nos como flor de quintal. O Cristianismo é abertura para os outros. É porta aberta para receber e ir ao encontro.

A presença de Jesus em nosso meio não nos deixa parados. Ele faz de nós seus braços, pés e coração. Ele reparte conosco sua missão salvadora. Sua presença de ressuscitado tem a força de recriar as criaturas. Observe-se quanta semelhança tem a cena da aparição de Jesus na tarde de Páscoa com a cena da criação do mundo (*Gn* 2,7). De fato, a Paixão e a Ressurreição de Jesus criaram uma nova humanidade, em que o Espírito Santo de Deus fez de cada discípulo de Jesus um continuador responsável da missão de Cristo.

Jesus reparte com os Apóstolos seu poder de salvar e condenar. Ele envia os Apóstolos com a mesma graça com que o Pai o enviara. Nós somos os Apóstolos, não importa se leigos ou sacerdotes. Apóstolo quer dizer 'enviado'. Quando Jesus diz: 'Eu vos envio', está dizendo: 'Eu vos faço meus apóstolos'. Para isso nos dá o Espírito Santo. Deveríamos ter a convicção de São Paulo, que escrevia aos Coríntios: "Desempenhamos o cargo de embaixadores em nome de Cristo, e é Deus mesmo quem exorta por nosso intermédio" (*2Cor* 5,20); embaixadores do perdão e da misericórdia, da fraternidade e da paz, da justiça e do amor, da pessoa de Jesus ressuscitado e de sua doutrina contida no Evangelho.

Os olhos da fé

Em ambas as aparições Jesus entra, falando de 'paz'. Não é apenas uma saudação. Deverá ser o conteúdo da pregação dos Apóstolos depois da Páscoa. Cristo restabeleceu a unidade entre o céu e terra. Cristo reparou o pecado de Adão e Eva. Cristo reintroduziu a harmonia entre o Criador e as criaturas. E é dessa paz de que se trata. É dessa paz que os Apóstolos devem encher-se para levá-la a todos os povos. Essa paz é consequência do perdão dos pecados. Essa paz é a plenitude do Espírito. Por isso Paulo podia escrever aos Efésios: "Cristo é a nossa paz" (*Ef* 2,14), porque "reconciliou-nos com Deus, num só corpo, na Cruz, destruindo todas as inimizades" (*Ef* 2,16).

Observe-se quantas vezes ocorre hoje o verbo 'ver', um verbo caro a João. Não se trata apenas de um ver com os olhos, mas de uma experiência profunda, que envolve todo o ser. Veem os Apóstolos (v. 25), quer ver Tomé (vv. 25 e 29) e todo discípulo deve ir além do ver sensitivo (v. 29). O versículo 25 dá-nos uma preciosa informação. É o único lugar do Novo Testamento que nos cientifica que Jesus foi crucificado com pregos (cravos). Normalmente os condenados eram amarrados à cruz.

Quase sempre se fala de Tomé como o símbolo da incredulidade. Na verdade, narrando o episódio, João quis dar uma prova cabal de que Cristo ressuscitara de fato. Era Jesus em pessoa, ainda que seu corpo tivesse outro modo de apresentar-se. Tomé hoje sente Jesus ressuscitado pelo olho (viu), pelo ouvido (escutou) e pelo tato (tocou-o). Os principais sentidos humanos atestam a ressurreição do Senhor. As chagas garantem que é a mesma pessoa que esteve pregada na cruz. Antes da Páscoa, Jesus estava fisicamente presente. Para Tomé ele está gloriosamente presente. Hoje, Jesus continua na comunidade, presente com outra forma de presença, invisível, mas tão verdadeira quanto a física e a gloriosa. A fé dá-nos olhos suficientes para vê-lo. Somos felizes, se crermos sem vê-lo fisicamente e o reconhecermos como "meu Senhor e meu Deus" (v. 28).

3º DOMINGO DA PÁSCOA

1ª leitura: At 5,27b-32.40b-41
Salmo: Sl 29
2ª leitura: Ap 5,11-14
Evangelho: Jo 21,1-19
ou Jo 21,1-14

Tudo quanto fizerdes... fazei-o em nome do Senhor Jesus (Cl 3,17)

COM CRISTO, POR CRISTO E EM CRISTO

Nos domingos da Páscoa deste ano C, lemos trechos do Evangelho de João, que procuram fornecer as provas concretas da Ressurreição de Jesus, a nova maneira de 'ser' de Jesus e, portanto, a nova maneira de o discípulo 'vê-lo', ver sua nova presença no meio da comunidade e o relacionamento fundamental que deve existir entre o discípulo e Jesus. Quem age é sempre o Espírito Santo do Senhor ressuscitado. Os discípulos, continuadores da obra salvadora de Cristo, agem em nome do Senhor Jesus e nunca em nome próprio.

A Ressurreição marca novo começo da presença histórica de Jesus no mundo, mas em condições diferentes do tempo de sua vida pública. Os Evangelhos e os Apóstolos em suas cartas ao Cristo ressuscitado chamam de 'Senhor'. Diante dele, ensina São Paulo, "dobre-se todo joelho de quantos há no céu, na terra e no inferno, e toda língua proclame que Jesus Cristo é o Senhor" (*Fl* 2,11-11). E para os discípulos, também a partir da Ressurreição, nasce um título honroso: Servos de Jesus. "Tiago, servo de Deus e do Senhor Jesus Cristo" (*Tg* 1,1); "Simão Pedro, servo de Jesus Cristo" (*2Pd* 1,1); "Paulo, servo de Jesus Cristo" (*Rm* 1,1). *Servo* continua sendo o mais acertado título dos cristãos diante de Jesus Cristo. Servo aqui não é sinônimo de escravo. Nem Maria nem Pedro foram escravos de Deus. Servo significa aquele que recebeu de Deus uma missão para cumprir e procura cumpri-la com a máxima fidelidade.

**Fracasso
e êxito**

A página que lemos hoje é cheia de símbolos. Um pequeno grupo dos discípulos voltou à Galileia depois de tudo o que acontecera em Jerusalém. Não voltaram eles para anunciar aos amigos, parentes e conhecidos o milagre da Ressurreição, mas no desânimo de quem volta para trás, de quem volta para casa porque as coisas não deram certo. Não pensaram nas 'coisas' de Jesus, mas em si mesmos. É expressiva a atitude de Pedro: eu vou pescar. O Evangelho acentua o pronome 'eu'. É iniciativa de Pedro, pescador experimentado, mas, por ser uma iniciativa pessoal, está fadada ao fracasso: "Não pegaram nada" (v. 3).

Observe-se que o texto é do Evangelho de João, o que significa que a palavra 'pescar' pode ter um sentido maior que pegar rede e barco. Pode conter um símbolo teológico. Pescar pode significar a atividade apostólica do anúncio do Evangelho. O fracasso da pesca de Pedro e dos companheiros, embora excelentes conhecedores do mar e dos peixes, não é apenas a conclusão de uma pesca sem êxito, mas a tradução concreta do que Jesus dissera na Última Ceia: "Sem mim nada podeis" (*Jo* 15,5).

A Ressurreição é, sim, o começo de novo tempo, de um novo Povo de Deus, e Jesus continua o protagonista principal. Os Apóstolos não agem em nome e vontade própria. Mas com Cristo, por Cristo e em Cristo. Uma ação apostólica sem o Espírito Santo de Jesus Ressuscitado será sempre vazia. É grande a tentação de a criatura humana agir em nome próprio e com as próprias forças. Deus não dispensa nosso esforço. Mas a graça é sempre dele. Dele será, portanto, também o resultado.

**Meus pés nas
pegadas de Cristo**

Ligado a esse primeiro símbolo está o último (v. 19). Um verbo que será fundamental depois da Ressurreição, dito a São Pedro, sem condições nem atenuantes: *segue-me*. O discípulo não irá à frente do Mestre. Não é próprio do discípulo inventar novidades. Ao discípulo verdadeiro cabe ir atrás do Mestre, pondo os pés nas marcas de seus pés. De tal maneira que, quem vir as pegadas, veja só as de Cristo, que são também nossas, ou as nossas que se identificam com as de Cristo.

Não sou, portanto, uma pessoa realizada quando consigo alcançar todos os *meus* desejos, mas quando em mim se realizam os desejos do Cristo ressuscitado. E todos os desejos de Cristo, expressos em seus ensinamentos, trazem sempre um gosto pascal de morte/ressurreição. Assim o desapego. Assim o amor gratuito. Assim o acolhimento. Assim o serviço. Assim a compreensão. Assim o perdão, um dos passos mais difíceis de dar com o Senhor. Assim o aceitar fazer uma comunidade, tão lindamente expressa no comer juntos, todos sentados à praia, ao nascer do sol (v. 4), a comida preparada pelo próprio Cristo (v. 12).

A cena na praia, em que Jesus dá de comer pão e peixe, recorda a multiplicação dos pães e peixes, pano de fundo da instituição eucarística e da abundância de graças à disposição dos discípulos do Senhor. O gesto de estar no meio dos Apóstolos e dar-lhes de comer lembra a Última Ceia e todas as celebrações eucarísticas em que o Cristo vem e é reconhecido por nós, seus discípulos. As celebrações eucarísticas são força de unidade e refazimento do mistério da Encarnação e da Ressurreição de Jesus. Até hoje a comunidade reúne-se e cresce em torno da refeição eucarística. É nela que "anunciamos sua morte e proclamamos sua Ressurreição". É ela a garantia de que temos um destino eterno.

Um só Senhor: Jesus Cristo

Estamos acostumados a chamar Jesus de *Nosso Senhor*. Os Evangelhos chamam-no, muitas vezes, de 'meu Senhor', 'nosso Senhor'. O título era dado a rabinos e pessoas importantes. Cabia bem a Jesus que, além de Mestre, era o Messias, o Ungido de Deus, em quem se manifestava todo o poder divino sobre as criaturas boas e más (*Mt* 12,28; 28,18); e que ensinava com autoridade (*Mt* 7,39; *Mc* 1,22; *Lc* 4,32) e estava revestido das qualidades de juiz. Mas o título aparece, sobretudo, depois da Ressurreição, quando Jesus assume a condição gloriosa de Senhor e "nada ficou que não lhe fosse submetido" (*Hb* 2,8).

Também no Evangelho de hoje, João e Pedro o chamam de Senhor (vv. 7.12.16.17). Pouco depois, num de seus discursos, Pedro dirá: "Deus nos mandou pregar ao povo e testemunhar que Jesus foi constituído por ele juiz dos vivos e dos mortos" (*At* 10,42), ou seja: Senhor absoluto dos céus e da terra.

Quando chamamos Jesus de Senhor, não estamos dando-lhe apenas um tratamento de respeito, como fazemos a uma pessoa mais velha ou autoridade. Mas estamos fazendo uma profissão de fé no Filho de Deus, que morreu e ressuscitou para reinar (*Rm* 14,9), para ser o cabeça de todos os poderes (*Cl* 2,10; *Ef* 1,20-22), para mandar ou permitir o que quiser. Os cristãos fazem esta profissão de fé: "Creio num só Senhor, Jesus Cristo!"

As três vezes que Jesus pergunta pelo amor de Pedro lembram as três traições. Não há como não se lembrar, quando Jesus pergunta se Pedro o ama mais que 'esses outros', da frase do Apóstolo na Última Ceia: "Ainda que todos se decepcionem contigo, eu te serei fiel!" (*Mc* 14,29). Traiu três vezes. Agora recebe o perdão e vê reconfirmada sua missão de chefe. Pode Pedro ter sido frágil. A promessa maior era de Jesus, que conhecia a fraqueza humana: "Dar-te-ei as chaves do Reino" (*Mt* 17,19). Dessa vez é Jesus quem lhe garante a fidelidade, predizendo-lhe até a morte pelo martírio (v. 19), a prova maior de fidelidade ao Senhor.

4º DOMINGO DA PÁSCOA

1ª leitura: At 13,14.43-52
Salmo: Sl 99
2ª leitura: Ap 7,9.14b-17
Evangelho: Jo 10,27-30

Vossa vida está escondida com Cristo, em Deus (Cl 3,3)

UMA CERTEZA CRISTÃ: ESTAMOS NAS MÃOS DE DEUS

A parábola do Bom Pastor é meditada no quarto domingo da Páscoa, sempre sob a luz pascal do Cristo vitorioso, presente e ativo no meio da comunidade, única *porta* de acesso ao Reino (parte lida no Ano A), *vida divina* repartida com todos os que nele crerem (parte lida no Ano B), e *segurança* absoluta dos discípulos, por mais fracos e pecadores que sejam (parte lida no Ano C).

Jesus declara-se o Bom Pastor. Ser o bom pastor do povo era atributo típico de Deus, como o canta o Salmo: "O Senhor é meu pastor: nada me falta" (Sl 23,1). Depois, o atributo passou a pessoas que assumiram a responsabilidade de governar o povo. Mas sua incapacidade de doar-se ao povo empobreceu de tal maneira o significado do título até esvaziá-lo. Deus então como que retomou o título no famoso capítulo 34 de Ezequiel, prometendo ao povo pastores dignos, corajosos e responsáveis, capazes de dar a vida pelo bem de todos. Jesus apresenta-se como o bom pastor enviado pelo Pai, para apascentar e abeberar o rebanho: "Eu sou o bom pastor... Eu dou a vida pelas ovelhas... nenhuma se perderá". Mais que dar a vida para salvar as ovelhas dos ataques dos lobos e dos interesses dos mercenários, Jesus declara ter o poder de dar-lhes a vida eterna (v. 28).

Cada palavra do pequeno trecho lido hoje é rica em sentido e simbolismo, sobretudo quando nos lembramos de que são de João, para quem os verbos *escutar, conhecer, seguir* têm um sentido bem mais rico e profundo que a simples tradução da palavra expressa.

Nas tuas mãos, Senhor!

Comecemos de imediato com o que Jesus promete, que é o máximo que alguém pode prometer. Promete-nos manter-nos em suas mãos (v. 28). Nossas mãos são frágeis e pequenas. As dele têm a força e a grandeza das mãos do Pai, mãos que plasmaram o mundo, mãos que sustentam o universo. A mão na Escritura, muitas vezes, é o símbolo da proteção de Deus (*Sl* 31,6; *Dt* 33,3). Deus não nos poupa das tentações e dos ataques do mal. Continuamos cercados dos três grandes perigos, chamados por João de mundo, carne e demônio, mas temos também uma certeza granítica: estamos protegidos pela mão de Deus, mão do Cristo pastor e Deus. Sim, estar na mão de Cristo é estar na mão de Deus, porque "eu e o Pai somos um" (v. 30).

Jesus promete a vida eterna (v. 28). Para João, vida eterna é, sim, a vida futura no céu, na plenitude do Reino, mas é também a vida presente, quando vivida na intimidade com Deus. Assim como nos é dado viver o Reino dos Céus já nesta terra (a esperança de sua plenitude é a parte mais fecunda de sua vivência na vida presente), também nos é dado viver a comunhão com Deus. Logo no início de sua vida pública, Jesus declara: "Quem crê no Filho tem a vida eterna" (*Jo* 3,36). O verbo está no presente. Tem agora a vida, isto é, a vida divina, a comunhão com Deus. Ter a possibilidade de viver a comunhão com Deus já na vida presente e tornar-se participante da natureza divina (*2Pd* 1,4) é a razão de ser da encarnação e da missão de Jesus na terra. Essa é a plenitude de vida (*Jo* 10,10), que Jesus trouxe e tinha poder para no-la dar, porque era o Filho de Deus.

Ouvir, conhecer, seguir

Há três passos a serem dados: ouvir a voz, conhecer de quem é a voz, seguir quem chamou. Esses três passos são, muitas vezes, aplicados às vocações sacerdotais e religiosas, porque a vocação não é outra coisa senão um chamado individual (vocação vem do verbo latino *vocare*, que quer dizer chamar), um reconhecimento do chamado e um seguimento. Por isso hoje em muitas comunidades se celebra o domingo das vocações, que, no Brasil, passou a ser celebrado em agosto.

Mas todos são convidados a dar esses três passos, porque todos são ovelhas do Senhor. Falo em três passos, porque o 'escutar' vem antes do 'conhecer'. Daí a insistência em estar atento à voz de Deus. A iniciativa do chamado é sempre de Deus. Costumamos conhecer as pessoas pela voz. Com facilidade distinguimos uma voz da outra. Isso nem sempre acontece com a voz de Deus, porque ela não se escuta pelos ouvidos, mas pelo coração. Um coração reto, uma consciência equilibrada e generosa distinguem a voz de Deus. Vinda de Deus e tendo-a nós escutado com atenção, ela vira obediência. Obedecer vem de duas palavras latinas *ob-audire*, isto é, ouvir com atenção. Esse 'ouvir com atenção' está implícito no verbo 'conhecer', no linguajar do Evangelista João.

Estamos acostumados a conhecer com a razão. Para João conhecer implica o ser humano inteiro, sua inteligência, seu sentimento, sua vontade. Talvez poderíamos dizer: deixar-se embeber. São Paulo expressa esse passo lindamente: "Já não sou eu que vivo, é Cristo que vive em mim" (*Gl* 2,20). O terceiro passo é consequente: seguir Cristo, na certeza de que ele conhece o caminho e a meta. Esse seguir se torna gostoso quando nos lembramos da outra promessa de Jesus: as ovelhas estarão comigo e "ninguém as arranca de minha mão" (v. 28). Como toma sentido imenso, então, o verso do Salmo: "Não temerei mal algum, porque estás comigo" (*Sl* 23,4). Ao longo do caminho, o 'escutar', o 'conhecer' e o 'seguir' entrelaçam-se normalmente e nós passamos a viver em permanente escuta, permanente discernimento, permanente caminhada com ele, ou, para usar uma passagem pascal, em permanente estrada de Emaús.

**Multidões
anônimas**

O trecho que lemos hoje é o final da parábola. A parábola inteira tem uma atualidade impressionante, porque também hoje há os lobos e os mercenários, os que exploram, dispersam e devoram, tanto em âmbito de religião quanto em âmbito de sociedade civil. Sem esquecer o mundo das empresas que sugam os melhores anos dos operários e os dispensam quando deles tiraram tudo, como se fossem apenas objetos de uso. Sem esquecer os que prometem o que não podem dar. Cristo não se disse pastor de fantasmas, mas de pessoas concretas. O pastoreio de Jesus implica toda a realidade. Não estranha que o verso seguinte do Evangelho seja este: "Os judeus apanharam pedras para apedrejá-lo" (v. 31). Quantos mártires nos dias de hoje, porque quiseram ser e foram bons pastores, continuação viva do Cristo Bom Pastor!

Em outro momento de sua vida pública, Jesus teve compaixão dos que lhe estavam em torno, porque "eram como ovelhas sem pastor" (*Mt* 6,34). As multidões anônimas de nossas cidades não lembram a imagem das ovelhas sem pastor? Ainda mais que a palavra 'ovelha' tomou, modernamente, um sentido diferente do sentido bíblico e passou a significar exatamente quem não tem opinião nem decisão, não tem nome nem rumo pessoal, não tem direitos e é, tantas vezes, vendido como produto de mercado ou tem comprada a sua dignidade por algum ridículo benefício (como alguns políticos fazem em época de eleição).

Para esse tipo de pessoas veio Jesus, chamando cada uma pelo nome, valorizando-a, tomando-a sobre os ombros, dando-lhe um sentido para sua vida terrena. Jesus conhece bem a condição humana. E da condição humana faz uma coisa só com a sua condição divina.

5º DOMINGO DA PÁSCOA

1ª leitura: At 14,21b-27
Salmo: Sl 144
2ª leitura: Ap 21,1-5a
Evangelho: Jo 13,31-33a.34-35

Por nosso meio, Deus vos chamou
para alcançardes a glória de Nosso Senhor (2Ts 2,14)

DEUS É GLORIFICADO NA GRATUIDADE DE NOSSOS GESTOS DE CARIDADE

Podemos dizer que os textos litúrgicos, particularmente os Evangelhos deste e do próximo domingo, olham com um olho a Ascensão e com o outro a continuidade da missão de Jesus na terra. Embora sejam textos tirados do discurso de Jesus na Última Ceia, pronunciados, portanto, antes da paixão, eles têm um claro gosto pascal.

É bom ter em conta, ao ler o Evangelho de hoje, a cena do lava-pés, acontecida, segundo João, no mesmo contexto. Antes de dar o mandamento do amor fraterno, Jesus o mostra concretamente num gesto. Se novo seria o mandamento, inédito foi o gesto que o precedeu. João termina a narração do lava-pés com esta frase: "Se compreenderdes isso e o praticardes, sereis felizes" (*Jo* 13,17). Há, portanto, na prática do lava-pés, um caminho de realização pessoal, um caminho de felicidade.

Ao exemplo de Jesus, que lava os pés, o Evangelista encosta o mau exemplo de Judas, que sai da sala para 'entregar' Jesus (*Jo* 13, 27-30). O Evangelista observa, com alguma ironia: "Era noite" (v. 30). Se do gesto amoroso de Jesus brota a felicidade, da atitude falsa e traiçoeira de Judas nascem as trevas, a desgraça. É nesse contexto, lembrado pelo versículo 31, que Jesus fala em glorificação e amor fraterno, dois temas intimamente conexos entre si e que constituirão, depois da Páscoa, o fundamento do Cristianismo e sua marca distintiva para sempre.

**Fome de glória.
Mas que glória?**

As traduções nas línguas modernas padecem, às vezes, de preconceito. Assim, traduz-se a palavra 'glória', pensando na Ascensão. Talvez a frase: "Se Deus foi glorificado nele, também Deus o glorificará" (v. 32), pudesse ser traduzida assim: "Se o Filho do homem age de modo a manifestar a glória de Deus, muito logo também Deus dará sua glória ao Filho". Mas continua o problema: que seria essa *glória*? Mais de duas centenas de vezes aparece no Novo Testamento a palavra 'glória'. Qual seria o sentido? Os peritos em Sagrada Escritura escreveram já grossos volumes sobre isso.

Parece certo que se cruzam o sentido grego (opinião que tenho de alguém e, portanto, a fama que alguém tem junto a mim) e o sentido hebraico (o valor, o peso que alguma coisa tem e o apreço que eu lhe dou). Assim, Abraão é chamado de 'homem glorioso' por possuir muito "gado, ouro e prata" (*Gn* 13,2). José manda seus irmãos contarem ao pai a glória que tinha no Egito (*Gn* 45,13), isto é, o prestígio de que gozava, o apreço que lhe davam os grandes e os pequenos do país.

Dentro desse conceito, a glória era a melhor coroa dos reis, seja pela riqueza que possuíam, seja pelo poder que exerciam ou pelo brilho do reinado. Quando o Salmista canta o ser humano como rei da criação, coloca-o como um ser "pouco inferior a Deus, coroado de brilho e esplendor, com poder sobre ovelhas e bois, animais selvagens, aves do céu e peixes do mar" (*Sl* 8,6-9). Mas já o Antigo Testamento observava que essa glória, baseada na posse, no poder, no prestígio, é relativa e passageira: "Não te exasperes, quando alguém se torna rico, quando cresce a glória de sua casa. Ao morrer, nada levará consigo e sua glória não o acompanhará depois da morte" (*Sl* 49,17-18).

**A glória de Cristo
e a glória do cristão**

Quando o diabo tentou Jesus no deserto pela terceira vez, ofereceu "todos os reinos do mundo com sua glória" (*Mt* 4,8), isto é, todas as riquezas, o poder e o prestígio e a fama.

A resposta de Jesus manifesta claramente que a verdadeira glória está na adoração e no serviço ao Senhor (Mt 4,10). Esse ensinamento volta, muitas vezes, nas pregações, nos exemplos de Jesus e, sobretudo, no seu próprio exemplo. Por isso, os pobres e os marginalizados podem dar glória a Deus e serem eles mesmos glorificados, ainda que nada tenham a não ser o desprezo da sociedade.

Dentro desse modo de pensar e viver, compreende-se que Jesus viu em sua paixão e morte a forma mais elevada de glorificar a Deus, porque estava cumprindo à risca a vontade do Pai. Em outras palavras, estava prestando ao Pai o mais puro culto de adoração e dele recebendo a glorificação. O Evangelho de João deixa claro que toda a paixão é um caminho de glorificação do Pai, por parte de Jesus; e de Jesus, por parte do Pai. Jesus, portanto, glorifica o Pai, salvando a humanidade com sua morte na Cruz, porque era a vontade do Pai. E o Pai glorifica a fidelidade de Jesus, salvando-o da morte, fazendo-o ressurgir e assentar-se à sua direita.

O mesmo caminho deve fazer o discípulo. A comunidade, depois da Páscoa, não tem outra glória a buscar senão a de fazer a vontade do Pai, isto é, salvar a humanidade. E essa salvação passa necessariamente pela Cruz. Cada discípulo é chamado a dar ao Pai a mesma glória que Jesus lhe deu. Não em palavras e culto apenas. Mas na doação inteira de si mesmo em benefício dos outros. O caminho do Calvário não aconteceu uma única vez com uma só vítima. Repete-se em cada discípulo, que se despoja de si mesmo para ajudar os outros. A glória do cristão consiste em "aniquilar-se a si mesmo, assumir a condição de servo de todos, viver solidário com todos" (Fl 2,7), exatamente como fez Jesus. Todas as outras glórias humanas não nos acompanharão depois da morte e, por isso, Deus não será glorificado nelas.

Não é fácil viver o Cristianismo

Essa entrega de si mesmo aos outros, sem nada pedir em troca, Jesus a chamou de *amor*. E é desse amor de que fala hoje (v. 34). Compreendemos, então, porque ele o chama de *novo*. O amor pode ter mil faces, desde que seu motor seja "como eu vos amei" (v. 34), isto é, seja como o amor com que Cristo glorificou o Pai, um amor gratuito, que nada pede em troca a não ser a alegria de que o Pai receba essa expressão de amor como glorificação. Não é qualquer gesto caritativo que distingue o cristão nem um amor genérico, que é mais sinônimo de gosto que de entrega. Ninguém dirá que Jesus gostou da paixão e da cruz, por isso gostou de ser nela pregado. Isso seria sadismo e não amor. No amor ensinado por Jesus não há lugar para simpatias e antipatias, que tanto condicionam nossos gestos.

Esse 'mandamento novo' de Jesus é duro de se entender e mais duro de se praticar. Assemelha-se ao discurso em que promete dar de comer seu corpo e de beber seu sangue (Jo 6,53-56). Muitos discípulos disseram: "Estas palavras são duras. Quem as pode aceitar?" (Jo 6,60). Jesus não retirou sua promessa. Como não há de retirar suas palavras da Última Ceia. Não são as medalhas que levamos ao peito nem o número de comunhões que fazemos que garantem a genuinidade do nosso Cristianismo, mas sim a gratuidade de nossos gestos de caridade.

A gratuidade é uma virtude rara na sociedade de hoje, tão sensível a pagamentos e recompensas. Além do mais a vida de cada dia ensina que vencem os espertos, os dribladores das leis. O que conta não é meu próximo, mas meus interesses. Ao que não me traz vantagens dou indiferença. Também hoje a pregação do amor gratuito, marcado pelo desapego, pela renúncia consciente, amor pautado no Cristo crucificado soa como grande novidade. Quem tem coragem de ser discípulo de Jesus (v. 35)?

6º DOMINGO DA PÁSCOA

1ª leitura: At 15,1-2.22-29
Salmo: Sl 66
Ap 21,10-14.22-23
Evangelho: Jo 14,23-29

Feliz aquele que guardar as palavras da profecia! (Ap 22,7)

DEUS MANIFESTA-SE NA COMUNHÃO COM A CRIATURA QUE GUARDA A PALAVRA

É um Evangelho de despedida, repleto de ensinamentos. Na verdade, é a resposta à pergunta de Judas Tadeu, que não lemos no texto de hoje, mas está no versículo precedente. O Apóstolo havia perguntado por que Jesus afirmava que se manifestaria só aos discípulos e não à multidão, ao grande mundo (*Jo* 14,22). A pergunta denotava o conceito nacionalista-político de manifestação. O Messias era pensado em termos de triunfo. Também os Apóstolos cultivavam essa ideia, por isso parecia absurdo que Jesus afirmasse que se manifestaria só aos discípulos. A vinda do Messias era esperada como uma grande manifestação, uma epifania de Deus no meio do povo.

Respondendo à pergunta do Apóstolo, Jesus ensina que a manifestação acontece, mas em outros termos. A manifestação é uma experiência que vivemos quando estamos em sintonia de amor com ele, e isso só pode acontecer quando observamos, isto é, quando vivemos, na prática, sua Palavra. João emprega a expressão 'guardar a palavra', aliás, frequente no seu Evangelho (8,52.55; 14,23.24; 15,20; 17,6). Guardar a Palavra de Jesus é guardar a Palavra de Deus (*Jo* 5,24). Não se trata de coisa decorada, mas vivida, praticada. A Bíblia diria: gravada no coração.

Diante de suas palavras (e de sua pessoa), há os que se escandalizam (*Mc* 10,22). Há os que a admiram (*Mt* 7,28). Há os que a rejeitam (*Lc* 4,28-29). Há os que não ligam para ela nem se ligam a ela (*Jo* 6,66). Há os que tentam adaptá-la à sedução das riquezas (*Mt* 13,22). Mas há os que creem nela (*Jo* 2,22) e a guardam com fidelidade (*Jo* 15,20). Para os que a guardam, ela se torna espírito e vida (*Jo* 6,63), produz a vida eterna (*Jo* 6,68), é comunhão com Deus (*Jo* 14,23). A manifestação de Deus é essa comunhão com ele: Deus em nós e nós em Deus. A essa comunhão/manifestação Jesus chama de 'morada' (v. 23).

Um Deus que fala

Quem não guarda a Palavra de Jesus não o ama (v. 24), ainda que declare com os lábios que o ama. E em quem não guarda a Palavra, Deus não mora. O que significa de fato 'guardar a palavra'? Comecemos com o Antigo Testamento. Cento e quarenta e uma vezes ocorre a expressão 'palavra de Javé' (palavra de Deus). O Deus do Antigo Testamento é um Deus que fala, que se manifesta, que delega a palavra a outros, que faz dela um ensinamento, uma doutrina, uma lei. Digamos logo: é um Deus vivo (e não como o dos pagãos, de ouro e prata, mas mudo, como lembra o Salmo 115,4-8), um Deus que se interessa por tudo o que acontece às criaturas e entre as criaturas.

Noventa e três vezes a expressão 'palavra de Deus', no Antigo Testamento, vem com um sentido profético – grande força do Antigo Testamento. Ela aparece em forma de chamado, escutado diretamente de Deus (*Jr* 1,4: "A palavra do Senhor foi-me dirigida". *Jr* 1,9: "O Senhor estendeu a mão e tocou-me a boca. O Senhor disse-me: ponho as minhas palavras em tua boca"). Cada profeta recebe a palavra a seu modo, mas há nela sempre um encontro muito pessoal e um compromisso com Deus. A palavra do profeta passa a ser palavra de Deus, ou seja, o profeta fala em nome de Deus.

Criaturas: concretização de uma palavra de Deus

A palavra profética de Deus aparece em forma de mensagem. Quase todos os profetas começam a falar expressões como estas: 'Assim diz o Senhor', ou terminam dessa forma: 'Oráculo (palavra) do Senhor'. O profeta ('profeta' vem de *pro--fari*: falar no lugar de alguém) transmite sempre um recado de Deus e não uma decisão ou uma reflexão própria: "Ouvi, céus, escutai, terra, porque o Senhor fala: criei filhos e os fiz crescer, mas eles se rebelaram contra mim" (*Is* 1,2)

A palavra de Deus aparece também em forma de ameaça, julgamento e castigo ("A palavra do Senhor foi dirigida a Elias nestes termos: levanta-te, desce ao encontro do Rei Acab... e fala--lhe: Assim te manda dizer o Senhor: tu és um assassino e ladrão. No mesmo lugar em que os cães lamberam o sangue de Nabot, lamberão também o teu próprio sangue" (*1Rs* 21,17-20).

A palavra de Deus pode também ser uma norma, uma lei. Os Dez Mandamentos dados no Sinai (*Êx* 20,1-17) chamam--se 'Decálogo', que quer dizer 'dez palavras'. 'Palavra de Deus' passa a ser sinônimo de lei. E, quando a lei é posta em prática como expressão divina, ela traz felicidade (*Pr* 16,20; *Sl* 119). O salmista, à procura de felicidade, pede a Deus: "Deixa-me viver na observância da tua palavra" (*Sl* 119,17). Essa palavra de Deus, tanto em sentido profético quanto de lei, é dinâmica, viva, realizadora: "Eu cuido que minha palavra se realize" (*Jr* 1,12). Toda a criação é uma concretização de uma palavra pronunciada por Deus: "Deus disse: faça-se a luz e a luz se fez" (*Gn* 1,3). E assim foi pronunciando palavras e elas tornaram-se firmamento, terra, mar, vegetação, estrelas, peixes, homens.

A vivência da comunhão com Deus

A palavra no Antigo Testamento, portanto, é força reveladora de Deus, força criadora, profética, normativa, julgadora. Ela como que prolonga a presença de Deus entre as criaturas. A ela devemos ficar atentos (*Dt* 6,3), nela devemos confiar (*Sl* 119,42). Deve ser gravada no coração (*Dt* 6,6), isto é, transformada em vida a ponto de impregnar nossos sentidos e sentimentos, vontade e inteligência. Ela é fonte de nova esperança (*Sl* 119,74.81), de bem-estar (*Pr* 16,20) e de segurança (*Dt* 6,4-9). Depois dessas considerações, não nos é difícil entrar no Novo Testamento e chegar até Jesus, Palavra de Deus encarnada, palavra viva e salvadora.

O Novo Testamento retoma essa riqueza de sentido e a centra numa pessoa: Jesus de Nazaré, profeta e legislador, juiz e revelação de Deus. João começa o Evangelho, dizendo: "A Palavra (em latim: *Verbo*) fez-se carne e habitou entre nós" (*Jo* 1,14). Há grande diferença entre a palavra de Jesus e a dos profetas. No Antigo Testamento, a palavra de Deus era dirigida ao profeta, que falava em nome de Deus. Cristo é a palavra de Deus e fala com autoridade divina a ponto de identificar sua pessoa e sua palavra. Acolhê-la é aceitar sua pessoa; aceitar sua pessoa implica crer e fazer de sua palavra caminho, verdade e vida. O discípulo de Jesus não procura os próprios interesses, mas o projeto de Jesus. O projeto de Jesus é a comunhão da criatura com o Criador. Deus se manifesta nessa comunhão, em que não somos espectadores, mas participantes: Deus em nós e nós em Deus.

Embora Jesus tenha sido claro em sua doutrina, nossa inteligência é curta para compreendê-la e nosso coração é pequeno para assumi-la. O papel do Espírito Santo, prometido por Jesus e dom do Pai (v. 26), é o de ajudar a nossa pequenez, de ser nosso paráclito, advogado e defensor, a luz e o mestre de nossa vida. Jesus é o único revelador do Pai, o único redentor das criaturas, a única via de comunhão com Deus. O Espírito Santo foi enviado para ser testemunha dessa estupenda verdade e dar-nos a força da fé, da vivência da Palavra de Deus. A essa vivência amorosa, a essa comunhão com Deus, Jesus chamou de 'paz' (v. 27), que, seguramente, não é a paz de que o mundo fala, porque ela ultrapassa a medida antropossociológica: ela tem a dimensão de Deus.

SOLENIDADE DA ASCENSÃO DO SENHOR

1ª leitura: At 1,1-11
Salmo: Sl 46
2ª leitura: Hb 9,24-28; 10,19-23 ou Ef 1,17-23
Evangelho: Lc 24,46-53

Elevai-vos nos altos céus, ó Deus,
e vossa glória refulja na terra! (Sl 57,6)

ESTAREI CONVOSCO TODOS OS DIAS ATÉ O FIM DOS TEMPOS

A festa da Ascensão do Senhor está muito ligada à Páscoa e a Pentecostes. Lucas recorda, propositadamente, a Ressurreição (v. 46) e volta a mencionar o envio do Espírito Santo (v. 49). Diante do Cristo ressuscitado e glorioso e na esperança do revestimento da força do alto (v. 49), os Apóstolos adoram o Senhor, isto é, fazem confissão pública de sua divindade e, tomados de alegria (v. 52), começam o testemunho do Senhor, por meio dos louvores a Deus (v. 53).

A Ascensão do Senhor é uma verdade de fé. Rezamos no Credo: "Subiu aos céus, está sentado à direita de Deus-Pai todo-poderoso". Mas isso não significa um lugar geográfico. A Ascensão não celebra a separação de Jesus dos Apóstolos. Jesus mesmo afirmou: "Estarei convosco todos os dias, até o fim dos tempos" (*Mt* 28,20). A Ascensão é para Jesus o coroamento de sua missão terrena e o reassumir da plenitude do poder divino, que ele ocultara nos anos de sua vida terrena. Sentar-se "à direita do Pai" (*Rm* 8,34) significa ser o Senhor do céu e da terra.

Na Ascensão de Jesus, unem-se, definitivamente, o céu e a terra. O elo inquebrantável é a pessoa divina e humana de Jesus de Nazaré, verdadeiro Deus e verdadeiro homem. Com a Ascensão de Jesus, abrem-se as portas do céu e estende-se o caminho de salvação para toda a carne humana. A Ascensão de Jesus garante para as criaturas um destino eterno.

Missão que causa grande alegria

Mateus põe a Ascensão num monte da Galileia (*Mt* 28,16). Marcos não a localiza. João não fala dela. Lucas a situa perto de Betânia, no Monte das Oliveiras (cf. também *At* 1,12). Vale mais pelo símbolo do que pela indicação geográfica. Para Mateus, Jesus começara a vida pública na Galileia, devendo terminá-la na Galileia. Como todo o Evangelho de Lucas é uma 'subida para Jerusalém', onde Cristo se torna o novo templo, é no Monte das Oliveiras, onde começara a Paixão, que ele termina glorioso a missão e passa aos Apóstolos a responsabilidade do Reino dos Céus.

Lucas não se esquece de dizer que a Ascensão de Jesus é um momento de alegria, ou melhor, de "grande alegria" (v. 53). Lucas é o Evangelista que mais fala da alegria. No seu Evangelho a palavra *alegria* ocorre oito vezes (Mateus emprega-a seis e Marcos uma única vez). Duas vezes fala em "grande alegria": nos campos de Belém, quando os anjos anunciaram o nascimento de Jesus (*Lc* 2,10), e agora, quando Jesus sobe aos céus. Em Belém, os anjos anunciaram uma presença física do Senhor. Agora os Apóstolos devem anunciar uma nova, plena e definitiva presença do Senhor ressuscitado no meio da comunidade. É a presença do Senhor a razão da 'grande alegria'.

Em Belém, foram os anjos (lembremos que *anjo* significa *mensageiro*) a louvar a Deus: "Glória a Deus nas alturas e paz na terra aos homens" (*Lc* 2,13-14), porque naquele momento havia nascido aquele que seria a ligação entre o céu e a terra. Hoje, são os Apóstolos (lembremos que *apóstolo* significa *enviado* para levar uma mensagem), os novos mensageiros de Deus, que louvam e bendizem o Senhor, prontos para partir por todo o mundo e levar a boa-nova do Reino dos Céus na terra.

Ele está presente no meio de nós

Os discípulos experimentaram ao menos três presenças de Jesus. Uma *presença ordinária*: a experiência do Jesus histórico, a quem viam com os olhos do corpo, ouviam com os ouvidos, tocavam com as mãos e com quem comeram. Depois, uma *presença excepcional*: a experiência de Jesus ressuscitado, que aparecia e desaparecia (*Lc* 24,31), entrava na sala "estando fechadas as portas" (*Jo* 20,26), dando sempre provas de que era ele mesmo e não outro (*Lc* 24,38-39). Por fim, uma *presença invisível*: experiência da comunidade depois da Ascensão. Jesus continua presente e operante, mas já não mais alcançável pelos sentidos.

Podemos dizer que, em nossa vida cotidiana, vivemos simultaneamente as três presenças. A presença ordinária a temos no rosto de nossos irmãos, a quem amamos e a quem transmitimos a alegre boa-nova da salvação (*Mt* 25,37-40). A presença excepcional a temos nos sacramentos, particularmente na Eucaristia, em que a fé nos declara que Jesus, Deus e homem, está verdadeira e realmente presente. A presença invisível a temos na Comunhão dos Santos, essa verdade de fé, que nos ensina que formamos todos uma só e única comunidade e comunhão entre nós e nós com Deus. São Paulo foi muito feliz ao declarar no Areópago de Atenas: "Jesus não está distante de nós. Nele vivemos, nele nos movemos, nele existimos. Nós somos de sua estirpe" (*At* 17,27-28). Por isso mesmo, a festa da Ascensão não aponta para um afastamento, nem mesmo temporal e provisório, mas para uma plenitude de comunhão, vivida no céu, vivida na terra.

O livro do Eclesiástico conta que o sacerdote Simão, diante do altar, ergue os braços e abençoa o povo, para louvor e glória de Deus. E descreve o sacerdote como 'a estrela da manhã no meio da nuvem', 'a lua cheia nos dias de festa', 'o sol resplandecendo sobre o templo', 'o arco-íris em nuvens de glória', 'a flor da roseira em dias de primavera', 'o vaso de ouro maciço ornado com todas as pedras preciosas', 'a oliveira carregada de frutos'. Sua esperança enchia de glória o recinto do templo (*Eclo* 50,6-11). Por que não pensar nesse texto, quando Lucas diz que o Cristo ressuscitado, pronto para entrar no Santo dos Santos do céu e sentar-se à direita do Pai, ergue as mãos e abençoa os Apóstolos (v. 50), isto é, abençoa os apóstolos de todos os tempos que, com grande alegria (v. 52), irão pelo mundo, "bendizendo a Deus" (v. 53)? Permanecendo no templo (v. 53), isto é, permanecendo em Jesus (*Jo* 15,4), o novo templo de Deus, eles enchem o mundo da glória, isto é, da salvação do Senhor.

Começa o tempo da Igreja

Lucas é o Evangelista que sempre recorda a universalidade da redenção. Volta a acentuá-la hoje (v. 47). Todos os povos, todas as pessoas podem encontrar a santidade no nome de Jesus (*At* 4,12). Isaías havia predito: "Toda a carne verá a salvação de Deus" (*Is* 40,5). Simeão, com o Menino nos braços, no templo, profetizara: "Ele será luz (salvação) para todos os povos" (*Lc* 2,32). Em Cristo começou o tempo propício para a salvação (*2Cor* 6,2). Na sua morte e ressurreição, acontecidas historicamente em Jerusalém, todos podem beber na fonte da plenitude da vida (*Jo* 10,10). Agora, completada a obra, Jesus diz aos Apóstolos que a partir de Jerusalém, isto é, de sua morte e ressurreição, a salvação deve ser levada a todos (v. 48) e ser sua principal missão.

Começa o tempo da Igreja. Cristo parte, mas permanece. A Igreja é seu corpo (*Ef* 1,23) e sua plenitude. Os cristãos são as testemunhas vigilantes da morte, ressurreição e glória do Senhor. Começa o tempo do despertar e crescer das sementes do Reino. Da nova e definitiva Aliança. Da nova e eterna primavera. Do tempo da "esperança depositada no céu" (*Cl* 1,5). Nada de orfandade. Somos a nova família de Deus, vivemos em comunhão com ele, porque "amamos Jesus e guardamos sua palavra" (*Jo* 14,23). Por isso louvamos a Deus (v. 53) com "grande alegria" (v. 52).

SOLENIDADE DE PENTECOSTES

1ª leitura: At 2,1-11
Salmo: Sl 103
2ª leitura: Rm 8,8-17
ou 1Cor 12,3b-7.12-13
Evangelho: Jo 14,15-16.23b-26
ou Jo 20,19-23

Pelo impulso do Espírito Santo,
homens falaram da parte de Deus (2Pd 1,21)

ESPÍRITO SANTO: REVELADOR DE JESUS E NOSSO PERMANENTE PARÁCLITO

Pentecostes é o dia do aniversário da Igreja, que o considera como o de sua fundação pública e solene. O início de sua missão como Igreja. Por isso mesmo a Igreja celebra Pentecostes com a máxima solenidade. O Concílio Vaticano II assim descreve o sentido de Pentecostes: "Para completar sua obra, Cristo enviou o Espírito Santo da parte do Pai, a fim de que, interiormente, operasse sua obra de salvação e propagasse a Igreja. No dia de Pentecostes, ele desceu sobre os discípulos para permanecer eternamente com eles; a Igreja foi manifestada publicamente ante a multidão; e, pela pregação, iniciou-se a difusão do Evangelho entre as nações" (*Ad Gentes*, 4).

Não significa que a obra de Cristo tivesse ficado incompleta ou insuficiente. Mas Jesus conhecia a fraqueza humana, incapaz de, sozinha, elevar-se, florescer e dar frutos. Conhecia também a curteza da mente e do coração humanos. Sozinhos, não seriam capazes de conhecer e viver a verdade evangélica. Conhecia também a forte tendência da criatura ao egoísmo. Ora, o Reino dos Céus estende-se na direção oposta ao egoísmo: tende a formar comunidades, tende ao universalismo. Jesus envia o Espírito Santo para sustentar a criatura, iluminar os olhos da fé e abri-la à fraternidade.

Inácio de Laodiceia escreveu: "Sem o Espírito Santo, Deus se torna longínquo; Cristo fica no passado; o Evangelho vira letra morta; a Igreja, uma simples organização; a autoridade, uma opressão; a missão, uma propaganda; o culto, uma evocação; o comportamento cristão, uma moral de escravos. Mas, com o Espírito Santo, Cristo está presente; o Evangelho é poder de vida; a Igreja torna-se comunhão trinitária; a autoridade, um serviço libertador; a missão, um Pentecostes; a liturgia, um memorial e uma antecipação da glória; e o comportamento torna-se divino". Hoje, portanto, misturam-se Espírito e vida, Espírito e história, Espírito e destino humano. E Pentecostes passa a significar fonte e finalidade, começo e plenitude.

Novo sentido para velha festa

Tanto a festa de Páscoa quanto a de Pentecostes já existiam entre os hebreus e eram celebradas com grande movimento de povo e ritos. Ambas tomam um significado novo, sem excluir o antigo (Páscoa: festa da libertação; Pentecostes: festa da abundância e da lei). De fato, Cristo ressuscitou para nos libertar da morte. E o Espírito Santo desceu sobre os Apóstolos na abundância de sua graça para que, continuando a missão de Jesus, dessem testemunho da misericórdia de Deus, encarnada em Cristo, e implantassem a lei do coração (*2Cor* 3,3).

Nenhum dos quatro Evangelhos conta a descida do Espírito Santo, porque todos terminam na Ascensão de Jesus ao céu e no envio dos discípulos, mas está nos Atos dos Apóstolos (*At* 2,1-11) lidos hoje como primeira leitura. Os Atos foram escritos por Lucas, o mesmo que escreveu o 3º Evangelho e anotou a recomendação de Jesus ao subir ao céu: "Eu vos mandarei aquele que meu Pai prometeu. Por isso permanecei na cidade até que sejais revestidos da força do alto" (*Lc* 24,49). Segundo Lucas, os Apóstolos concentraram-se no Cenáculo, na mesma sala da instituição da Eucaristia.

Pelo que faz sabemos quem é

É muito significativo que o Espírito Santo desça sobre os Apóstolos no mesmo lugar da instituição da Eucaristia, como se ele viesse completar o mistério do Corpo e do Sangue de Jesus. De fato, a partir de Pentecostes, os discípulos (a Igreja) formarão o corpo total de Cristo, serão os continuadores da missão de Jesus, aqueles que, fazendo a Eucaristia, são por ela transformados no Corpo do Senhor. Ensina o Concílio: "Ao comunicar o seu Espírito, fez de seus irmãos, chamados de todos os povos, misticamente os componentes de seu próprio corpo" (*Lumen Gentium*, 7).

Numa de suas *Admoestações*, São Francisco de Assis faz uma afirmação que muitos julgam confusa. Na verdade, é transparente, se lembrarmos que o Espírito Santo é quem age em nós, quando nos relacionamos com Deus: "É o Espírito Santo do Senhor, que habita nos fiéis, quem recebe o santíssimo Corpo e Sangue do Senhor". Portanto, será nula a comunhão, se não estivermos santificados pelo poder do Espírito Santo. E por menores que sejamos, seremos dignos do Senhor, porque não é a pequenez que conta, mas a grandeza do Espírito Santo de Deus em nós. Nesse sentido, São Paulo escreveu aos Coríntios: "Só quem é guiado pelo Espírito Santo pode dizer: Senhor Jesus!" (*1Cor* 12,3). E São Francisco escreveu na Regra da Ordem que, antes de tudo, os Frades devem possuir o Espírito Santo e seu modo de operar.

Lemos no Ano C, como Evangelho da festa de Pentecostes, dois pequenos trechos do discurso de despedida de Jesus na Última Ceia, em que ele promete o Espírito Santo. O Evangelista João inseriu no discurso-testamento de Jesus cinco afirmações sobre o Espírito Santo. Daquilo que o Espírito Santo faz podemos deduzir aquilo que ele é. O Espírito Santo age sempre em comunhão com Jesus e o Pai (vv. 16.23.26) em benefício da comunidade eclesial.

Paráclito: advogado, consolador e sustentador

Das cinco afirmações sobre o Espírito Santo, duas encontram-se no trecho lido hoje. A primeira: *O Espírito Santo será um paráclito* (vv. 14.26). Segunda: *O Espírito Santo será o revelador de Jesus* (v. 26). Encontramos no Novo Testamento o termo 'paráclito' só cinco vezes: quatro no discurso da Última Ceia (*Jo* 14,16.26; 15,26; 16,7) e uma na primeira carta de João (*1Jo* 2,1). Nenhuma língua moderna consegue traduzir a riqueza de sentido dessa palavra de origem grega. Por isso muitos tradutores a deixam no original. Outros a traduzem por 'advogado', 'consolador', 'sustentador'. Paráclito é uma palavra composta e indica um amigo ou uma pessoa de confiança, chamada para nos ajudar num momento de crise ou dificuldade; mas indica também o consolo que sentimos, a segurança que experimentamos por saber que alguém está ao nosso lado para nos ajudar.

Se temos a nosso lado alguém, que nos apoia e sustenta, consola-nos e anima, e se esse paráclito é divino, nenhum pode dizer diante das exigências da fé e do Evangelho: 'Não posso' ou 'não sou capaz'. Sim, sem o Espírito Santo de Deus, nada podemos fazer. Mas com ele, podemos repetir convictamente a afirmação de São Paulo: "Tudo posso naquele que me sustenta" (Fl 4,13). Por isso minha oração pode chegar até Deus, anula-se a minha indignidade diante dos Sacramentos, e posso viver já neste mundo em comunhão com Deus.

O Espírito Santo será o revelador de Jesus. Se os Apóstolos, que escutavam de viva voz Jesus e caminhavam com ele, tiveram tanta dificuldade em compreender sua missão na terra e precisaram do Espírito Santo para terem a coragem de sair pelo mundo como testemunhas de Jesus, quanto mais nós e todos os cristãos ao longo dos tempos, que precisamos crer sem ver (Jo 20,29)! É o Espírito Santo que nos põe no seguimento de Jesus, abre nossos olhos e faz-nos crer "que Jesus é o Cristo, o Filho de Deus, e dá-nos a convicção de que nele temos a vida" (Jo 20,31).

TEMPO COMUM

2º DOMINGO DO TEMPO COMUM

1ª leitura: Is 62,1-5
Salmo: Sl 95
2ª leitura: 1Cor 12,4-11
Evangelho: Jo 2,1-11

Abrirei o céu e derramarei sobre vós bênçãos em abundância (Ml 3,10)

EU TE DESPOSAREI PARA SEMPRE NO DIREITO, NO AMOR, NA FIDELIDADE (Os 2,21)

Depois de havermos celebrado o Batismo no domingo passado, Jesus de Nazaré começa a sua vida pública. O Evangelista João o faz começar com uma alegre festa de núpcias. Além do fato histórico, há um grande símbolo. Para João, as bodas de Caná simbolizam as núpcias que o Verbo de Deus contraiu com a natureza humana, para nos associar a ele. O símbolo era conhecido. Mais vezes o Messias vinha figurado como um esposo. Bastaria pensar no Apocalipse, o último livro da Revelação bíblica, que termina com as núpcias do Cordeiro com a nova Jerusalém (Ap 19,7-9).

Também a primeira leitura de hoje (*Is* 62,1-5) compara o amor de Deus pela humanidade ao amor de esposo, e a aliança entre Deus e as criaturas humanas como um amor esponsalício, amor dialogante, cheio de alegria de ambas as partes.

Também o banquete, o vinho, os convidados são personagens do quadro messiânico pintado pelos profetas.

De uma festa familiar, em que se come e se bebe, o Evangelista consegue ver a realização de toda a missão de Jesus. João fala em primeiro *sinal*, palavra típica de seu Evangelho, que, às vezes, vem traduzido simplesmente como 'milagre'. Mas o conteúdo da palavra é bem maior: é como um dedo que aponta diretamente para a origem divina de Jesus e sua missão na terra. Por isso mesmo devemos ter a coragem de ir além da simples palavra ou do simples fato. Houve o casamento. Estiveram presentes Jesus, os discípulos e Maria. Faltou vinho. Houve a mudança da água em vinho. Por trás desses fatos há muito mais do que a realidade que eles nos contam. Já acenamos para o simbolismo do casamento. Vamos a outros significados.

Somos um só corpo com Cristo

O vinho era considerado uma bebida de imortalidade, a bebida do amor divino, a expressão da força de Deus, que penetra e inebria o coração das criaturas. O vinho lembrava de perto a divindade. A água, por sua vez, era considerada a matéria-prima da vida. Até hoje, aliás. Sempre foi considerada a primeira entre todas as necessidades essenciais das criaturas. A água, então, tornara-se símbolo da vida. Temos, portanto, dois símbolos: um, da vida divina, que se derrama sobre a humanidade; outro, da vida humana à espera da vida divina.

A missão de Jesus é fazer da água vinho, ou seja, divinizar a humanidade, fazer com que a criatura humana, apesar de sua fragilidade, participe da natureza divina (*2Pd* 1,4). O gesto de Jesus de transformar hoje a água em vinho é um retrato de toda a sua missão. E ele a cumpriu de maneira perfeita. A água não só virou vinho, mas vinho excelente, melhor do que o vinho anterior (v. 10). Havia santos no Antigo Testamento (recordemos Enoque, Abraão, Moisés, Elias, José do Egito, o profeta Isaías), que podiam ser comparados ao bom vinho. Mas, depois da passagem de Jesus pela terra, depois que ele desposou a humanidade, introduziu-a no lagar da Cruz redentora e se uniu a ela, a humanidade se transformou em

Cristo, porque "quem está em Cristo é criatura nova" (*2Cor* 5,17), e "Cristo será tudo em todos" (*Cl* 3,11), e todos formamos "um só corpo em Cristo" (*Rm* 12,5).

Superabundância da salvação

Havia várias localidades chamadas "Caná". João é claro em dizer que o milagre aconteceu em Caná da Galileia, distante uns 14km de Nazaré. Voltemos à água e ao vinho. Havia seis talhas de pedra. O Evangelista anota o pormenor 'de pedra', porque era a água reservada para as purificações legais, e os hebreus preferiam as de pedra às de terracota, porque essas nem sempre correspondiam às exigências legais da pureza. A quantidade de água, no texto original, vem em medidas gregas. Calculando por baixo, teríamos ao menos 500 litros de água, que foram transformados em vinho.

Temos aqui outro símbolo. Evidentemente que, em uma festa de casamento, em que todos já haviam bebido, não havia necessidade de 500 litros de vinho bom. O tempo messiânico sempre foi visto pelos profetas como um tempo de abundância, "um festim de vinhos velhos depurados" (*Is* 25,6) ou, na visão do profeta Joel, um tempo em que "das montanhas gotejará o vinho novo e das colinas escorrerá o leite" (*Jl* 4,18). Aquele, que nasceu pobre numa gruta à beira da estrada e morreu nu, pregado numa cruz, trouxe para a humanidade "graça sobre graça" (*Jo* 1,16). Deus sempre é superabundante; o homem é que estabelece limites, exatamente como acontece na vida prática: Deus cria os campos sem horizonte e o homem súbito lhes põe uma cerca.

Há duas palavras no evangelho de hoje, que levam muito mais longe do que Caná. A primeira é a palavra 'hora' (v. 4) e a segunda é a palavra 'glória' (v. 11). As duas se completam. Hora, aqui, não significa 60 minutos, não se relaciona à cronologia. 'Hora' é um termo típico da teologia do Evangelho de João. A hora de Jesus é sua glorificação. E essa hora lhe foi fixada pelo Pai do Céu: será o momento de sua morte na cruz. Com isso João quer insinuar que, desde o primeiro momento de sua vida pública, Jesus sabia que sua existência e sua missão eram um caminho que levava à paixão e morte. Paixão e morte que, depois de acontecidas, João contemplava como sendo um caminho de vitória e glorificação.

Eva substituída por Maria

Poder-se-ia perguntar por que Jesus chama sua mãe de 'mulher'. À primeira vista até parece desprezo. No linguajar grego popularizado, chamado *koiné*, bastante difuso na Palestina, era comum esse tratamento às senhoras. Mas, em João, o termo toma outro significado mais amplo. Lembremos que, também no Calvário, ao confiar sua Mãe a João, Jesus a chamou de 'mulher' (*Jo* 19,26). Lembremos que no Gênesis, no relato do pecado de Adão e Eva, o termo 'mulher' aparece sempre no lugar de 'Eva' (*Gn* 3). João estabelece subliminarmente um paralelo entre Eva e Maria, querendo dizer que, a partir do nascimento de Jesus, Eva foi substituída por Maria.

O nome 'Eva' significa 'mãe de todos os viventes' (*Gn* 3,20). A cena da entrega de Maria a João como mãe, quando, moribundo, prestes a expiar o pecado de Adão e Eva, Jesus recria o universo, para entregá-lo purificado ao Pai numa aliança eterna e definitiva, lembra muito a página do paraíso terrestre. Na nova aliança, Maria é a nova mãe de todos os que viverão pelo Cristo. Se as bodas de Caná, como dissemos, foram símbolo das núpcias de Cristo com a humanidade, a presença de Maria era imprescindível, exatamente em seu papel de nova Eva, para lembrar que a humanidade estava precisada de uma transformação.

Provavelmente, o diálogo entre Maria e Jesus terá sido mais longo. O Evangelista conservou três frases: o pedido introdutório de Maria, a frase inicial da resposta de Jesus e o conselho dado por Maria aos serventes. Se queremos que Jesus nos transforme de água para vinho, devemos fazer o que ele nos manda. Maria antecipa o que Jesus pediu muitas vezes e repetiu na Última Ceia: "Quem me ama me obedece, o Pai o amará e nós viremos e nele faremos nossa morada" (*Jo* 14,23). Esta é a meta mais alta da missão de Cristo na terra: a plena comunhão entre Deus e as criaturas humanas.

3º DOMINGO DO TEMPO COMUM

1ª leitura: Ne 8,2-4a.5-6.8-10
Salmo: Sl 18B
2ª leitura: 1Cor 12,12-30
ou 1Cor 12,12-14.27
Evangelho: Lc 1,1-4;4,14-21

Eu sou o Senhor e fora de mim não há Salvador! (Is 43,11)

COM A FORÇA DO ESPÍRITO SANTO
JESUS INICIA SUA MISSÃO SALVADORA

O Evangelho de hoje se compõe de dois trechos distintos. O primeiro é o prólogo do Evangelho de Lucas (vv. 1-4), em que o Evangelista garante a solidez histórica de suas fontes. O segundo (vv. 14-21) nos conta a primeira parte da chamada 'Perícope de Nazaré'. A segunda parte será lida no próximo domingo. No domingo passado, lemos o início da vida pública de Jesus, contado por João. A vida começava com um milagre que, sob símbolos, continha toda a missão de Jesus (*Jo* 2,1-12). Lucas não começa com um milagre, mas com uma pregação em que deixa claro que Jesus não age como um santo profeta humano, que fala em nome de Deus, mas como alguém que fala como Deus, "com a força do Espírito Santo" (v. 14).

Como durante esse Ano C leremos, sobretudo, o Evangelho de Lucas, convém lembrar que Lucas não foi Apóstolo e provavelmente não conheceu Jesus. Não era hebreu, mas um pagão convertido. Companheiro de Paulo em várias viagens. Paulo o chama "médico caríssimo" (*Cl* 4,14). Por isso Lucas é celebrado como padroeiro dos médicos. Mas não se sabe exatamente se Lucas era de fato médico. As lendas o fazem ter longos colóquios com a Mãe de Jesus e até o fazem pintor do rosto de Maria. Há pelo mundo vários quadros atribuídos a ele. Mas nada se sabe de certo.

Que Lucas é o autor do terceiro Evangelho (é certo que escreveu depois de Marcos) e dos Atos dos Apóstolos há confirmações desde o segundo século. Ele teria escrito entre os anos 70 e 90 e escreveu o Evangelho em grego, língua muito falada no mundo daquele tempo. Embora escrevendo para o povo, é dono de estilo caprichado e de forma narrativa muito bem tecida. Ainda que pagão, para ele tudo começa em Jerusalém (*Lc* 1,5) e tudo chega ao auge e se expande a partir de Jerusalém (*Lc* 24,52ss). Por isso mesmo mais da metade de seu Evangelho está montado como uma grande viagem de Jesus a Jerusalém (*Lc* 9,51-19,28).

Encontrar o perdido

Diz-nos Lucas que Jesus tinha o costume de frequentar, todos os sábados, a sinagoga (v. 16). É um dos traços fundamentais, segundo Lucas, de Jesus: um homem de oração. Essa característica de Jesus vem acentuada muitas vezes. Outra marca visível de Jesus, no Evangelho de Lucas, é a sua misericórdia. Para o Evangelista, Jesus é a encarnação da misericórdia divina, já anunciada no trecho de hoje (v. 18). Um terceiro traço, bastante forte e decisivo, é a universalidade da salvação trazida por Jesus. Ele não veio para um grupo de observantes da lei, de penitentes, de privilegiados. Veio para todos e para todas as categorias de pessoas. Ele é "a luz que ilumina (isto é: salva) todas as nações" (*Lc* 2,32). No Evangelho de Lucas, Jesus morre, abrindo as portas do céu a um ladrão arrependido (*Lc* 23, 42-43), porque viera "procurar e salvar o que estava perdido" (*Lc* 19,10).

No Evangelho de Lucas, a missão de Jesus se desenvolve dentro de uma grande normalidade: ele tem uma família, um emprego, tem amigos, adapta-se à geografia, à cultura e à sociedade locais e frequenta a sinagoga. Mas difere de todos, porque estava, desde o início, possuído pelo Espírito Santo.

Cheio da força do Espírito Santo

"Com a força do Espírito Santo" (v. 14). É o Espírito descido sobre ele na hora do Batismo (*Lc* 3,22) que o guia e ilumina suas palavras. Desde o início, desde o seio de sua mãe

Maria, Lucas mostra um Jesus cheio do Espírito Santo, ou seja, um Jesus divino: "O Espírito Santo descerá sobre ti e a força do Altíssimo te cobrirá com sua sombra" (*Lc* 1,35). Hoje Jesus começa sua vida pública, atribuindo a si mesmo o texto do profeta Isaías: "O Espírito do Senhor está sobre mim" (v. 18). Lucas liga o início da pregação com a ação do Espírito Santo. Para Lucas, a salvação trazida por Jesus se mostra como poderosa força do Espírito Santo, que opera nele. A mesma coisa dirá nos Atos: "Deus ungiu Jesus de Nazaré com o Espírito Santo e com seu poder, e ele andou fazendo o bem e curando todos os oprimidos pelo diabo, porque Deus estava com ele" (*At* 10,38).

Na palavra 'oprimidos' está a humanidade inteira, então desligada da comunhão com Deus. Hoje Lucas cita três categorias de pessoas 'oprimidas': os pobres, os presos e os cegos. Sabemos que essas três categorias de pessoas necessitadas, sempre presentes na esperança dos profetas, abarcam todos os oprimidos; tanto os pobres de bens materiais quanto os pobres de bens espirituais – pobreza, símbolo do nada que é a criatura; tanto os presos em cadeias de ferro quanto os presos pelas ilusões das três escravidões mais comuns: as ilusões do mundo, os prazeres da carne e as mentiras do diabo – prisão: símbolo do pecado; tanto os cegos do corpo, doença bastante comum entre os pobres, na Palestina, quanto os cegos da autossuficiência, que não se veem como criaturas, por isso não percebem a presença amorosa de um Deus Criador – cegueira: símbolo da incredulidade.

A libertação predita por Isaías não virá de um homem, ainda que santo. A criatura humana só se libertará e se curará depois de sujeitar-se à liberdade, trazida por Jesus, e à medicina, proposta por ele. Isso, porque Jesus de Nazaré não é um simples homem, mas se apresenta à humanidade "cheio da força do Espírito Santo". Lucas reforça a autoridade de Jesus, com três gestos: enrolou o livro, devolveu-o ao assistente e sentou-se. Agora já não seria mais o livro a dizer as coisas, mas ele, Jesus, o novo Mestre, e o faz como mestre, sentado, isto é, com toda a autoridade, porque não falava apenas com a força profética, mas com a força do "Espírito do Senhor que estava com ele".

Os olhos fixos em Jesus

Jesus não veio apenas para salvar almas. Jesus veio para salvar pessoas: alma e corpo. Tudo o que se refere à pessoa humana, tanto as coisas do corpo quanto os assuntos da alma, tem a ver com a salvação trazida por Jesus. Quando o Evangelista diz que "os olhos de todos se fixaram nele" (v. 20), refere-se aos olhos do corpo, sim, mas alude a toda a esperança que havia naquele povo. Esperança alimentada pelos profetas e pelos livros sapienciais. Esperança que jorrava dos salmos, que eles rezavam diariamente na espera do Salvador.

Mas esses 'olhos fixos em Jesus' estão a indicar, sobretudo, a atitude do verdadeiro discípulo, que deverá ser um contemplativo do rosto do Senhor, para que seus ouvidos possam escutar, possam reter e transformar em vida as palavras do Mestre. Também com as palavras de Jesus pode acontecer que "entrem por um ouvido e saiam pelo outro" (*Lc* 8,11-14).

Os profetas falavam sempre num 'amanhã'. Jesus começa a pregação, falando num 'hoje' (v. 21). Porque ele é a realização das esperanças do povo, ele é a realização das profecias. O *hoje* de Jesus não tem apenas um significado cronológico, mas significa o momento da salvação. Esse *hoje* aparece em outros momentos da vida pública de Jesus. A Zaqueu admirado e convertido Jesus diz: "*Hoje* a salvação entrou na tua casa" (*Lc* 19,9). Ao ladrão arrependido e pendente da cruz afirma: "*Hoje* estarás comigo no paraíso" (*Lc* 23,43). Jesus pode muito bem ser chamado 'o Hoje de Deus' ou 'o nosso hoje'.

4º DOMINGO DO TEMPO COMUM

1ª leitura: Jr 1,4-5.17-19
Salmo: Sl 70
2ª leitura: 1Cor 12,31-13,13
ou 1 Cor 13,4-13
Evangelho: Lc 4,21-30

Sois filhos de Deus pela fé em Cristo Jesus (Gl 3,26)

TODOS OS QUE O RECEBERAM TORNARAM-SE FILHOS DE DEUS

O Evangelho de hoje começa com a última frase do trecho lido no domingo passado. Vem assim acentuado o advérbio *hoje*, que, aqui, tem um sentido bem maior que o cronológico. Todas as expectativas do Antigo Testamento, todas as descrições esperançosas dos profetas se cumprem em Jesus de Nazaré. Ele se apresenta como aquele em quem se realizam todas as esperanças. Ele se apresenta como o Enviado de Deus, o Esperado, o Messias, a Salvação.

Esse Jesus se apresenta como pessoa humana, dentro de uma família, de uma pátria, de um contexto histórico-social. Antes de começar a descrever a vida pública de Jesus e sua doutrina, Lucas cuidou de mostrar a normalidade humana de Jesus de Nazaré, embora sempre deixando claro o mistério que o envolvia. O Evangelista João, com uma única frase, afirma as duas naturezas de Jesus: "O Verbo fez-se carne" (*Jo* 1,14). Por 'Verbo' se entende o Filho de Deus, igual ao Pai. Por 'carne' se entende não só o corpo, mas toda a condição da criatura humana, exceto o pecado (*Hb* 4,15). Sem dúvida: houve um 'rebaixamento', mas voluntário, da divindade. Assumir a humanidade significou um 'despojar-se' por parte do Filho de Deus da glória que possuía desde toda a eternidade (*Fl* 2,6-8). Esse despojar-se não significou que Jesus deixou algum instante de ser Deus. O Concílio de Calcedônia (451) expressou essa verdade com estas palavras: "Cristo deve ser reconhecido em duas naturezas, sem confusão, sem mudança, sem divisão, sem separação".

Por isso pôde dizer o Concílio Vaticano II: "O Filho de Deus trabalhou com mãos humanas, pensou com inteligência humana, agiu com vontade humana, amou com coração humano" *(Gaudium et Spes,* 22). Sendo "imagem do Deus invisível" *(Cl* 1,15), Jesus é o homem perfeito, que restituiu à criatura humana a semelhança divina, deformada desde o primeiro pecado. É fundamental ter essa clareza da pessoa de Jesus de Nazaré. Estamos diante de um mistério. Ou damos o passo e cremos, ou ficamos no nível das explicações humanas e acabamos na tentação de eliminá-lo. Esse desafio está no centro do trecho de Lucas, que lemos hoje.

**A fé implica
uma decisão**

Lucas hoje nos mostra a estrada da fé. O povo ouve a palavra cheia de graça de Jesus, fica maravilhado e fala bem dele (v. 22). Observe-se a expressão 'palavra cheia de graça'. Não são os milagres que nos dão a fé: ela provém da graça divina. Até esse ponto chegaram os nazarenos. Mas esse ponto é decisivo. A palavra 'decisão' vem do verbo latino 'decidere' que significa cortar. Para se fazer o passo da fé, necessariamente devemos cortar a autossuficiência. O autossuficiente não sente necessidade da fé e não tem condições para a graça da fé. É como a pedra dura em relação à semente.

Ouvir a palavra de Deus é bom, mas ainda não é fé. Maravilhar-se das coisas de Deus é bom, mas ainda não é fé. Falar bem de Deus é bom, mas ainda não é fé. Esse curto pedaço de estrada, prévio à fé, é-nos mostrado muitas vezes no Evangelho. O seguinte passo implica, necessariamente, uma decisão, isto é, um reconhecimento da insuficiência humana, mesmo para uma inteligência genial.

**Ver para além
do humano**

Meu *sim* a Jesus implica aceitar seu ensinamento e sua pessoa humana e divina como o caminho da minha vida, a vida do meu caminho e a verdade que fundamenta todos os meus passos (Jo 14,6). Quem decide não é a minha razão, porque a razão se dobra diante da fé. Meu *sim* implica assumir a cruz de cada dia e seguir atrás do Senhor (Lc 9,23), assumindo todas as consequências, inclusive a de morrer com ele (Jo 11,16). O meu *sim* implica não só seguir o mestre como um gênio humano, mas segui-lo como um Mestre que "desceu do céu" (Jo 6,38), por isso tem palavras de vida eterna (Jo 6,69). O meu *sim* implica uma vida tal que já "não sei, se sou eu que vivo nele, ou se é Cristo que vive em mim" (Gl 2,20).

Mas posso também dizer *não*. E foi o que disseram os nazarenos hoje. É o drama da criatura humana: ou aceita ou rejeita. Ao tender para o *não*, a criatura começa a procurar justificativas para a rejeição. E uma das mais aludidas é justamente o lado humano de Jesus. O que deveria ser motivo de confiança se torna raiz de desconfiança. "Não é este o filho de José?" (v. 22). Essa frase é dita em tom de desprezo. Marcos, ao contar a mesma cena, é ainda mais forte e põe na boca dos nazarenos a frase: "Não é ele o carpinteiro?" (Mc 6,3). Jesus era carpinteiro de profissão. Jesus era o filho legal de José. Mas era bem mais do que isso. E crer nesse 'bem mais' é absolutamente necessário para continuar na estrada da fé.

São muitos os que não conseguem ver para além do humano. Bastaria pensar no lado humano da Igreja, tão criticado. Não dar um salto por cima das realidades humanas da Igreja é comportar-se como os nazarenos no Evangelho de hoje. O lado humano da Igreja está dizendo que Deus entrou nessa realidade, como o Filho de Deus, assumiu a condição de homem, não para que tudo continuasse como antes, mas para que o humano, purificado por Jesus, entrasse a fazer parte do divino. A cena do Evangelho de hoje se repetiu tantas vezes na história! Hoje, Jesus, rejeitado em seu lado humano, foi conduzido para fora da cidade para ser eliminado. Quantas vezes a Igreja, exatamente por seu lado humano, foi perseguida de morte. Mas a Igreja é como Jesus: tem também um lado divino, por isso, passando no meio dos perseguidores, continua seu caminho (v. 30).

**Egoísmo:
obstáculo à fé**

Lucas apresenta mais outra razão para o *não* de tantos que ouvem, com simpatia, a palavra de Jesus e até falam bem dela, mas não conseguem dar o passo da fé. O *egoísmo* faz a pessoa preocupar-se, exclusivamente, com as coisas de seu interesse, que quer um Deus a serviço de suas necessidades e não admite que todos tenham os mesmos direitos à graça divina. Os nazarenos reclamaram que Jesus havia curado doentes e feito milagres fora de sua parentela e vizinhança. Se tinha o dom da cura, que curasse os doentes de sua terra! E se enfureceram, quando Jesus argumentou que também os profetas Elias (*1Rs* 17,7-24) e Eliseu (*2Rs* 5) fizeram milagres não aos israelitas, mas aos pagãos. Em outras palavras: Jesus viera para todos e quem quisesse 'segui-lo' deveria derrubar as muralhas dos guetos raciais, religiosos e de privilegiados.

Esse universalismo, essa abertura a todos contrariam o egoísmo humano. O que deveria trazer alegria e participação torna-se obstáculo à fé. Muitas vezes, em seu Evangelho, Lucas procura mostrar essa abertura universal, a todos e em todos os tempos, da salvação trazida por Jesus. Em outras palavras: nenhum povo, nenhum grupo, nenhuma religião se aproprie de Jesus de Nazaré!

Os nazarenos não conseguem matar Jesus. Ele passa pelo meio deles e continua sua estrada. Não é nem o demônio (*Lc* 4,9-11) nem os homens (v. 30) que marcam a hora da morte de Jesus, mas o Pai do Céu. E Jesus assumirá sua hora com o mesmo imenso amor com que assumiu a encarnação.

5º DOMINGO DO TEMPO COMUM

1ª leitura: Is 6,1-2a.3-8
Salmo: Sl 137
2ª leitura: 1Cor 15,1-11
ou 1Cor 15,3-8.11
Evangelho: Lc 5,1-11

A Palavra de Cristo permaneça em vós com toda a sua riqueza (Cl 3,16)

NA FORÇA DA PALAVRA DE CRISTO NASCE E CRESCE A COMUNIDADE

Ao começar escrever o seu Evangelho, Lucas afirma haver consultado as pessoas "que, desde o princípio, foram testemunhas oculares e ministros da Palavra" (*Lc* 1,2) e diz que, "depois de acurada pesquisa" (*Lc* 1,3), contou os fatos "de forma ordenada" (*Lc* 1,3). A Lucas não interessa tanto a ordem cronológica ou geográfica dos acontecimentos, mas uma certa ordem que aponta sempre para a mesma direção: Jerusalém, como o lugar da morte e ressurreição de Jesus, ou seja, o lugar do refazimento da aliança entre Deus e as criaturas. Observe-se que Lucas não era hebreu. Por isso a sua Jerusalém não olha para o passado de um povo, mas para o futuro de uma nova comunidade. Ele começa o seu Evangelho em Jerusalém, contando a visão de Zacarias, pai de João Batista, e termina em Jerusalém, fazendo Jesus subir aos céus 'perto de Betânia', ou seja, nos arredores de Jerusalém (*Lc* 24,50), com o pedido de Jesus de que "não se afastassem de Jerusalém" até a descida do Espírito Santo (*At* 1,4).

Além de escrever o seu Evangelho com os olhos voltados para uma nova Jerusalém, Lucas mostra como Jesus se distanciou da sinagoga dos hebreus. Até sua expulsão de Nazaré, Jesus costumava pregar nas sinagogas (*Lc* 4,15), mesmo porque, desde menino, "costumava frequentar a sinagoga" (*Lc* 4,16). Seu afastamento da sinagoga não significa rompimento, mas alargamento. A sinagoga era sectária, isto é, reservada aos observantes da lei de Moisés. Para Lucas, Jesus viera trazer uma mentalidade e uma espiritualidade universalista. Por isso mesmo faz Jesus abandonar a sinagoga e pregar nas praças, nas estradas, nas praias.

É o caso de hoje. O ambiente não é a sala quadrada entre quatro paredes da sinagoga, mas um ambiente onde estão presentes todos os elementos: a terra, o mar, o céu aberto, a multidão, os indivíduos com seus nomes, a pregação, o trabalho, o fracasso, a confiança, a abundância, a presença do Senhor, a presença do homem pecador, o medo, a admiração, o tempo presente e o futuro, a partilha do trabalho apostólico e a derrota de Satanás. Esta última está presente, porque, na mentalidade do povo, os demônios moravam no fundo das águas do mar. Jesus não só prega sobre as ondas, isto é, sentado com poder sobre os demônios, mas faz a pesca milagrosa, mostrando poder também nas profundezas, onde apenas chegava a fantasia popular.

A barca que virou Igreja

O episódio de hoje, com a pesca, só é contado por Lucas. Há uma evidente vontade de salientar as duas duplas de irmãos, Pedro e André, Tiago e João, que tiveram grande influência nas comunidades primitivas da Igreja. E, entre os quatro, Lucas destaca a figura de Pedro. Primeiro, faz Jesus escolher a barca de Pedro para a pregação. À altura em que Lucas escreveu o Evangelho, não havia dúvida de que a barca de Pedro simbolizava a Igreja, a cuja chefia fora conduzido o pescador da Galileia.

Depois, faz Pedro lançar as suas redes para a pesca superabundante. E, não por último, mostra, em Pedro ajoelhado diante do Senhor, uma qualidade essencial ao discípulo de Jesus: a humildade, o reconhecimento da própria pequenez.

Confiança incondicional

Lucas diz que Jesus pregava a Palavra de Deus (v. 1) e que o povo viera em massa para junto de Jesus para escutá-la.

Por um lado, essa Palavra deve pervadir tudo e todos e ser escutada por todos em todo lugar. Por outro lado, essa Palavra é o próprio Jesus. Ele, por iniciativa própria, escolheu alguns para participarem de sua missão. Foram os seus discípulos, associados ao seu destino. Note-se que Lucas emprega até a palavra 'sócio' dentro do contexto (v. 10). Para esses sócios, Lucas cunha uma expressão programática e a põe na boca de Jesus: serão "pescadores de homens" (v. 10). Eles eram pescadores. Puseram sua experiência humana a serviço de uma missão divina, como Jesus pusera sua divindade a serviço de uma missão terrena.

Para serem 'pescadores de homens', isto é, para serem seus Apóstolos, Jesus não lhes pediu nem ciência nem jeito nem santidade prévia. Mas duas condições. A primeira: uma confiança incondicional em Jesus. Pedro era mestre em pesca e sabia que, se não haviam pescado durante a noite, não seria agora de dia que as redes se encheriam de peixe. Mas confiou na palavra de Jesus. Observe-se de novo a presença da 'palavra': "sob tua palavra, lançarei as redes!" (v. 5). Pedro não negou sua experiência pessoal, mas foi além dela e confiou no Senhor. Essa confiança em Jesus, sempre e em todas as circunstâncias, é uma qualidade essencial do apóstolo.

Na Carta Apostólica *Novo Millennio Ineunte*, uma carta programática que escreveu ao término do Jubileu de 2000, o Papa chamou a atenção para o perigo de os cristãos confiarem mais na própria experiência e nas técnicas de convencimento do que no Senhor: "Há uma tentação que sempre insidia qualquer caminho espiritual e também o trabalho pastoral: pensar que os resultados dependem da nossa capacidade de agir e de programar. É certo que Deus nos pede uma real colaboração com a sua graça, convidando-nos a usar todos os recursos da inteligência e da ação, mas não podemos, de jeito nenhum, esquecer que *sem Cristo nada podemos fazer (Jo 15,5)*" (n. 38).

Ajoelhado diante do Senhor

A segunda condição a encontramos em Pedro, ajoelhado diante do Senhor, reconhecendo sua pequenez, sua quase nulidade, seu estado de pecador (v. 8). Se a primeira condição tocou na "autossuficiência", a segunda toca no orgulho. Autossuficiência e orgulho inutilizam qualquer atividade apostólica. Em outras palavras: o apóstolo terá sempre consciência de que a seara não lhe pertence, mas que nela é trabalhador vocacionado. São Paulo conseguiu dizer isso muito bem na primeira Carta aos Coríntios: "Tanto Apolo quanto eu somos ministros de Deus e à medida que Deus nos deu a cada um. Eu plantei. Apolo regou. Mas quem deu o crescimento foi Deus. Nem o que plantou é alguma coisa nem o que regou, mas sim Deus. Nós somos meros cooperadores de Deus" (*1Cor* 3,6-9).

Essa humildade de reconhecer-se, apesar da inteligência, do jeito e da experiência, mero cooperador de Deus, é também condição fundamental para o verdadeiro apostolado. O apóstolo é um prolongamento de Jesus. A Palavra pertence a Jesus, mesmo quando pronunciada pelo apóstolo. As mãos eram de Pedro, as redes eram de Pedro, a barca era de Pedro, o trabalho foi de Pedro, mas o milagre foi e é de Jesus.

Ligado a essa humildade e dependência, está o espírito de colaboração. Podendo, Jesus não quis trabalhar sozinho. Chamou os Apóstolos. Pedro e André pediram ajuda a Tiago e João (v. 7) para recolher os peixes. São ao menos dez mãos que trabalham no episódio de hoje. A Igreja é, por excelência, uma comunidade. São Paulo a compara a um corpo, cujos membros devem ajudar-se harmoniosamente (*1Cor* 12,12-31). Quem dá vida a essa comunidade, quem lhe permite movimentar-se coordenadamente é o Espírito Santo, que agiu em Cristo Jesus.

6º DOMINGO DO TEMPO COMUM

1ª leitura: Jr 17,5-8
Salmo: Sl 1,1-2.3.4.6
2ª leitura: 1Cor 15,12.16-20
Evangelho: Lc 6,17.20-26

Felizes somos nós, porque nos foi revelado
o que agrada a Deus! (Br 4,4)

POBRE-RICO, FAMINTO-FARTO, TRISTE-SORRIDENTE, DESPREZADO-APLAUDIDO

O Evangelho de hoje nos conta, na versão de Lucas, o Sermão das Bem-aventuranças. Quase sempre esse sermão é lido na versão de Mateus, que tem quatro Bem-aventuranças a mais e não tem as quatro maldições, trazidas por Lucas.

Esse sermão é conhecido como 'Sermão da Montanha', porque Mateus conta o sermão como feito sobre um monte. Lucas diz, expressamente, que Jesus descera do monte e parara num lugar plano e lá fizera o sermão (v. 17). À primeira vista, parece uma contradição. Mas não é. Mateus, escrevendo para hebreus, tem interesse, ao longo de todo o seu Evangelho, de mostrar que Jesus é o novo Moisés e maior que Moisés, o novo Legislador de uma Lei mais perfeita. Ao compor o Evangelho, viu no sermão das Bem-aventuranças uma repetição do Monte Sinai (*Êx* 20). Lá no Monte Sinai, Deus decretara e dera os Dez Mandamentos. Aqui, nas Bem-aventuranças, Cristo, o Filho de Deus, decreta e dá os rumos novos da humanidade. De fato, as duas cenas se aproximam muito. Compreende-se que Mateus tenha feito Jesus falar no alto do monte e apenas aos Apóstolos, já que, no Sinai, Deus se havia manifestado só a Moisés e a um grupo de anciãos (*Êx* 24,9).

Lucas, que não era judeu nem tinha mentalidade judaica, e que em seu Evangelho, propositadamente, passa por cima de costumes e questões de tradição judaica, não tem a menor dificuldade em fazer Jesus falar na planície e no meio de grande multidão, vinda da capital, do interior, do litoral e de terras pagãs (v. 17). Lucas, sempre de novo, extravasa os círculos hebreus. Não há, portanto, contradição entre Mateus e Lucas, apenas uma adaptação da moldura geográfica, para melhor destacar as teses que cada um deles sustentava para melhor fazer passar a mensagem genuína de Jesus aos diferentes públicos para quem escreviam. De qualquer forma, a montanha está presente também em Lucas, porque Jesus prega "ao descer do monte" (v. 17), acompanhado dos 12 Apóstolos, que ele acabara de escolher (Lc 6,12-16).

Todos, na multidão, procuravam tocá-lo

É pena que a Liturgia deixou fora os versículos 18 e 19. Vejo-os muito ligados às Bem-aventuranças. No versículo 18, diz-se que o povo tinha vindo "para ouvir Jesus e ser curado das enfermidades". Uma afirmação de sabor profético, porque os profetas sempre punham a cura de todas as enfermidades entre os sinais dos tempos messiânicos. E Jesus mostrou concretamente a realização desses sinais. E as Bem-aventuranças têm referência a eles.

O versículo 19, também saltado, diz que "a multidão procurava tocá-lo, porque dele saía uma força que sarava a todos". Tocar o Senhor, ser curado pelo Senhor é o auge da Bem-aventurança, é a vivência da felicidade. Quem experimentou isso foi Tomé, depois da Ressurreição de Jesus, quando lhe tocou as mãos e o lado (Jo 20,27). É verdade que Jesus declarou feliz quem nele cresse, mesmo sem tocá-lo nem vê-lo (Jo 20,29). Mas não há como negar que a maior bem-aventurança é entrar em plena comunhão com ele, estar inserido nele, como o ramo na videira (Jo 15,5-7).

Pobreza e misericórdia

Tanto em Mateus quanto em Lucas, embora Jesus esteja cercado de "multidão de povo" (Mt 5,1 e Lc 6,17), as Bem-aventuranças são ditas aos discípulos (Mt 5,1-2 e Lc 6,20). Houve quem quisesse ver com isso as Bem-aventuranças como um privilégio para poucos. É verdade que poucos chegam a compreender e viver em plenitude as Bem-aventuranças. Mas elas são para todos. Os discípulos são para Jesus as futuras colunas da Igreja, os mestres que deverão continuar a proclamar as Bem-aventuranças. Tanto que ambos os Evangelistas não usam o tempo passado 'ensinou', 'disse', mas o imperfeito, que é um tempo que significa continuidade 'ensinava', 'dizia'. Em grego a diferença é muito clara. O ensinamento das Bem-aventuranças é coisa que deve sempre de novo ser repetida e sempre de novo ser posta em prática. Os Apóstolos, os 12 e todos aqueles que entraram sucessivamente em seu lugar, têm como uma de suas maiores obrigações proclamar as Bem-aventuranças, tais como as proclamou Jesus.

Antes e depois de Jesus, houve muitos que proclamaram outras bem-aventuranças. Por exemplo, a psicologia moderna põe a felicidade no ter, na autossuficiência, no sucesso, na autorrealização, no uso da tecnologia. Observe-se como na língua mais falada no mundo comercial e político, a inglesa, o verbo *ter* pode substituir inúmeros outros verbos. Certamente não por razões linguísticas, mas psicológicas: o ter pretende comandar a realização humana. O ter é um valor supervalorizado pelo mundo. E é exatamente sobre o *ter* que Jesus lança a mão e o pulveriza com maldição.

Isso para escândalo de muitos, inclusive de gente piedosa. No Antigo Testamento, o ter significava *bênção* divina. Quanto mais riqueza alguém possuísse tanto mais abençoado se julgava. Ser pobre significava ser desprezado por Deus. E certamente Deus não desprezaria ninguém que não fosse pecador. A dedução era rápida: pobre necessariamente era pecador, ainda que nenhuma mancha lhe pesasse na consciência. Jesus encontrou uma multidão desses pobres, famintos, tristes e odiados. E como ele viera para os últimos da sociedade, ele tomou sua defesa. Mateus, escrevendo para hebreus, suavizou a citação da pobreza, falando em "pobres de espírito" (*Mt* 5,3). Os pobres de Lucas são os indigentes, os que não têm o que comer, os que não têm casa, os que não têm ninguém por eles. Mas as Bem-aventuranças não olham especificamente para uma solução social, político-econômica, mas para a misericórdia de Deus, que ultrapassa as realidades terrenas.

Um Evangelho
voltado para os pobres

Na verdade, as quatro Bem-aventuranças e as quatro maldições giram em torno de uma única situação: a pobreza. É pobre o triste como é pobre o desprezado. Lucas contrapõe exatamente as Bem-aventuranças e as maldições: pobre-rico, faminto-farto, triste-sorridente, odiado-aplaudido, dando com isso uma concretude estupenda às palavras de Jesus. E mais: usa a segunda pessoa do plural, enquanto Mateus usa a terceira, que é indefinida. Usando a segunda pessoa, pode-se imaginar o dedo em riste, apontando para a multidão, apontando para cada um de seus ouvintes. E Jesus tinha autoridade para fazê-lo não só por ser o Mestre e Senhor (Jo 13,14), mas também porque ele, antes de ensiná-las, viveu as Bem-aventuranças.

O Evangelho de Lucas olha muito para os pobres e marginalizados. Antes da Bem-aventurança de hoje, já falara dos pastores de Belém (Lc 2,10), categoria de pecadores e marginalizados, que tiveram o privilégio de ver o Senhor recém-nascido; ver o leproso curado (Lc 5,12-14), outra categoria considerada amaldiçoada por Deus; ver o paralítico curado (Lc 3,18-25), um tipo de pessoa que a Lei excluía do oferecimento de sacrifícios no templo. As Bem-aventuranças ensinadas hoje são coerentes com o programa traçado por Jesus na sinagoga de Nazaré, ao começar sua vida pública (Lc 4,18).

7º DOMINGO DO TEMPO COMUM

1ª leitura: 1Sm 26,2.7-9.12-13.22-23
Salmo: Sl 102
2ª leitura: 1Cor 15,45-49
Evangelho: Lc 6,27-38

*O Senhor perdoa todas as tuas culpas
e te coroa de misericórdia (Sl 103,3-4)*

O CRISTÃO PRECISA EDUCAR-SE PARA A GRATUIDADE DO AMOR E DO PERDÃO

O Evangelho de hoje está dentro do contexto do sermão da planície, isto é, continua o trecho do domingo passado. Se as Bem-aventuranças e os ais, que lemos no domingo passado (*Lc* 6,17.20-26), formam a primeira parte, o trecho de hoje compõe a segunda (*Lc* 6,27-38), e o de domingo que vem constitui a terceira parte (*Lc* 6,39-45). A página de hoje traz uma das mais importantes lições do Novo Testamento: devemos amar a todos como Deus a todos ama indistintamente. E Jesus toma um exemplo extremo: o amor aos inimigos. Poderia também ter dado outros exemplos. Não é raro Jesus dar o exemplo mais difícil para chamar a atenção para a grandeza do assunto que está tratando.

Podemos ver o texto de hoje como uma hélice que, necessariamente, tem duas asas. Numa podemos pôr a pergunta: *O que fazer?* Na outra, a pergunta: *Por que fazer?* No trecho de hoje, o *que fazer* vem expresso pela frase: "Amai os vossos inimigos", que Jesus desenvolve, como bom catequista, mostrando alguns lados práticos desse amor: fazer-lhe o bem, rezar por ele, não julgá-lo.

Na outra asa da hélice, na asa do *por quê?*, Jesus supera todas as razões humanas e fornece uma teológica, a mais profunda e talvez única razão aceitável: porque esse é o comportamento do Pai do Céu. E nós devemos ter o Pai do Céu como modelo de nossas atitudes com os nossos irmãos. Nesse momento, Jesus distancia-se largamente da teologia do Antigo Testamento: a boa qualidade que distingue os componentes da nova família de Deus não é a observância perfeita da Lei, mas o amor gratuito ao próximo. Estamos, portanto, diante de um tema central do Novo Testamento.

A coragem de ir
além do humano

Não precisamos pensar em inimigos de guerra. Todos temos experiência de gente que não é nossa amiga. A expressão de Jesus: 'amar os inimigos' pode ser substituída pelo verbo 'perdoar'. A experiência de perdoar e não perdoar todos a temos. Perdoar é mais que esquecimento, é mais que 'deixa pra lá'. Veja-se que em *perdoar* está contido o verbo *doar* e a partícula *per*. Esta significa inteiramente, de ponta a ponta. Tem gente que pensa que é mais fácil perdoar, quando nos distanciamos do inimigo ou da ofensa recebida. Isso pode significar esquecimento, mas não é perdão. O perdão implica o doar uma parte de mim mesmo, talvez a parte da verdade, talvez a parte da minha vaidade ferida, talvez a parte da minha honra desgastada, talvez a parte dos meus bens roubados, mas, sobretudo, a doação do meu amor fraterno. E isso *per*, isto é, com todo o coração, sem fingimento, sem nada querer em troca, sem nenhuma condição.

O perdão não é instintivo. Perdoar não é coisa natural. Se alguém me fez o mal, minha natureza desperta a antipatia, o distanciamento, a rotura. Jesus sabia isso. O perdão não ignora a realidade humana. O que Jesus pede é que se tenha a coragem de ir além do modo comum de perceber e vivenciar, seja psicológico, seja sociológico. Aliás, o Cristianismo, de per si, é um passo à frente da realidade corriqueira, um ir além do senso comum, que pode exigir-nos sacrifícios, mudança de mentalidade, correção de metas e rotas. Jesus chamou a tudo isso de 'conversão'.

Por que devemos
amar os inimigos?

Não há muitas razões humanas que apoiam o amor aos inimigos ou o perdão das ofensas. Jesus, hoje, dá-nos uma razão teológica, ao dizer-nos: "Sede misericordiosos como o vosso Pai é misericordioso" (v. 36). Devemos abrir nosso coração aos outros, bons e maus, porque esse é o comportamento do Pai. Deus perdoa sempre e a todos, sem pôr um *mas* ou um *se*. Deus perdoa sem condições. Nós devemos amar os inimigos e perdoar-lhes sempre, porque Deus é magnânimo e generoso sem limites. É comum a gente esperar primeiro que o adversário dê sinais de arrependimento ou de algum achegamento. Mas não é esse o caminho ensinado por Jesus. Devemos amar o inimigo, independentemente, de seu arrependimento ou da reparação que ele possa fazer.

No Antigo Testamento, muitas vezes, aparece um Deus vingativo. É que os homens, pouco sabendo de Deus, mediam Deus com medidas humanas. Jesus, conhecendo perfeitamente a imagem do Pai, mostra-nos uma face inteiramente diferente e inverte as coisas: quer que nós meçamos o comportamento humano com a medida do comportamento de Deus. A força do perdão, repitamos, como outras qualidades cristãs, não é inata ou instintiva. Por isso mesmo, o cristão deve educar-se para o perdão, para dar e para receber o perdão. E educar-se para o amor, para amar gratuitamente como Cristo-Deus nos amou e ama (*Jo* 13,34).

Há um longo caminho a fazer. Observem-se algumas frases que são continuamente repetidas e que não são evangélicas: "Eu tenho obrigação de cuidar dos meus direitos!"; "É estúpido quem se deixa explorar pelos outros!"; "Não há escolha: ou Você está por cima ou Você está por baixo: prefiro estar por cima!"; "Que adianta uma atitude generosa e heroica de minha parte, se toda a estrutura do mundo favorece os criminosos?"; "Vivemos um permanente estado de violência, em que a injustiça é confundida com a ordem, e os que têm o poder confundem a própria segurança com a paz!" Poderíamos trazer outras frases. Não há dúvida de que cada uma das frases citadas tem pontos de verdade. Mas elas refletem o modo humano de pensar. Cristo não eliminou o mundo velho e suas ambiguidades. Mas pediu que, no meio das realidades do mundo, os cristãos vivessem numa mentalidade nova, fundamentada não no instinto humano, mas no comportamento de Deus revelado por ele. Sempre de novo temos que recorrer à asa da hélice que nos responde ao *por quê*, para podermos alçar voo.

Aprender
de Jesus

Se Cristo nos pede ir além do instinto humano e sermos misericordiosos para com todos, amigos e inimigos, é porque Deus é misericordioso. O Evangelho de Lucas procura mostrar Jesus como sendo a encarnação da misericórdia divina, escolhendo como Apóstolos gente, cuja profissão os fazia ser considerados pecadores (*Lc* 5,11), indo à casa de pecadores (*Lc* 19,5-7), saindo à procura da ovelha perdida (*Lc* 15,1-7), recebendo o filho prostituído, que retorna (*Lc* 15,20), deixando-se lavar os pés pela Madalena (*Lc* 7,37-38), contando a parábola do bom samaritano (*Lc* 10,30-37), ressuscitando o filho único da viúva de Naim (*Lc* 7,11-16), perdoando a um dos ladrões na Cruz (*Lc* 23,43). Para o cristão vale a recomendação de Jesus: "Vai e faze tu o mesmo" (*Lc* 10,37).

Se Cristo nos pede amar os inimigos, abençoar os que nos maldizem e rezar pelos que nos maltratam, é porque ele agiu assim, dando-nos um exemplo muito palpável. Bastaria lembrar seu comportamento no Calvário. Aos que o traíram, caluniaram, açoitaram, condenaram, crucificaram e se puseram debaixo da Cruz com zombarias e desprezo, Jesus disse: "Pai, perdoai-lhes, porque não sabem o que fazem!" (*Lc* 23,34). Parafraseando a frase de São Paulo: "Onde abundou o pecado, superabundou a graça" (*Rm* 5,20), podemos dizer: "Onde abundou a ofensa, superabundou o perdão". O ensinamento do Evangelho de hoje vai muito além de uma lição moral. Trata-se dos fundamentos do Cristianismo.

8º DOMINGO DO TEMPO COMUM

1ª leitura: Eclo 27,5-8
Salmo: Sl 91
2ª leitura: 1Cor 15,54-58
Evangelho: Lc 6,39-45

Tu, quem és tu, para julgares teu próximo? (Tg 4,12)

QUEM SE JULGA JUSTO SEMPRE DESPREZA OS OUTROS

Estamos ainda no sermão da planície. Na primeira parte, vimos as Bem-aventuranças acompanhadas dos respectivos 'ais'. Na segunda parte, que lemos no domingo passado, vimos que devemos amar como Deus ama e amar porque Deus ama. Hoje, lemos uma parte da conclusão do sermão, que consta de três comparações, que Lucas chama de "parábolas" (v. 39). A outra parte que não lemos hoje é a parábola da casa edificada sobre a rocha comparada à casa construída sobre a areia, símbolos de quem ouviu o sermão da planície e o põe em prática, ou ouviu e não o leva em consideração no seu comportamento diário.

Duas parábolas têm como comparação o *olho* e a terceira fala da árvore. Jesus deve ter-se demorado em contar e explicar as parábolas do olho e da árvore. Lucas guardou apenas o essencial, que deve ser lido à luz dos textos anteriores. Duas comparações, aliás, que Jesus usou, muitas vezes, nas suas pregações (sobre o olho, veja-se, por exemplo, para só citar um Evangelista: *Mt* 6,22; *Mt* 9,29-30; *Mt* 13,15-16; *Mt* 18,9; *Mt* 20,15. E sobre a árvore, ainda em Mateus: *Mt* 7,12; *Mt* 12,33; *Mt* 13,32; *Mt* 21,8; *Mt* 24,32).

As catequeses de Jesus se caracterizam por comparações com coisas e fatos conhecidos de todos os seus ouvintes. Se fala à beira do lago, compara o Reino dos Céus à rede de pescar (*Mt* 13,47-48). Se está no campo, compara o Reino a uma sementeira (*Mt* 13,24-30). Se está em lugar ermo, compara-o a um rebanho ou a um redil (*Jo* 10,1-17). Se está cercado de mulheres, compara-o ao fermento que leveda o pão (*Mt* 13,33). Para o povo, o olho é a janela da alma (em linguajar bíblico, dir-se-ia 'do coração'), tanto que o povo fala em 'olho ganancioso', 'olho comprido', 'olho malicioso', 'olho mau', 'olho vingativo'. Jesus se aproveitou bem da figura nesse campo moral.

Olhar com os olhos do Mestre

O primeiro 'olho' está ligado ao que vem dito antes e ao que vem dito depois. Antes, Jesus ensinara: não julgueis, não condeneis, absolvei, dai (*Lc* 6,37-38). Dois verbos em forma negativa e dois em forma positiva. Ao 'julgar' corresponde o 'absolver'. Ao 'condenar' corresponde o 'dar'. O que vem depois (v. 40) diz respeito ao discípulo que deve ser como o mestre. A lição de Jesus: olhar Jesus, reconhecê-lo como Mestre e modelo, contemplar a sua misericórdia, que é encarnação da Misericórdia do Pai celeste. Olhando Jesus, nosso olho se ilumina. Como não lembrar, nesse contexto de perdão misericordioso, a todos, incluindo os inimigos, a passagem de João: "Quem ama o irmão está na luz e não é pedra de tropeço. Quem não ama o irmão está nas trevas e anda nas trevas sem saber para onde ir, porque as trevas lhe cegaram os olhos" (*1Jo* 2,10-11)?

Se olharmos com os olhos do Mestre, aprenderemos com ele a não julgar ninguém nem mesmo aqueles que com toda evidência são culpados, como foi o caso dos carrascos no Calvário (*Lc* 23,34). Aprenderemos a não condenar ninguém, nem mesmo a adúltera pega em flagrante (*Jo* 8,3-11). O dever do discípulo é ser perfeito como o mestre, é ver pessoas e fatos com os olhos de Jesus-misericórdia.

A trave e o cisco

O segundo 'olho', aquele que pode carregar dentro de si perigosamente uma trave, põe o dedo num grande desafio humano: o desejo de poder, de ser superior, de dominar, de julgar todo o mundo segundo os pontos de vista pessoais. Normalmente, pensamos em nossos defeitos como 'cisco' e até como 'cisquinho' e os defeitos dos outros como 'traves'. Jesus inverte por inteiro essa falsa 'normalidade'. O pano de fundo continuam os quatro verbos: não julgar, não condenar, absolver e dar. Ou seja, pisamos o chão da misericórdia, característica do Cristianismo. E pela misericórdia cristã ninguém é juiz de seu irmão.

O Cristianismo é, essencialmente, uma comunidade de gente santa e pecadora. Não importa que no meu olho esteja uma trave ou uma palhinha. Trave e palhinha ofuscam a limpidez do meu olhar. Só Cristo tem os olhos límpidos. Só ele pode julgar. E a vida de Jesus está cheia de gestos de grande generosidade, ternura e misericórdia. Se me lembro de que nenhum olho é límpido, isso faz sentir-me membro compassivo e compreensivo de uma comunidade marcada pela fragilidade, em que posso exercer a todo momento minha compreensão, dar e receber, redar e tornar a receber o perdão. Observe-se como Jesus acentua, repetindo quatro vezes, a palavra 'irmão' nesse contexto (vv. 41 e 42). Ser discípulo de Jesus é entrar numa fraternidade, ou seja, numa dimensão em que ninguém é superior, ninguém é inferior, portanto, ninguém é juiz do outro, mas todos irmãos (*Mt* 23,8), porque todos são filhos iguais do mesmo Pai do Céu (*Mt* 23,9).

A trave e o cisco não são um determinado pecado grande e um pecadinho. Eles significam uma atitude nossa de sempre nos justificarmos, quando olhamos para nós; de sempre achar que os outros são os culpados pelas coisas erradas que acontecem. Vem espontânea à lembrança a parábola do fariseu e do publicano, contada por Jesus "para alguns, que confiavam em si mesmos, tendo-se por justos e desprezando os outros" (*Lc* 18,9). Essa presunção vira facilmente hipocrisia, pecado lembrado por Jesus no Evangelho de hoje (v. 42). Hipocrisia aqui, talvez, não signifique o ocultamento propositado da verdade, aparentando uma coisa e sendo outra, mas o julgamento destorcido que não permite ver com clareza a verdade, e isso por não estar o olho límpido.

Enraizados em Cristo

A última comparação é a da árvore e os frutos. Os frutos são o critério mais seguro da qualidade da árvore. De certa maneira, a comparação é parecida à do olho. O olho expressa os sentimentos do coração, ou seja, tem as raízes no coração. A árvore tem as raízes plantadas na terra. Coração e raízes não se veem. Mas conhecemos sua qualidade pelo que aparece. Se nosso coração e nossa terra são a pessoa de Jesus, nosso olho será límpido, um olho que compreende e se compadece, que perdoa sempre e sempre encontra razões para amar. Se a árvore de nossa vida tem as raízes em Cristo, seus frutos serão de misericórdia, caridade e ternura. Disse-o lindamente São Paulo: "Permanecei enraizados e consolidados no amor de Cristo para que sejais cheios de toda a plenitude de Deus" (*Ef* 3,17.19).

O último versículo do Evangelho de hoje (v. 45) faz sair do coração toda a maldade e todas as coisas boas. Jesus não nega a existência de coisas más e boas fora da criatura humana. Mas as coisas tomam bondade ou maldade moral no nosso coração. Em outro momento, Jesus voltou ao mesmo assunto, quando afirmou: "Não é o que entra pela boca que torna o homem impuro, mas o que sai da boca. O que sai da boca provém do coração e isso torna impuro o homem, porque do coração provêm os maus pensamentos, os homicídios, os adultérios, a prostituição, os roubos, os falsos testemunhos e as blasfêmias" (*Mt* 15,11.18-19). Nesse contexto, Jesus fala também em árvore a ser arrancada e em cegos que guiam cegos (*Mt* 15,13-14). O olho espelha o coração. A árvore se conhece pelos frutos.

9º DOMINGO DO TEMPO COMUM

1ª leitura: 1Rs 8,41-43
Salmo: Sl 116
2ª leitura: Gl 1,1-2.6-10
Evangelho: Lc 7,1-10

Que há de mais luminoso que o sol?
No entanto, também ele se eclipsa (Eclo 17,31)

JESUS NÃO EXPLICA A DOENÇA, MAS DE TODOS OS DOENTES EXIGE FÉ

No chamado sermão da planície, Lucas acentua muito a misericórdia de Deus, que deve ser imitada pelos discípulos de Jesus a ponto de amar todos os inimigos. Na teologia dos hebreus, no tempo de Jesus, os estrangeiros e os que estivessem a serviço de estrangeiros eram considerados 'pecadores', portanto na categoria dos que deviam ser evitados e com quem não se devia manter relações de amizade e convivência. O Antigo Testamento, quando fala de pessoas discriminadas pela sociedade e desprotegidas, menciona sempre os órfãos, as viúvas e os estrangeiros. No seu Evangelho, a todo momento, Lucas procura desfazer essa mentalidade. Hoje temos um belo exemplo.

Também no mesmo sermão vêm ressaltadas a confiança e a fé que o discípulo deve ter no mestre, no caso, em Jesus. Fé e confiança que devem estar radicadas na humildade, isto é, na convicção de que, como simples criaturas, nada podemos, mas que, com Jesus, tudo é possível (*Jo* 15,5). Essa é outra grande lição do texto que lemos neste domingo.

Lucas procura sempre mostrar o lado universalista da salvação trazida por Jesus. Que o Salvador, quando viesse, curaria toda espécie de enfermidades, todos esperavam; mas que também favorecesse os pagãos, era novidade. Jesus veio para todos, ainda que tenha permanecido quase só nos confins da Palestina e falasse, sobretudo, ao povo hebreu e quase sempre em linguagem embebida dos autores sagrados dos hebreus. Lucas escreve para comunidades gentio-cristãs e não perde ocasião de dizer que a mensagem de Jesus pertence a todos "até os confins da terra" (*At* 1,8).

Senhor, não sou digno

No trecho que lemos hoje, entra em cena um oficial pagão, um empregado doente, os líderes da comunidade israelita e Jesus. Um grupo verdadeiramente 'ecumênico'. O episódio acontece em Cafarnaum, cidade que Jesus conhecia bem, porque nela havia morado (*Mt* 4,13). Em certo momento, Mateus – que era cobrador de impostos em Cafarnaum – até chama de 'sua cidade', referindo-se a Jesus chegando a Cafarnaum (*Mt* 9,1).

Os anciãos do povo representam o lado bom e sadio dos israelitas; o oficial, o lado piedoso dos pagãos; o doente é a criatura humana que confia no poder divino de Jesus, que veio trazer a vida verdadeira (*Jo* 10,10) a todos que o aceitarem (*Jo* 6,47). A Igreja repete até hoje, na hora em que o Cristo eucarístico se aproxima de nós na Missa, as palavras de fé e humildade do oficial pagão: "Senhor, eu não sou digno de que entres em minha casa". O Cristo, que hoje cura um empregado, é o mesmo que vem a nós na Eucaristia como medicina e garantia de vida eterna (*Jo* 6,51).

O oficial pertencia, provavelmente, à guarnição militar de Herodes Antipas, sediada em Cafarnaum, cidade à beira do lago de Genesaré e fronteiriça entre a Galileia (governada então por Herodes Antipas) e a Itureia e Traconítides (governada por Herodes Felipe, meio-irmão de Antipas). Pela apresentação que do oficial fazem os anciãos hebreus, ele devia ser, apesar de pagão, um homem piedoso, que respeitava o Deus único dos israelitas. Tanto que construíra para eles uma sinagoga (v. 5).

Sentimentos de fé e humildade

Os anciãos, líderes da comunidade, reconheceram que Jesus tinha um poder superior de curar. Mas ainda pensavam egoisticamente que esse poder, se era divino, devia ser exercido apenas em benefício dos hebreus, o povo eleito de Deus. Sendo, porém, o oficial amigo do povo, admitiam que Jesus poderia abrir uma exceção, prestando um favor (v. 4). Deixaram entrever que ninguém se escandalizaria, se Jesus fosse à casa do oficial pagão curar-lhe o empregado. Em circunstâncias normais, isso seria 'pecado', já que aos israelitas era proibido manter contato familiar com pagãos.

Misturam-se no oficial sentimentos de fé e de humildade. Fé na força curativa de Jesus, ao mandá-lo buscar (v. 3); e, ao vê-lo chegando, dizer-lhe que apenas dissesse uma palavra de ordem à doença (v. 7). Era bastante comum naquele tempo pensar-se que a doença tinha a ver com os espíritos do mal. Ora, se Jesus tivesse poder divino, bastaria uma palavra e o espírito do mal lhe obedeceria, já que era um ser inferior a Deus. Esse raciocínio transparece na comparação de graus de mando com que o oficial estava acostumado no quartel (v. 8).

Jesus não se detém nessa crença (em outras ocasiões a corrige, como em *Jo* 9,3), mas para o povo muitas das curas que fazia significavam triunfo sobre Satanás e a chegada de um tempo novo. Em nenhuma vez Jesus explicou a origem da doença. Mas de todos os doentes sempre exigiu fé (*Mt* 9,28; *Mc* 5,36; *Mc* 9,23). Essa fé pressupõe humildade, isto é, uma atitude interior de sentir-se necessitado e abrir-se à ajuda do outro. Ainda que tenhamos a tendência à autossuficiência em tudo, no mundo da fé o autossuficiente é como um peixe fora da água. No mundo da fé, o autossuficiente se chama 'homem orgulhoso'. E o orgulhoso gosta de ser servido, não de ser ajudado.

Doença: prolongamento da cruz do senhor

O Antigo Testamento ligou a doença ao pecado. Entre os castigos com que Deus ameaçava o povo pela sua infidelidade, as doenças ocupavam espaço de relevo (*Dt* 28,21-22.27-29.35). Mas acontecia que a doença atacava também o justo. O livro de Jó foi escrito para procurar uma explicação do sofrimento dos justos. O Papa São João Paulo II, na Carta Apostólica sobre o sofrimento, escreveu: "Se é verdade que o sofrimento tem um sentido de castigo, quando é ligado à culpa, já não é verdade que todo o sofrimento seja consequência da culpa e tenha um caráter de castigo. A figura do justo Jó é disso uma prova convincente. Se o Senhor permite que Jó seja provado com o sofrimento, fá-lo para demonstrar a sua justiça. O sofrimento tem caráter de prova" (*Salvifici Doloris*, 11).

Jesus curou muitos doentes (*Mt* 9,35), fazendo das curas um sinal de sua messianidade (Lc 7,20-23). Em lugar nenhum da Escritura se proíbe a cura de enfermidades. Os Apóstolos fizeram muitas curas em nome do Senhor Jesus (*At* 2,6; 9,34). Quando São Paulo enumera os carismas dos cristãos, põe também o curar enfermidades (*1Cor* 12,9.28.30) como uma manifestação do Espírito Santo na comunidade cristã. Muitos têm o dom de curar pela imposição das mãos. A Igreja sempre respeitou esse tipo de caridade. Mas sempre advertiu para o perigo do charlatanismo, sobretudo dos que confundem 'doença' e 'possessão do demônio', porque a doença não tem a ver com os espíritos, mas com a própria precária condição humana.

Jesus mostrou muita compaixão para com os doentes. A Igreja tem continuado esse carinho de Jesus e tem feito uso de um sacramento especial: a Unção dos Enfermos, dada não apenas aos moribundos, mas a todos os enfermos como conforto espiritual, alívio da dor e esperança de cura. Além disso, a Igreja sempre tem ensinado que cuidar dos doentes é cuidar do próprio Cristo, como ele mesmo lembrou: "Estive enfermo e me visitastes" (*Mt* 25,36), porque o doente não é um pecador amaldiçoado, mas a prolongação da Cruz do Senhor.

10º DOMINGO DO TEMPO COMUM

1ª leitura: 1Rs 17,17-24
Salmo: Sl 29
2ª leitura: Gl 1,11-19
Evangelho: Lc 7,11-17

*O Senhor é misericordioso, cheio de bondade
e se compadece da desgraça (Jl 2,13)*

DAR E CONSERVAR A VIDA: A MAIOR EXPRESSÃO DA MISERICÓRDIA

O Evangelho do domingo passado e o deste fazem parte de um conjunto de milagres, contados logo depois do discurso da planície, em que Lucas mostra a ação salvadora de Jesus. Essa ação manifesta-se no poder de curar enfermidades, perdoar pecados, conceder graça e bênção aos pagãos e ressuscitar mortos. E esse poder se exerce pela misericórdia, um tema central da Sagrada Escritura. Ela recheia toda a história da salvação. As criaturas, racionais e irracionais, são a manifestação da misericórdia e da benignidade de Deus. E entre todas as criaturas, destaca-se o primogênito delas (Cl 1,15), o Cristo Senhor, verdadeira encarnação da misericórdia de Deus.

No trecho lido hoje, o tema da misericórdia se confunde com o da compaixão e o da vida. Jesus compadece-se e devolve a vida a um jovem morto, um gesto concreto, que é mais que consolo, é um gesto profético: ele pode dar a vida a quem quiser (Jo 5,21). Dar e conservar a vida é a maior expressão da misericórdia divina. Por isso, Jesus podia dizer que viera ao mundo para que os homens tivessem a vida e a tivessem em plenitude (Jo 10,10).

Observe-se como Lucas faz os dois grupos se encontrarem às portas da cidade. Num grupo está Jesus, "os discípulos e grande multidão" (v. 11). No outro está uma viúva e "uma multidão numerosa da cidade" (v. 12). Na concepção judaica, essa viúva devia ser pecadora, porque primeiro perdera o marido e agora o filho único. De certo modo, ela representa a desgraça e a morte. Ao encontro dela vem Jesus, graça e vida. Em ambos os grupos, há muita gente, toda necessitada de vencer o mal, revestir-se da vida, não apenas de uma vida biológica, mas de uma vida em plenitude (Jo 10,10). Nesse momento, Lucas mostra a grandeza da misericórdia divina presente em Jesus. Ela se derrama sobre ambos os grupos como chuva purificadora e fecundante.

Um encontro entre a vida e a morte

Naim era uma aldeia à beira da estrada que ia do lago de Genesaré rumo à Província da Samaria. Ficava na encosta do Monte Tabor, e ainda hoje existe com o mesmo nome. Não longe dela passava a estrada que ia do Egito a Damasco. Naim ficava mais perto de Nazaré que de Cafarnaum. Embora pequena aldeia, tinha sua muralha protetora ao redor, e a porta por onde se entrava e se saía. Foi perto da porta, do lado de fora da aldeia, que Jesus encontrou a procissão do enterro.

Os hebreus costumavam ter o cemitério fora dos muros da cidade; como ainda hoje pode ver o peregrino, que for a Jerusalém. A sepultura que José de Arimateia preparara para si e que acabou sendo de Jesus ficava fora dos muros de Jerusalém (Jo 20,41). Talvez por razões de higiene. Talvez porque os mortos não mais precisassem de defesa. Talvez para simbolizar que eles não mais pertenciam à comunidade dos vivos. Até o tempo de Jesus, os sábios de Israel discutiam a sorte dos mortos. Os fariseus acreditavam na ressurreição (At 23,8), aliás, confirmada explicitamente por Jesus (Lc 20,37). Os saduceus não acreditavam na ressurreição (Lc 20,27). Mas nem uns nem outros sabiam onde podiam estar as almas dos mortos à espera do 'último dia'.

A viúva em lágrimas: símbolo da humanidade

Lucas é o único Evangelista a contar a ressurreição do jovem de Naim. Ele colecionou e narrou, sobretudo, os milagres que expressam a misericórdia divina. É comovente a cena: Jesus se compadece da viúva (v. 13). *Compadecer-se* significa *sofrer com*. Jesus participou do sofrimento da viúva, sofrimento que era grande: primeiro, pela viuvez; depois, pela morte do filho único. A morte prematura era tida como castigo divino. Daí uma terceira razão de sofrimento: no coração dessa mulher pesava também a dor moral de se sentir desprezada por Deus. Acrescia ainda a vergonha social de se ver punida de todos os lados. O filho vivo lhe significava não apenas um pedaço de sua própria vida, mas também o amparo legal, o sustento, o consolo da viuvez e a esperança de alguma compaixão de Deus.

Jesus, então, compadece-se não apenas de uma viúva ocasional, de uma mãe que perdera o filho único, mas também de uma desgraçada, suspeita de pecados. Mesmo os que acompanhavam o enterro, pensavam em seu íntimo: "Se não tivesse pecado, Deus não a teria castigado tanto!" Observe-se a expressão de Lucas: "O Senhor se compadeceu" (v. 13). É a primeira vez que o Evangelho de Lucas chama Jesus de 'Senhor', nome que os Apóstolos passaram a dar a Jesus só depois da Ressurreição. Como não ligar então o milagre de hoje com a páscoa de Jesus? Por outro lado, ao mesmo tempo que Lucas chama Jesus de 'Senhor', não o mostra glorioso em trono divino, nas alturas inalcançáveis do céu, mas ali, na porta da cidade, à beira da estrada, no meio do sofrimento e das lágrimas, pondo a mão sobre o defunto, compadecendo-se de uma mulher, considerada rejeitada por Deus. É palpável a misericórdia divina na pessoa de Jesus de Nazaré.

Essa viúva, com todas as circunstâncias que a cercam, é símbolo da humanidade, a quem Jesus trouxe não só consolo e sustento, mas também a vida que não morre (*Jo* 10,28). O povo admirado glorifica a Deus "que visitou seu povo" (v. 16). Já no início do Evangelho, Lucas põe na boca do velho Zacarias o mesmo louvor a Deus, mas explicitando o significado da visita: "Bendito o Senhor Deus, porque visitou e redimiu o povo, dando-nos um poderoso salvador" (*Lc* 1,68).

Deus visitou seu povo

Perto de Naim, a apenas 5km, encontra-se o lugar onde Eliseu, discípulo do grande profeta Elias, ressuscitara uma

criança morta (*2Rs* 4,18-37). Provavelmente o povo ter-se-
-á lembrado de Elias e de Eliseu ao exclamar: "Um grande
profeta surgiu entre nós!" (v. 16), porque era crença popular que Elias voltaria à terra, quando viesse o Messias (*Mt*
17,10.12).

Dentro do Evangelho de Lucas, esse milagre prepara a
resposta decisiva que Jesus dará aos enviados de João Batista, que lhe perguntavam se ele era ou não era o Messias:
"Ide dizer a João que os mortos ressuscitam" (*Lc* 7,22). Diante
do milagre de hoje, Jesus de Nazaré é chamado de "grande
profeta" (v. 16) e de "visita de Deus" (v. 16). Que profeta! E
que visita! No momento de sua morte, deverá ser reconhecido como "verdadeiro Filho de Deus" (*Mt* 27,54); e depois de
ressuscitado, como "meu Senhor e meu Deus" (*Jo* 20,28).

Estamos acostumados a fazer visitas de cortesia e de amizade, ou visitas profissionais, visitas de obrigação. Deus, na
pessoa de Jesus, faz uma visita de redenção e de salvação. Se
o milagre aconteceu com o jovem morto, afetou também sua
mãe desolada; e alcançou a todos os que acompanhavam o
enterro e os que vinham com Jesus. Ao moço deu a vida. À
mãe deu a razão de viver. Aos outros deu a certeza da graça
de Deus. E todos juntos, com Jesus, puderam entrar alegres
na cidade, isto é, no Reino de Deus, porque "a misericórdia
de Deus se derramou sobre todos aqueles que o temem" (*Lc*
1,50). Esse Jesus de Nazaré, que dá a vida aos mortos, lembra-
rá mais tarde São Pedro, é o "Autor da vida" (*At* 3,15), que veio
a este mundo para que todos tivessem "a vida em plenitude"
(*Jo* 10,10).

11º DOMINGO DO TEMPO COMUM

1ª leitura: 2Sm 12,7-10.13
Salmo: Sl 31
2ª leitura: Gl 2,16.19-21
Evangelho: Lc 7,36-8,3
ou Lc 7,36-50

Quão preciosa é a tua misericórdia! (Sl 36,8)

UM JANTAR EM QUE SE FALA DE CORTESIA, MISERICÓRDIA E PERDÃO

Um Evangelho tipicamente lucano: Jesus e sua mensagem se abrem a todos, desde o fariseu pudico à prostituta arrependida. Jesus era acusado pelos fariseus de comer com pecadores (*Lc* 15,2). Hoje o encontramos na casa de um fariseu e não muito à vontade, porque o fariseu, ainda que o tivesse convidado, tratara-o sem muita cortesia. Embora visse em Jesus um possível profeta e o tenha convidado pela fama que tinha, tratara-o rudemente, talvez para não se macular legalmente, caso Jesus não se comportasse como observante, e não ser criticado pelos colegas fariseus.

A delicadeza para com o convidado exigia que fosse recebido à porta por quem convidava. A saudação pedia que pusesse as mãos nos ombros do hóspede e lhe beijasse a face. Depois, chamasse um servo para lavar com água fria os pés da visita e lhe oferecesse uma bacia com água limpa e fresca para lavar o rosto e as mãos, antes de ir para a mesa. A cortesia mandava ainda que o dono da casa oferecesse algumas gotas de bálsamo perfumado ao recém-chegado do pó da estrada e do sol causticante. Nada disso fez o fariseu e o sabemos pelo próprio Evangelho (vv. 44-46).

É justo perguntar-nos como podia uma prostituta entrar na casa do fariseu. Quando alguém dava um almoço ou ceia para convidados, todos podiam ir ver o banquete; embora não participassem do comer e beber, podiam participar da conversa.

Os convidados não se assentavam em cadeiras verticais como fazemos hoje, mas em cadeiras espreguiçadeiras, ou sobre coxins de luxo. A pessoa se 'deitava' sobre o lado esquerdo e comia com a mão direita. A comida era posta numa vasilha única e grande ao centro da mesa e os convidados comiam dela, aos olhos de quantos quisessem presenciar. Quanto mais 'curiosos' houvesse, tanto maior era o prestígio do dono da casa. As sobras eram dos servos, que só podiam comer depois que toda a família e os convidados estivessem saciados.

O fariseu e a prostituta

Continua ainda o problema. Que uma mulher pudesse presenciar o banquete compreende-se pelos costumes. Mas que uma prostituta chegasse até a sala, onde estavam os hóspedes, é inimaginável numa família farisaica. Pelo texto, vemos que o fariseu a conhecia (v. 39). Talvez o véu, que costumeiramente cobria o rosto e a cabeça, tenha-a disfarçado. De qualquer maneira estamos diante de duas figuras, que o Evangelista põe em contraste, deixando Jesus no meio.

O Cristo viera também para o fariseu. Para o fariseu, Cristo era um profeta. Mas o fariseu ficou na exterioridade, num formalismo que não envolvia a consciência, a mudança de vida, a aceitação de Jesus como Mestre e Senhor. Em vez de olhar seu próprio interior e retirar a trave que lhe cegava os olhos (*Mt* 7,3), pensou mal de Jesus que se deixava tocar por uma pecadora (v. 39).

A mulher devia ter conhecido Jesus antes, escutado seu ensinamento e largado o pecado. Sabendo da presença de Jesus na casa do fariseu (v. 37), foi a seu encontro. O fato de trazer o vaso de alabastro com o perfume deixa-nos a certeza de que ela fora com um propósito definido: mostrar gratidão a Jesus, reconhecê-lo em público como profeta e declarar-se arrependida de seu passado.

Do contraste, o realce da lição

É evidente o contraste entre os dois. Um procurou a vaidade da companhia de um homem famoso, que poderia vir a ser uma pessoa importante. A outra humilhou-se, porque sabia quais seriam os pensamentos e olhares dos convidados. Mais: enfrentou o desprezo, tirando o véu, que lhe cobria a cabeça, para que a cabeleira servisse de toalha para os pés do Mestre. Um julgava-se justo e não o era. A outra reconhecia-se pecadora e procurava o perdão. Um oferecia um jantar à vista de todos. A outra derramava lágrimas de arrependimento pelos "muitos pecados" (v. 47). Um tinha nome: Simão, e, portanto, tinha honra. A outra era anônima e dela se menciona apenas a má profissão, que a tornava desonrada aos olhos de todos. Menos aos olhos de Jesus. A mulher saiu perdoada, elogiada. Para usar uma expressão de Jesus, saiu ela, ovelha perdida e encontrada, "nos ombros do Bom Pastor" (Lc 15,5).

A comparação entre os dois é do próprio Jesus, feita em linguagem direta, até inesperada, à altura do fariseu que o convidara e o recebera sem cortesia. A comparação alcança o auge na afirmação de Jesus de que a mulher muito amara, enquanto o amor do fariseu era escasso (v. 47). Não que o fariseu devesse cometer muitos pecados para receber um grosso perdão como a mulher. Mas porque ele não soube reconhecer seu pecado de orgulho e prepotência diante de Jesus, apesar de sabê-lo profeta. Por sinal, Jesus afirmou que o pecado mais grave que existe é o de não crer nele, como enviado do Pai (Mt 12,32). Ele chamou esse pecado de "pecado contra o Espírito Santo".

A cena acontece numa refeição. É bem possível que Lucas, ao escrever o episódio, lembrasse-se das ceias eucarísticas dos cristãos, a que todos estavam convidados. Mas, para receber o perdão, exigiam-se o arrependimento, a confissão dos pecados e uma entrega confiante aos pés do Senhor. Não importava a quantidade e o peso dos pecados. Importava a qualidade e o tamanho do amor. Não importava a classe social. Importava a conversão.

**Dois modos
de pensar**

Observe-se que Jesus fala com Simão, olhando para a mulher (v. 44). É horrível quando isso acontece conosco: alguém nos saúda, conversando com um terceiro. Mas na cena de hoje faz muito sentido. Jesus olha para a mulher para que também o fariseu a olhe. O olhar de Jesus é de compreensão, perdão, ternura. O olhar do fariseu é de julgamento, de condenação. Jesus vê uma criatura humana arrependida. O fariseu vê uma mulher airada. De novo a linguagem do contraste para reforçar a lição.

O contraste cresce: o fariseu, vendo Jesus deixar-se tocar por uma pecadora, julga-o pecador também. Apesar de todos dizerem ser Jesus um grande profeta, o fariseu considera-o negativamente (v. 39), porque um homem justo deveria saber distinguir entre quem é bom e quem é mau, quem é amigo de Deus e quem é pecador; e não se misturar aos maus e pecadores e, muito menos, deixar-se tocar por um deles que, além do mais, era uma mulher e eles estavam na presença de tanta gente. Pelas palavras de Jesus, sabemos que o Mestre pensava exatamente o contrário: Deus é Pai de todos, "faz nascer o sol para bons e maus e chover sobre justos e injustos" (*Mt* 5,45); Deus é o contrário do pecado, mas o pecador é sua imagem e semelhança. Mais de uma vez Jesus afirmara que viera com a missão de curar os pecadores (*Mt* 9,13; *Mc* 2,17; *Lc* 5,32), "para que nenhum deles se perca" (*Jo* 3,16). O fariseu representa o modo de pensar humano. Jesus ensina o modo de pensar de Deus.

Jesus não ofende o fariseu. Conta-lhe uma parábola e pedagogicamente fá-lo compreender que estava em situação pior que a prostituta. Cabia-lhe tirar a lição. Cabe a cada um de nós aprender a lição, porque, infelizmente, nosso comportamento "normal" é o do fariseu. Um pouco para dizer que Jesus tinha autoridade para dar a lição, Lucas lembra que ele é Deus, com poder de perdoar pecados (v. 49), ainda que com o espanto dos convidados.

12º DOMINGO DO TEMPO COMUM

1ª leitura: Zc 12,10-11;13,1
Salmo: Sl 62
2ª leitura: Gl 3,26-29
Evangelho: Lc 9,18-24

Sofro provações, mas sei em quem pus a minha confiança (2Tm 1,12)

CRISTO LIBERTADOR DA HUMANIDADE MEDIANTE A MORTE NA CRUZ

Este Evangelho prepara a partida de Jesus para Jerusalém, para a Paixão e Ressurreição. Lembremos que, pouco antes, Jesus enviara os Apóstolos a pregar pela redondeza em seu nome. Os Apóstolos sabiam então o que o povo pensava dele. A pergunta de Jesus não é movida por curiosidade, mas por pedagogia, pois diziam-se muitas coisas a seu respeito.

Comentava-se que Jesus provinha de família pobre, que não fizera estudos especializados (*Mt* 13,53-57), mas ensinava coisas sábias, cheias de sentido (*Mc* 6,2), e com autoridade (*Lc* 4,32). Havia quem o julgasse um demagogo, um agitador (*Lc* 23,5), mas, na verdade, ele fugia dos aplausos políticos (*Jo* 6,15). Alguns acusavam-no de contestar o domínio romano sobre o país (*Jo* 19,2), mas Jesus mandara "dar a César o que era de César" (*Lc* 20,25). Outros viam nele a força do príncipe dos demônios (*Lc* 11,15), mas Jesus dava prova de santidade, incompatível com o mal. Acusavam-no de não observar o sábado (*Lc* 6,2-5) nem os jejuns prescritos (*Mt* 9,14). Acusavam-no de ir a casa e comer com pecadores públicos (*Mc* 2,16). Era, então, justo que Jesus falasse um pouco mais de si com os Apóstolos. Afinal de contas, eles confiavam nele e estavam unindo seu destino ao destino de Jesus.

Pedro emudece de vez as opiniões ao afirmar: "Tu és o Cristo de Deus" (v. 20). Nessa altura, Mateus põe a promessa do Primado de Pedro. Lucas lembra a necessidade de o discípulo ser 'cristo' com Jesus, com ele sofrer a Cruz e com ele entrar na glória da salvação (vv. 23 e 24). Outras palavras para expressar o nascimento de uma nova comunidade: a comunidade cristã, construída sobre a Paixão e que tem como meta a ressurreição gloriosa.

Cristo: ungido de Deus

Na verdade, seu comportamento era o de um profeta, enviado de Deus, cercado de mistério, que falava da presença de Deus entre os homens e da conversão do coração ao Criador. Comparavam-no a Elias, que vivera 800 anos antes e cuja memória permanecia por causa de seu empenho em levar o povo de volta ao verdadeiro Deus. Jesus manifestava muitas qualidades de Elias e tinha semelhanças com João Batista. Não fosse o Batista ou Elias retornado do céu, certamente seria alguém com a têmpera e a força dos antigos profetas (v. 19).

Os Apóstolos, que conviviam com ele, sabiam que ele era homem como eles, mas envolto em mistério. E o mistério tinha a ver com o divino. Todos conheciam sua família (*Mc* 6,3), mas sua palavra era maior que a doutrina dos rabinos (*Jo* 7,16). Pedro expressou o que eles pensavam: era o Cristo, o enviado de Deus. Mas eles ainda pensavam num Cristo restaurador do Reino de Davi (*At* 1,6). Era preciso que eles se convencessem de que o Cristo, o ungido de Deus, viera para restaurar a integridade das criaturas, manchadas e fragmentadas pelo pecado. Era o "Cordeiro de Deus que viera tirar o pecado do mundo" (*Jo* 1,29) e cumpriria essa missão, deixando-se pregar numa cruz. Sua morte, longe de ser um fim, tornar-se-ia fonte de graça. Era a luz do mundo (*Jo* 9,12), o Filho de Deus vivo (*Mt* 16,16) com poder de dar a vida divina a quantos nele acreditassem (*Jo* 3,36).

Segredo revelador

Se Jesus queria que os Apóstolos penetrassem em sua identidade, fossem no futuro suas testemunhas fidedignas (*At* 1,8), por que lhes proibiu contar aos outros a declaração que

Pedro fizera em nome de todos e que se aproximava bastante da verdade? Não teria sido mais lógico dizer logo: ide por toda a parte e anunciai o que acabais de afirmar? Jesus pede aos discípulos discrição e silêncio. Os exegetas chamam a essa proibição de 'segredo messiânico'. E não é fácil explicá-lo.

Talvez porque o conceito de Messias (repitamos que *Cristo* é um termo grego que diz exatamente a mesma coisa que a palavra aramaica *Messias*), tanto na cabeça do povo quanto na cabeça dos Doze, estava ligado à esperança e à ideia do restabelecimento do Reino de Israel, como o único povo de Deus, plantado no coração do mundo. E o povo andava convencido de que isso só poderia acontecer pela revolução armada. Jesus precisava tirar essa ideia da cabeça dos Apóstolos, antes que eles saíssem por aí a proclamar o Messias. O silêncio imposto por Jesus parece ser prudência, pois havia alcaguetes por toda a parte, que vigiavam e denunciavam qualquer indício de subversão. Jesus não podia ser preso e morrer antes da hora, sobretudo por uma causa que não pertencia à sua missão.

Poderia também ser porque seus ensinamentos eram acentuadamente novos. Ora, muitas vezes, o povo, em vez de buscar a fé verdadeira, procura o sensacionalismo, a superstição fácil e adaptável às necessidades imediatas. Se assim ocorresse, a missão de Jesus se frustraria. Poderia também ser porque os Evangelistas, ao comporem seus Evangelhos, consideram a vida de Jesus até a Páscoa como um período de humildade e reclusão. O Cristo ressuscitado é que é o Senhor. É só na Páscoa que ele revela a plenitude de sua divindade salvadora.

A nossa cruz
de cada dia

Se lemos com atenção o Evangelho de Lucas, vemos que a verdadeira revelação de Jesus como Messias dá-se no sofrimento da Paixão (*Lc* 24,7.26.46), que ele anuncia logo depois de impor silêncio aos Apóstolos (v. 22). Vencer a morte pela morte é sua manifestação como o Cristo de Deus. Por isso, mesmo que Pedro o declarasse em voz alta, convinha continuar oculto o mistério de sua missão divina, até que se revelasse na Paixão, quando a tarefa que o Pai lhe dera se cumpriria inteiramente. A frase de Jesus na Cruz: "Tudo está consumado" (*Jo* 19,30), longe de sugerir desespero, é expressão de plenitude, de missão cumprida. Ele era, sim, o Messias de Deus, mas quem o reconhecesse como tal deveria também reconhecê-lo na morte e ressurreição. Quem o reconhecesse como tal deveria também "tomar a cruz de cada dia" (v. 24), segui-lo e morrer com ele e com ele ressuscitar.

É costume de Lucas, antes das grandes decisões, mostrar Jesus rezando. Se ele, no trecho de hoje, começa dizendo que Jesus estava em oração com os Apóstolos (v. 18) é porque esta página elucidativa da identidade de Jesus marca um grande e decisivo momento na vida pública de Cristo. Se a confissão de Pedro, além de apontar para a pessoa e a missão de Jesus, aponta também para uma nova comunidade, que está para nascer fundamentada no Cristo, podemos dizer que, tanto a profissão de fé em Jesus quanto a vivência cristã, só podem acontecer num ambiente de oração.

Encontramos a exigência de tomar a cruz e seguir atrás de Jesus nos três Sinóticos (*Mt* 16,24; *Mc* 8,34). Mateus até a repete (*Mt* 10,38). Mas Lucas acrescenta "cada dia" (v. 23), como se quisesse dizer que o seguimento de Jesus implica uma atitude constante, perseverante, sem tergiversações, fazendo eco às palavras de Jesus, ditas pouco antes, na explicação conclusiva da parábola do semeador: "A semente caída em terra boa são aqueles que, ouvindo com coração generoso e bom, retêm a palavra e dão fruto *na perseverança*" (*Lc* 8,15). Perseverança ainda que a cruz pese. Mais vezes Jesus falou da perseverança nas horas difíceis (*Mt* 10,22; 24,13).

13º DOMINGO DO TEMPO COMUM

1ª leitura: 1Rs 19,16b.19-21
Salmo: Sl 15
2ª leitura: Gl 5,1.13-18
Evangelho: Lc 9,51-62

Cristo deixou-vos o exemplo, para que lhe sigais as pegadas (1Pd 2,21)

A LONGA CAMINHADA DE JESUS E SEUS DISCÍPULOS PARA JERUSALÉM

Jesus de Nazaré costumava subir todos os anos a Jerusalém. Famosa ficou sua ida aos 12, quando lá permaneceu alguns dias, no meio dos doutores, ensinando-os e deixando-os perplexos com as respostas que dava (*Lc* 2,41-47). Mais de um terço de todo o Evangelho de Lucas (9,51-19,27) é ocupado com a última e definitiva viagem sua à Cidade Santa.

O Evangelho de hoje é o início da grande viagem. Lucas não se preocupa com a geografia, mesmo porque, em sua perspectiva, Jerusalém é mais que uma cidade. Também não se preocupa com a cronologia. Sua preocupação é teológica. Assim como numa viagem as coisas vão aparecendo aos poucos, também na viagem a Jerusalém Jesus vai, gradualmente, revelando o mistério de sua pessoa e de sua missão. E vai mostrando, às vezes de forma muito concreta, as qualidades que o discípulo deve ter.

"Estava para completar-se o tempo da consumação", escreve Lucas (v. 51). A palavra grega, traduzida aqui por 'consumação', outros a traduzem por 'ascensão', ou com 'ser arrebatado deste mundo'. De qualquer maneira, a palavra indica sofrimento e glória ao mesmo tempo. É nessa ótica que os Evangelistas apontam para Jerusalém que, deixando de ser pensada como uma cidade, torna-se sinônimo de paixão, morte, ressurreição e ascensão. Na Cruz, Jesus dirá: "Tudo está consumado" (*Jo* 19,20). Em Jerusalém será elevado à Cruz e elevado aos céus (*Lc* 24,50). Em Jerusalém começará a Igreja, corpo vivo do Senhor (*1Cor* 12,24).

Caminhada em dois níveis

A viagem a Jerusalém não é só uma caminhada pela estrada, ao longo do Jordão e, depois, pelas montanhas de Judá. É bem mais que um passeio, ainda que de aprendizado. O Evangelho provoca-nos a uma 'caminhada' interior. Também Jesus a faz. Partir do que somos (e somos pouco, egoístas e interesseiros) até o esvaziamento completo de nós mesmos e a vivência em plenitude da vontade do Pai. É essa 'caminhada' por dentro de nós que nos possibilita, seguindo de perto Jesus, a morrer e ressuscitar com ele e com ele ser glorificados.

A vida cristã pode ser definida como seguimento de Jesus. Seguir implica imitação e pôr-se atrás de Jesus para caminhar sobre seus passos. O Evangelho de hoje nos apresenta Jesus a caminho e os discípulos caminhando com ele. Repito: caminhada em dois âmbitos: no pó da estrada e na confusão do nosso coração. Mais importante é a caminhada dentro de nós, se Jesus está a nossa frente como modelo e guia.

Não por acaso Lucas diz que Jesus começou a viagem *resolutamente* (v. 51), ou *decididamente*. Esse advérbio é rico de sentido, mas talvez não traduza tudo o que a expressão original contém. No original está que Jesus 'endureceu o rosto', uma expressão profética, que lembra o Servo de Javé que, segundo Isaías, "conservou o rosto duro como pedra" diante do sofrimento (*Is* 50,7). Trata-se de uma decisão que envolve a pessoa inteira, todas as suas forças, coração e mente, e com total e absoluta confiança na proteção de Deus. Trata-se de caminhar em plena consciência e sem recuos.

O ódio rejeita, o amor acolhe

Jesus passou a maior parte de sua vida na Galileia, região norte da Palestina, administrada por Herodes. Como nessa província moravam 'pagãos' que, muitas vezes, casavam com hebreus, ou hebreus que comerciavam com 'pagãos', os galileus eram malvistos pelos judeus ortodoxos, principalmente pelos que moravam na parte sul da Palestina, chamada Judeia, cuja capital era Jerusalém. Para ir da Galileia à Judeia, o caminho mais curto consistia em descer pelo vale do Jordão, atravessando a Samaria, até Jericó e subir, então, quase mil metros de montanha semidesértica, passando por Betânia e Betfagé, ambas as vilas já nas encostas do Monte das Oliveiras.

Entre judeus e samaritanos existia ódio de morte e contínuos atritos de fundo religioso, racial e político. Os samaritanos eram intrusos, sem o querer. Quando os assírios destruíram o reino de Israel (722 a. C.), deportaram todos os habitantes da região e, em seu lugar, trouxeram um povo 'pagão'. Voltando os israelitas do exílio (538 a. C.), os samaritanos ficaram na região, adotando costumes israelitas, inclusive o monoteísmo. Mas, não tendo sangue hebreu, jamais conseguiram a amizade, nem mesmo comercial, com os judeus. É, então, compreensível que os samaritanos neguem hospedagem ao grupo de Jesus por "ser evidente que estavam indo para Jerusalém" (v. 53).

Mas esse episódio está carregado de símbolos. Quando Jesus foi a primeira vez a Jerusalém, ainda no seio de Maria, para alcançar Belém, não havia lugar na hospedaria (*Lc* 2,7). Agora, na última ida a Jerusalém, quando deve acontecer o Natal de toda a humanidade, também não há lugar. Hospedar-se, sentar-se à mesa com alguém indica aceitação. E Jesus não é aceito, é rejeitado (*Lc* 9,22). Mas sua resposta não é a violência e a vingança como querem Tiago e João. Cristo é a encarnação da misericórdia, e o tempo, agora, é de perdão e salvação. O fogo que Jesus enviará não é destruidor, mas o fogo do Espírito Santo (*At* 2,3), no dia de Pentecostes, com força para "derrubar os muros da separação e da inimizade" (*Ef* 2,14).

A tentação
de olhar para trás

A primeira condição que Jesus exige de seu seguidor é caminhar de corpo e alma inteiros, sem recuos e tergiversações. A segunda é o abandono de toda e qualquer forma de violência sobre os outros, despindo os instintos de autodefesa e vingança e revestindo a túnica do amor. E nisso João é um exemplo grandioso: em Jerusalém, tornar-se-á o Apóstolo do amor e escreverá: "Quem não amar o irmão, a quem vê, não pode amar a Deus, a quem não vê" (1Jo 4,20).

Mas há outra condição básica, talvez a mais repetida por Jesus e a mais difícil: o desapego. Os três candidatos anônimos são o exemplo do apego: ao pai, à casa, à segurança de onde repousar o corpo e a cabeça. O *resolutamente* (v. 51) exige o desapego. Quando não se vive o desapego, é muito grande a tentação de olhar para trás e deixar-se guiar pelo 'mas', pelo 'se', pelo 'talvez', pelo 'porém', que são barreiras na estrada, desvios do caminho que leva a Jerusalém, ou seja, à morte e glorificação com Cristo. O "olhar para trás" (v. 62) pode ter dois significados. Primeiro, o homem que ara, olhando para frente, marca o rumo dos sulcos e desvia as pedras; se olha para trás, põe em risco a eficiência do trabalho. Segundo, pode significar desânimo. O desânimo contraria o *resolutamente*. O desânimo num cristão é sinônimo de traição.

O caminho para Jerusalém é longo e penoso; e longo e penoso é o caminho que devemos fazer dentro de nós para conseguir morrer e ser glorificado com Jesus. Pouco antes da partida, Jesus advertira os discípulos: "Quem quiser seguir-me negue-se a si mesmo, tome sua cruz e me siga" (Lc 9,23). Em outras palavras: superar o egoísmo interesseiro e, tendo como posse apenas a cruz, seguir o Mestre e caminhar com e como Ele para a mesma meta.

14º DOMINGO DO TEMPO COMUM

1ª leitura: Is 66,10-14c
Salmo: Sl 65
2ª leitura: Gl 6,14-18
Evangelho: Lc 10,1-12.17-20
ou Lc 10,1-9

Até os confins do mundo chegaram suas palavras (Rm 10,18)

EVANGELHO SEM FRONTEIRAS, ABERTO A TODAS AS CULTURAS

Lucas já falara do envio dos Doze Apóstolos (*Lc* 9,1-10). Agora amplia o quadro para 72 discípulos, enviados por Jesus com a mesma recomendação. O número 72, como quantidade, é secundário. Mas tem um simbolismo grande: pensava-se que fossem 72 os povos da terra (*Gn* 10). O envio, então, tem um caráter universal. Lucas, em todo o Evangelho, procura sempre mostrar a universalidade da missão de Jesus. Todos são chamados ao trabalho da construção do Reino. Todos são chamados a participar do Reino.

Recordemos o episódio contado um pouco antes (*Lc* 9,53-54) e lido no domingo passado: Jesus foi rejeitado pelos samaritanos, e, em represália, os dois Apóstolos irmãos, Tiago e João, quiseram atear fogo na hospedaria que lhe negara pousada. Jesus acalmou-os. Seu Reino não se impõe à força nem contra a vontade. O Reino de Deus realizar-se-á seguramente, mas para aqueles que o querem. Deus respeita a liberdade que deu às suas criaturas.

Esse episódio dá-nos ainda outra lição: o espírito de vingança e ódio, mostrado pelos dois Apóstolos, não constroe nada. Na construção da nova família de Deus, o ódio deve ceder lugar ao amor; o sectarismo, à abertura universal. A Boa-Nova não terá fronteiras geográficas, raciais, religiosas, sociais. Isso não significa dizer que 'tudo é a mesma coisa', confundindo o certo com o duvidoso, mas significa que a todos é dada a chance da verdade e da graça. E os que acenderam sua luz em Cristo – caminho, verdade e vida – devem, por sua vez, ser luz para os outros, isto é, ser um missionário, portador de salvação.

Apontar para o Cristo que vem

O envio dos discípulos lembra, de perto, o envio de João Batista, no começo do Evangelho: "Tu estarás cheio do Espírito Santo; converterás a muitos; e prepararás o povo para o Senhor" (*Lc* 1,16-17). Lembra também o envio dos profetas. O profeta é o porta-voz de Deus, pois diz apenas o que o Senhor lhe manda dizer. O discípulo é o porta-voz de Cristo, que é Deus, e falará somente de Cristo e de seus ensinamentos. O discípulo, como o profeta, jamais poderá dizer: 'Eu acho que...', 'eu penso que...', 'na minha opinião...'. O discípulo dirá: 'Jesus disse que...', 'Jesus ensinou que...', 'segundo a afirmação de Jesus...'.

Também a frase: "à frente de Jesus, em toda a cidade e lugar aonde havia de chegar" (v. 1) lembra ao discípulo que ele é um mensageiro, um arauto de Jesus. Isso significa que nenhum discípulo vai por própria conta divulgar suas ideias e seus interesses ou vai aonde quer. A palavra do discípulo é a palavra do Mestre. A passagem do discípulo pela vila ou cidade prepara a passagem do Senhor. Se posso fazer uma comparação, diria que o discípulo é o cano, que só toma sentido, quando chegar por ele a água da fonte. A água é o Cristo, que se definiu como "água viva" (*Jo* 4,10) e, diante do templo de Jerusalém, disse ao povo: "Se alguém tiver sede, venha a mim e beba" (*Jo* 7,37). O discípulo está em contínua evangelização e, como João Batista, aponta para o Cristo que chega (*Jo* 1,29-31).

Mansidão e desprendimento

Lucas volta a enumerar as qualidades dos discípulos e o método da pregação. Ao longo da viagem a Jerusalém, que comentamos domingo passado, o Evangelista vai pintando o retrato do verdadeiro discípulo, acentuando algumas qualidades, ora por palavras, ora por figuras. Na verdade, o quadro final será o retrato do próprio Cristo, modelo do discípulo e razão de ser do discípulo.

A primeira qualidade apontada hoje é a mansidão, presente na figura do cordeiro e na saudação a ser usada ao entrar numa casa. Vimos que Jesus recusa o método violento que Tiago e João quiseram empregar. Ele já dissera no Sermão da Montanha: "Felizes os mansos, felizes os pacíficos, porque são portadores de reconciliação e são filhos de Deus" (*Mt* 5,9). Outra qualidade apontada hoje (uma das mais acentuadas nos Evangelhos) é o desprendimento das coisas, dos bens, da comodidade e de tudo aquilo que nós resumimos com a palavra 'bem-estar'. Jesus usa as figuras da bolsa, do alforje, do sapato, da saudação durante o caminho (não se trata de má educação, mas de amizades e cortejamentos que fazem perder tempo). De tudo o discípulo deve viver desprendido.

Foi depois de escutar esse Evangelho e de ouvir a explicação dada pelo padre, que Francisco de Assis disse: "É isso que eu procuro e desejo de todo o coração". E começou a praticar a mais absoluta pobreza, vestindo uma túnica pobre e rude, em cujas costas pintara uma cruz. Desprendido de tudo e de si mesmo, tornado homem de paz, Francisco pôde acompanhar de perto o Cristo e ser crucificado com ele. No sétimo centenário de morte do Santo de Assis, escreveu o Papa Pio XI: "Parece lícito afirmar que jamais houve em quem brilhasse mais viva e mais semelhante a imagem de Jesus Cristo e a forma evangélica de vida do que em Francisco. Por isso, em boa justiça, ele, que se chamava o *arauto do grande Rei*, foi saudado como um *outro Cristo*, por ter-se mostrado aos contemporâneos e aos séculos futuros como um *quase Cristo redivivo*". Belo retrato do verdadeiro discípulo! Poderíamos nos perguntar: por que são tão raros retratos assim? Não deveria ser esse também o meu retrato?

Os filhos da Paz

A pobreza, procurada e aceita como um modo de viver, tem muito a ver com as duas qualidades que Lucas aponta hoje: a mansidão e o desprendimento. São Francisco disse ainda: "Se possuímos haveres, necessitamos de armas para protegê-los. Disso nascem as brigas e os litígios, que costumam impedir o amor de Deus e do próximo". Evidentemente, não estamos fazendo a apologia da miséria, que degrada o ser humano e o impede de viver com dignidade. A miséria, que nasce da injustiça social, é uma afronta à criatura, feita à imagem e semelhança de Deus (*Gn* 1,26). A pobreza que o Cristo exige de seu discípulo é a do desprendimento, que acaba sendo sinônimo de coração voltado para Deus e para o próximo necessitado. À pessoa de coração fraterno e receptivo Jesus chama "filho da paz" (v. 6), da paz salvadora, que ele nos trouxe.

O conteúdo da pregação do discípulo será a chegada do Reino de Deus (v. 9), e esse Reino será necessariamente um Reino de Paz. Não se trata da paz como a pensam os diplomatas e políticos do mundo, mas da paz que é sinônimo de Jesus Cristo (*Ef* 2,14). A paz de Jesus tem muito a ver com a mansidão, o desprendimento e o respeito a tudo e a todos. Tem também a ver com a derrota de Satanás (v. 18). O demônio era tido como a causa de toda a maldade, doenças e males. Agora, com a pessoa de Jesus, Filho de Deus, entra nas estruturas do mundo o Reino dos Céus. O diabo é derrotado (v. 18). A pregação da Verdade, feita em nome de Jesus, faz correr o pai da mentira e do homicídio (*Jo* 8,44). A alegria do discípulo não deve ter por base o poder sobre os espíritos do mal e a derrocada de Satanás (v. 20), mas o fato de Deus o ter escolhido para a comunhão com ele, que significa também o gozo da sonhada e plena pacificação (*Is* 11,8), ou seja, a comunhão pacífica de todas as criaturas (v. 19).

15º DOMINGO DO TEMPO COMUM

1ª leitura: Dt 30,10-14
Salmo: Sl 68 ou Sl 18B
2ª leitura: Cl 1,15-20
Evangelho: Lc 10,25-37

Quem pratica a misericórdia encontra a vida e a glória (Pr 21,21)

MISERICÓRDIA: OBRIGAÇÃO DE TODOS E VERDADEIRO CULTO PRESTADO A DEUS

Costumamos dizer que a página do Bom Samaritano é uma parábola, isto é, uma história inventada para dela, pedagogicamente, tirar uma lição de moral. Mas essa parábola é tão clara e precisa que bem pode ter acontecido. O caminho sinuoso, pedregoso, que ia de Jerusalém a Jericó, em apenas 28km, descia mil metros. Jericó, uma das mais velhas cidades do mundo, está a 350m abaixo do nível do mar, formando um oásis numa região desértica.

O caminho entre Jericó e Jerusalém era conhecido pelos assaltos. O deserto, as cavernas e gargantas facilitavam o esconderijo e a fuga. O caminho era bastante usado, por ser, então, a única subida do vale do Jordão para a Cidade Santa. Negócios, obrigações legais e religiosas faziam movimentar a estrada perigosa, onde os viandantes costumavam subir ou descer em grupos, para se protegerem. Muitos sacerdotes, que prestavam serviços no templo de Jerusalém, moravam em Jericó, assim como os levitas, que eram os serviçais e cantores do templo.

Para compreendermos o alcance da lição de Jesus, poderíamos perguntar-nos por que nem o sacerdote nem o levita atenderam ao semimorto. Talvez por que o julgassem morto. E tocar num morto tornava o sacerdote e o levita impuros para o culto no templo. Ou talvez, também, por que a experiência havia-lhes ensinado que um cadáver à beira da estrada podia ser uma isca dos salteadores, como ainda hoje acontece. Na verdade, ambas as desculpas vêm em defesa do bem-estar pessoal.

Misericórdia sem fronteiras

A lição de Jesus está em dizer que a misericórdia exige que se deixe de lado o bem-estar pessoal para socorrer um necessitado. Mas suponhamos que se insista na desculpa de não se poder tocar no defunto, para melhor servir a Deus no culto, observando a lei. É justamente nesse ponto que Jesus dá a grande lição: o irmão necessitado tem precedência, e, se não lhe dermos precedência, nossa oração será falha e errado será nosso culto. Em outra ocasião, Jesus foi ainda mais explícito, citando o profeta Oseias (*Os* 6,6): "Quero misericórdia e não sacrifícios" (*Mt* 9,13 e 12,7). Jesus referia-se aos sacrifícios dos animais no templo. A misericórdia tem precedência até mesmo sobre a obrigação da Missa dominical.

Observe-se que Jesus não menciona a nacionalidade ou a religião do infeliz que caiu na mão dos ladrões. Mas fica claro que quem fez a pergunta era um doutor da lei, judeu, portanto. E os judeus, sobretudo os do partido dos fariseus, restringiam muito os que podiam ser denominados *próximo*: eram só os familiares, os que tinham o mesmo sangue, os compatriotas observantes da Lei Mosaica, os pagãos que adotassem as leis, a fé e as tradições judaicas, desde que circuncidados. Ficavam expressamente excluídos os estrangeiros, os que trabalhavam para estrangeiros, os inimigos de qualquer espécie, a plebe ignorante, os que exercem certas profissões que facilitavam a impureza legal – a pesca, o pastoreio, o curtimento de couros –, os pobres e os leprosos. A lição de Jesus é clara, nova e forte: a misericórdia não tem fronteiras religiosas, geográficas ou de sangue. A misericórdia não faz restrições. É obrigação de todos.

Jesus samaritano

O semimorto é um anônimo, mas ser humano. Quem o atende é um samaritano que, para o doutor da lei, é estrangeiro, inimigo e pecador. O homem desprezado pelo escriba é apresentado por Jesus como exemplo de misericórdia, porque socorreu um irmão necessitado, sem saber quem era, sem medir perigos e consequências. Assim deve ser o verdadeiro discípulo de Jesus na nova comunidade. A dureza de coração e os interesses pessoais, mesmo se sagrados, devem ceder lugar à misericórdia. O próprio Jesus é o grande modelo: deixou seu paraíso para recolher e curar o ser humano, assaltado pelas forças do mal e deixado ferido à beira da estrada da vida.

Orígenes († 254) tem uma belíssima página sobre essa parábola. Sua interpretação, certamente uma das mais antigas na Igreja, é muito rica e expressiva, porque se lê nela a História da Salvação: "O homem que descia é Adão. Jerusalém é o paraíso. Jericó é o mundo. Os ladrões são as forças do mal. O sacerdote é a Lei. O levita representa os Profetas. O samaritano é o Cristo. As feridas são as desobediências às leis divinas. O jumento sobre o qual vai o ferido é o corpo de Cristo. A hospedaria é a Igreja. As duas moedas de prata são o Pai e o Filho. O hospedeiro é o sacerdote da Igreja, a quem é confiada a cura. A promessa do retorno do samaritano indica a segunda vinda de Cristo Salvador, no fim dos tempos".

Se vemos Jesus figurado no samaritano, podemos dizer que Jesus é o modelo perfeito do verdadeiro discípulo. Ele é a encarnação da misericórdia divina, verdade que Lucas tanto acentua em seu Evangelho. Jesus, para curar-nos do pecado, dá-nos seu sangue (que pode estar simbolizado no vinho) e sua bênção fraterna e salvadora (simbolizada no óleo derramado nas feridas). Jesus é o nosso próximo mais próximo. E cada um de nós é o próximo mais próximo dele.

Dois amores entrelaçados

A página do Evangelho de hoje tem uma estrutura fácil: o doutor da lei faz uma pergunta ("Que devo fazer para ganhar a vida eterna?"), a que Jesus responde com uma contra-pergunta ("Que está escrito na Lei?"). Depois o doutor volta com nova pergunta ("Quem é meu próximo?"), e Jesus retorna com outra contra-pergunta: ("Quem dos três fez-se próximo?" Jesus usou, muitas vezes, essa pedagogia de contrapor uma pergunta à pergunta e deixar o interlocutor descobrir a resposta.

Observe-se, porém, que há um salto qualitativo grande na pergunta de Jesus. Na primeira, Jesus mostra que o amor vertical por Deus, sugerido pelo Deuteronômio (6,5), e o amor horizontal para o próximo, ensinado pelo Levítico (19,18), entrelaçam-se e se exigem. O amor a Deus não tem sentido se não vem entrelaçado, existencialmente, com o amor ao próximo. João o diz explicitamente numa de suas Cartas: "Se alguém disser que ama a Deus e não ama seu irmão, é mentiroso. Quem não ama o irmão, a quem vê, não pode amar a Deus, a quem não vê" (1Jo 4,20).

Na segunda, fica claro que, para Jesus, perguntar quem é meu próximo é um falso problema. O próximo está aqui, a meu lado, mas preciso de olhos para vê-lo. O verdadeiro problema está em *eu* me fazer próximo de todos, abatendo muros e barreiras dentro de mim e em torno de mim. As barreiras podem ser raciais, sociais, religiosas, econômicas; mas podem também provir do meu orgulho de autossuficiência e do sentimento desequilibrado da antipatia. Nenhuma razão é suficiente para excluir alguém de ser meu próximo. Se não me faço próximo de quem está a meu lado, Deus não pode fazer-se próximo de mim, porque há um entrelaçamento entre o meu amor a Deus e o meu amor ao próximo, entre o amor que Deus tem por mim e o amor que eu tenho para com o próximo. Do fazer-me próximo a quem está a meu lado, depende a minha comunhão com Deus. Esta acaba sendo a verdadeira resposta de Jesus à pergunta do doutor da lei: "Que devo fazer para alcançar a vida eterna?".

16º DOMINGO
DO TEMPO COMUM

1ª leitura: Gn 18,1-10a
Salmo: Sl 14
2ª leitura: Cl 1,24-28
Evangelho: Lc 10,38-42

Enviarei uma fome de ouvir as Palavras do Senhor (Am 8,11)

CONDIÇÃO ESSENCIAL DO DISCÍPULO: ESCUTAR A PALAVRA DE DEUS

Um dos grandes temas da Escritura é a escuta da Palavra de Deus. Vem desde o Gênesis, percorre todos os Profetas e é uma das chamadas constantes dos Evangelhos. Um dos milagres esperados do Messias era a cura da surdez. Certamente não da surdez física, mas do fechamento diante da Palavra do Senhor. A experiência diz-nos que a criatura humana tem uma tendência à autossuficiência e a satisfazer seus desejos e interesses. É em torno de seus interesses e desejos que reza e trabalha. Mas sabemos também que isso não nos satisfaz. Um de nossos dramas é sair dos próprios interesses, que, ao final, perfazem um círculo vicioso, e alcançar o transcendente.

Jesus, no Evangelho de hoje, diz-nos que a fome do transcendente sacia-se na escuta da Palavra de Deus. Essa escuta não impede o trabalho, mas lhe dá sentido e torna-se condição de boa oração. A essa escuta todos são chamados. A mulher era excluída de escutar as lições do rabino. Nenhum rabino se entretinha em público com mulher: seria desonra para ele. Lembremos a cena descrita pelo Evangelista João: os Apóstolos se escandalizam por encontrar Jesus, conversando com uma mulher à beira do poço (*Jo* 4,27). Jesus tem outro comportamento: deixa-se hospedar por mulheres e conversa como mestre com Maria (v. 39). A conversa de Maria hoje não é apenas um entretenimento do hóspede enquanto se prepara o almoço, coisa que toda boa família faz até hoje. O Evangelho a descreve sentada aos pés do Mestre, escutando seus ensinamentos. No ambiente rabínico, circulava a opinião de que, antes de entregar a Torá (Leis) a uma mulher, seria preferível queimá-la. Que diferença entre essa mentalidade e a de Jesus! Da escuta da Palavra de Deus ninguém é excluído.

No Evangelho do domingo passado (Bom Samaritano), Jesus acentuava o amor horizontal para o próximo, entrelaçado com o amor vertical para Deus. Hoje acentua o amor vertical para Deus, que vem sempre entrelaçado com o amor horizontal para o próximo. No próximo domingo (Pai-Nosso), acentuará a dimensão comunitária do amor, fusão do amor vertical e horizontal.

Lição de Jesus a partir de uma mulher

Estamos diante de duas mulheres privilegiadas dentro da vida pública de Jesus: Marta e Maria, irmãs de Lázaro, a quem Jesus ressuscitara dos mortos (*Jo* 11). Jesus era amigo dos três (*Jo* 11,5) e costumava hospedar-se em sua casa todas as vezes que ia a Jerusalém. Eles moravam em Betânia, um lugarejo distante 15km de Jerusalém, situado no sopé do Monte das Oliveiras, porém na encosta contrária àquela que se volta para a Cidade Santa e onde se situava o horto da paixão. Vindo pelo caminho, que beirava o Jordão, subia-se por Betânia, passava-se por Betfagé e, do alto da colina, avistava-se Jerusalém no outro lado do vale do Cedron.

Ora, para entrar em Jerusalém, os peregrinos costumavam lavar-se antes. Era em Betânia, na casa de Lázaro, Marta e Maria, que Jesus costumava cumprir esse ritual. Entende-se assim, melhor a cena de hoje: uma cena familiar que Lucas soube transformar em grande lição. Ele é o único Evangelista a descrever o fato. Não menciona Lázaro. Acentua a presença e o papel das duas mulheres.

A escuta da Palavra

Qualquer dona de casa sabe que dar de comer a 13 homens, chegados de viagem, exige uma série de preparativos.

Era o que Marta estava fazendo, exatamente o que qualquer dona de casa faria e faz ainda hoje. A expressão 'estava ocupada com muitos afazeres' ou 'andava atarefada com o serviço' (v. 40) é uma tradução não inteiramente exata do vocábulo grego original, que traz consigo a ideia de 'distração'. Marta estava atarefada, sim, porém seu trabalho a fazia ficar distraída (não ouvia a palavra de Jesus). O trabalho é necessário e bom. O trabalho (como o de Marta) pode ser expressão de caridade e verdadeiro serviço fraterno. Mas só o será, se não for empecilho para a escuta da Palavra de Deus. E a oração rezada só terá sentido, se ligada à escuta da Palavra de Deus.

E o que é escutar a Palavra de Deus? São Paulo, na Carta aos Romanos, dirá que "a fé nasce da escuta da Palavra de Cristo" (*Rm* 10,17). Em certo momento, Jesus elogia a grandeza de sua mãe, não apenas pela maternidade, mas por "escutar a Palavra de Deus" (*Lc* 11,28). E diz aos judeus que o pecado deles consiste em "não escutar a Palavra de Deus" (*Jo* 8,43). Não se trata de supervalorizar a contemplação em detrimento da ação. Não há primazia da contemplação. O que é necessário é que toda a nossa ação brote da Palavra de Deus e dela se nutra.

Escutar a Palavra de Deus é não só lê-la com os olhos ou ouvi-la com os ouvidos ou compreendê-la com o intelecto, mas transformá-la em prática de vida, em forma de oração, em comportamento, em obras (*Mt* 7,24), a ponto de podermos dizer com São Paulo: já não sou eu que faço, já "não sou eu que vivo, é Cristo que vive em mim" (*Gl* 2,20). Todos são chamados a essa experiência. A todos é dada essa graça.

**Uma mulher,
modelo de discípulo**

Não esqueçamos o grande contexto: Jesus está a caminho de Jerusalém e, durante a viagem, descreve o verdadeiro discípulo que pode morrer e ressuscitar com ele, que pode fazer parte do Reino de Deus. Maria é hoje apresentada como o modelo do verdadeiro discípulo que, em parte, coincide com o retrato do verdadeiro israelita descrito pelos Salmos (por exemplo, nos Salmos 1, 19 e 119). Digo 'em parte', porque Jesus faz exigências novas. O verdadeiro discípulo, aquele que escuta a Palavra de Deus e a põe em prática, Jesus o compara ao homem que construiu sobre rocha sólida (*Lc* 6,46-48) e a um campo fértil que produz muitos frutos (*Lc* 8,15).

Observe-se que Marta não vai pedir ajuda a Maria, mas vai lamentar-se com Jesus de Maria. Faz um julgamento. E Jesus ensina: "Não julgueis" (*Mt* 7,1). É comum comportar-nos como Marta e sequer dar-nos conta de que estamos ferindo o amor fraterno. Observe-se ainda que Jesus não condena o muito trabalho de Marta, mas sua exagerada preocupação com o trabalho a ponto de deixá-lo à parte e irritar-se com a irmã.

Penso que podemos colher ainda outra lição de vida cotidiana. A hospitalidade foi sempre recomendada pelo Antigo e pelo Novo Testamento. São Pedro escreve: "Praticai a hospitalidade!" (*1Pd* 4,9) Mas a hospitalidade não é só comida e dormida. O bom acolhimento do hóspede pressupõe também saber ouvi-lo. Muitas vezes, a pessoa tem mais necessidade de ser escutada do que se alimentar. A escuta é parte do acolhimento. E só quem acolhe, escutando, é capaz de abrir o diálogo da comunicação. A boa comunicação exige o acolhimento e a escuta, que acabam sendo essenciais para que a comunicação se torne comunhão. Maria, no Evangelho de hoje, é exemplo de quem recebe não só em sua casa, mas também em seu coração. A atitude de estar aos pés de Jesus, típica do discípulo, lembra também que, para escutar o outro, precisamos da humildade, a virtude que dissolve gelos, quebra barreiras e cria mútua simpatia.

17º DOMINGO DO TEMPO COMUM

1ª leitura: Gn 18,20-32
Salmo: Sl 137
2ª leitura: Cl 2,12-14
Evangelho: Lc 11,1-13

Quero que todos orem em todo lugar (1Tm 2,8)

REZANDO, JESUS ENSINA A REZAR COM HUMILDADE E CONFIANÇA

Os Evangelhos dos três últimos domingos formam uma sequência. Primeiro Jesus ensinou o que é a caridade verdadeira (Samaritano), depois nos lembrou a condição essencial de qualquer caridade: a escuta da Palavra de Deus (Maria de Lázaro). Hoje, diz-nos que o amor ao próximo e o amor a Deus vivem-se em comunidade orante. Três pilastras do cristão, que nunca sabemos se acabam sendo uma só ou se é possível distingui-las: a oração, a escuta da Palavra e a ação. Elas são simultâneas e se exigem.

Quem diz que não tem tempo para rezar, na verdade, está-se acusando de desequilíbrio. Santa Teresa, mulher de oração intensa, dizia que, assim como não se levanta um edifício sem que se prendam os tijolos com cimento, assim também uma vida construída sem oração é inconsistente. Não há santo que não tenha sido pessoa de oração. Tanto o cristão quanto a comunidade são, por definição, orantes. Quando Paulo escrevia aos tessalonicenses: "Orai sem interrupção" (*1Ts* 5,17), ou aos romanos: "Sede perseverantes na oração" (*Rm* 12,12), estava falando do estado e vida normal dos cristãos.

Jesus foi um orante e ensinou os Apóstolos a rezar. Embora tenha ensinado no Evangelho de hoje uma fórmula, não está na fórmula a oração, porque a oração é uma atitude do ser humano em conversa com Deus. O próprio Jesus recordou-nos que a oração não está nas palavras: "Nas orações não faleis muitas palavras como os pagãos. Eles pensam que serão ouvidos por causa das muitas palavras. Não os imiteis" (Mt 6,7-8).

Oração: tema essencial

O Evangelho de hoje é um pequeno tratado sobre a vida de oração. Diz-nos o que devemos pedir, com que palavras devemos pedir e fala-nos da força da oração e da confiança com que devemos rezar. A lição é dada pelo próprio Jesus num momento em que ele mesmo estava rezando (v. 1). Embora os Evangelhos falem muitas vezes de Jesus em oração, não é muito o que sabemos dele como orante. É sempre temerário querer penetrar no mundo da oração de um santo.

A oração verdadeira é coisa tão íntima e pessoal que ninguém consegue penetrar na oração de um santo, mesmo quando tenha deixado fórmulas escritas. Como Jesus, os santos deixam a certeza de que a oração é essencial, mostram-nos alguns princípios e modelos, fornecem-nos textos. Mas tudo isso é pouco, se não fizermos a experiência pessoal de nossa oração, se não juntarmos nossa inteligência e vontade, nosso sentimento, nosso ser inteiro e com ele dialogarmos com Deus, na humildade de criaturas e na confiança de filhos.

O tema da oração não pode ser separado do tema desenvolvido no Evangelho do domingo passado: a escuta da Palavra de Deus (Lc 10,38-42). Corremos sempre o perigo de escutar os nossos próprios interesses e necessidades e ideologias e vaidades e tecer orações para nós mesmos. Também não podemos separar o tema da oração do tema da misericórdia, ensinado pelo Evangelho do bom Samaritano (Lc 10,30-37), que lemos há dois domingos.

Jesus: homem de oração

Encontramos Jesus orando em particular, em lugares desertos (Lc 6,12; Mt 14,23; 11,25-26) e em público (Lc 23,34; Jo 17,1; Jo 11,41-42). Reza na intimidade com o Pai; reza por si mesmo (Mc 14,35-36; Lc 22,41); reza pelos Apóstolos (Jo 17,15) e em especial por Pedro (Lc 22,32); reza por aqueles que o crucificaram (*Lc* 23,34); reza no momento de sua morte (*Lc* 23,46). Foi durante a oração que o amor do Pai e a comunhão trinitária se manifestaram sobre Jesus (*Lc* 3,21).

Lucas mostra Jesus como homem de oração e um mestre que oferece à comunidade um verdadeiro catecismo sobre a oração (*Lc* 11,2-14; 18,1-14; 21,36; 22,40-46). E é Lucas o Evangelista que recolhe uma série de textos usados pelas primeiras comunidades cristãs: o Magnificat (*Lc* 1,45-55), o Cântico de Zacarias (*Lc* 1,68-79), o de Simeão (*Lc* 2,29-32), o canto dos anjos (*Lc* 2,14), o hino de Jesus de louvor ao Pai (*Lc* 10,2) e o Pai-Nosso, que lemos hoje, mais breve e menos judaico que a versão trazida por Mateus (*Mt* 6,9-13). Lembremos que nenhuma oração do Antigo Testamento ousava chamar Deus de Pai.

Os Apóstolos aprenderam a rezar tanto pelo exemplo pessoal do Mestre quanto pela fórmula ensinada do Pai-Nosso. Desta oração temos duas versões: a de Mateus (*Mt* 6,9-13) e a de Lucas. A de Mateus é mais solene, mais comprida e contém sete pedidos; a de Lucas é mais curta (cinco pedidos) e singela. Provavelmente nos primeiros tempos algumas comunidades rezavam por uma fórmula e outras rezavam por outra. Razões práticas, para poder-se rezar em comum, terá levado a Igreja a usar uma única fórmula, a de Mateus. Sabemos também que desde os primeiros séculos as comunidades costumavam terminar o Pai-Nosso com a frase: "Porque teu é o reino, o poder e a glória para sempre".

O que e como pedir

Ensinado o Pai-Nosso, Jesus conta uma história para reforçar a confiança na oração constante. Como naquele tempo, na Palestina, todos dormiam em esteiras, no chão e na mesma sala, procurar alguma coisa no escuro significava incomodar a todos. Na parábola de Jesus há duas lições. A primeira vemo-la no homem que bate com insistência à porta: nossa oração deve ser insistente, perseverante, contínua. A segunda, mais importante que a primeira, vemo-la no homem que se levanta para atender o amigo. Se ele é capaz disso, ainda que importunado, quanto mais o Pai do Céu, que está sempre à nossa espera e tem imensa alegria em receber-nos e atender.

Convém, no entanto, lembrar que Deus nada nos deve e nenhum mérito nosso é tão grande que possa dar-nos o direito sobre os benefícios divinos. Muitas vezes, encontramos pessoas que se queixam de não serem ouvidas por Deus. É certo que Deus nos escuta. Mas nem sempre recebemos aquilo que pedimos. Isso nos é lembrado nas figuras do pão e da pedra, do peixe e da cobra, do ovo e do escorpião (vv. 11.12). E, sobretudo, na figura da criança. Todos sabem que a criança pede coisas que não lhe servem ou não lhe convêm. Nós somos, diante de Deus, como filhos-crianças e Deus é sempre pai. Também Tiago e João pediram a Jesus coisas impróprias (*Mc* 10,35-40) e não foram atendidos. Mas há um pedido que Deus sempre atende: quando lhe pedimos o Espírito Santo (v. 13).

No Pai-Nosso nos é dito o que devemos pedir. A parábola nos ensina como devemos pedir. Cada um dos verbos empregados tem seu sentido. O verbo *pedir*, por exemplo, pressupõe o reconhecimento de que somos pobres e necessitados. O verbo *procurar* marca um dos temas que volta na Escritura todas as vezes que a criatura se coloca diante de Deus e do destino eterno que a espera. Poderíamos dizer que somos um ser à procura. Jesus sabe disso e diz que a procura não é vã para os que creem. No fim da procura encontramos quem e o que procuramos: a divindade perdida, a participação nas coisas divinas, a convivência eterna com Deus numa só família.

18º DOMINGO DO TEMPO COMUM

1ª leitura: Ecl 1,2;2,21-23
Salmo: Sl 89
2ª leitura: Cl 3,1-5.9-11
Evangelho: Lc 12,13-21

Todos, pequenos e grandes, são gananciosos (Jr 6,13)

A PRECARIEDADE DA VIDA E DAS COISAS NA TERRA

O Evangelho de hoje nos põe diante de um dos mais velhos temas do comportamento humano: a cobiça, também chamada ganância, que São Paulo considera a raiz de todos os males: "A raiz de todos os males é a cobiça do dinheiro" (1Tm 6,10). A cobiça é irmã gêmea da avareza, que Santo Antônio chamou de 'comida do diabo'. Por outro lado, se deduzimos do Evangelho que a realização humana não está na posse de riquezas e bens acumulados, porque eles são transitórios e o homem tem um destino eterno, não significa que devamos descurar os problemas e soluções de bem-estar temporal.

Muitas vezes, acusam-se as pessoas religiosas de frear o progresso e dar ópio ao povo, falando da eternidade. A sã religião, enraizada no Evangelho, não condena nenhum valor humano, mas condena o fazer deles o centro e a finalidade da vida, como se um deles ou alguns deles ou todos eles fossem o único deus de uma existência egoísta e limitada ao tempo. Não se trata de condenar a riqueza, criatura boa de Deus ou da inteligência humana, mas de ver o comportamento em sua dimensão horizontal – para o mundo e para a sociedade – e vertical – para Deus e a eternidade. Disse-o belamente São Paulo: "Tudo é vosso, mas vós sois de Deus!" (1Cor 3,22-23).

O Evangelho de hoje é de uma atualidade gritante, porque nosso tempo está marcado pela procura desenfreada do bem-estar. Em nome do bem-estar, sacrificaram-se os filhos e encheu-se a casa de conforto. O século XIX esforçou-se por colocar a razão no lugar de Deus. O século XX entronizou o bem-estar e a esse ídolo queimou toneladas do incenso chamado consumismo. O homem gastou-se em saciar a fome do ter e a fome do poder. O Evangelho continua a afirmar que a felicidade humana não está nem no muito possuir nem no prazer de dominar.

**Cobiça
e avareza**

O episódio que lemos hoje só Lucas o traz. Aproveitando um fato acontecido numa das roças da Galileia, Jesus mostra a fragilidade da ganância e completa o ensinamento com uma parábola de advertência sobre a precariedade das riquezas.

Não é de estranhar o pedido feito a Jesus. Segundo a Lei de Moisés para os camponeses, o filho mais velho, além de herdar a casa e o terreno sozinho, herdava ainda dois terços dos bens móveis. É provável que a briga estivesse em torno do terço sobrante. Nesses casos, recorria-se ao doutor da lei, também chamado legisperito, uma mistura de advogado, teólogo e juiz. Vemos, então, que Jesus era considerado pelo povo como um advogado, como alguém que sabia das coisas e podia dar uma solução justa. Mas Jesus, evitando tomar o lugar dos juristas, para que ninguém pudesse acusá-lo de usurpar poderes, fala da cobiça e da avareza.

O episódio era muito propício à lição. Alguém herdara todos os bens, menos uma pequena parte, que devia ser repartida entre os irmãos, e negava-se a fazê-lo, porque queria a herança inteira para si. Uma ganância forte, que não só feria os direitos dos outros, mas também, e sobretudo, o amor fraterno, sobre o qual Jesus queria construir o novo povo de Deus.

**Ninguém confessa
que é ganancioso**

A ganância tem raízes profundas e enganosas. São Paulo, experimentado conhecedor da alma humana, chama a prática da ganância de idolatria (*Cl* 3,5; *Ef* 5,5), isto é, de culto a falso deus. É tão atraente e sedutora, que é capaz de levar-nos a trair os verdadeiros valores humanos. Pior, deixa o homem sempre desassossegado. Santo Antônio dizia que "a pessoa cobiçosa não tem descanso e assemelha-se ao caçador que corre atrás de pássaros que voam". Há santos que pensam que a traição de Judas se deveu à ganância. O próprio Evangelista João sugere essa razão (*Jo* 12,6). E Santo Agostinho, tão observador do coração, lembra que a ganância não respeita nem Deus nem o homem, não perdoa nem ao pai nem ao amigo, não considera nem a viúva nem o órfão. Em torno de nós está a confirmação.

São Francisco de Sales escreveu um capítulo "sobre como ser pobre, tendo riquezas". A certa altura escreveu: "Ninguém confessa que é ganancioso. Todos detestam essa vileza do coração. Escusam-se pelo número de filhos que têm, alegam regras de prudência, que exigem um fundo seguro e suficiente. Nunca têm bens demais e sempre acham novas necessidades para ajuntar ainda mais. O mais ganancioso nunca crê, em sua consciência, que o é. A ganância é uma febre esquisita, que tanto mais se mostra imperceptível quanto mais violenta e ardente se torna".

Podemos tomar qualquer um dos quatro Evangelistas e lê-lo, prestando atenção ao tema do desapego. Veremos que vem exigido ou insinuado em todas as páginas e até proposto como condição primeira para se compreender e viver o Evangelho. Os religiosos, que fazem voto de pobreza, apenas acentuam o que se pede de todos os cristãos. Talvez possamos dizer que é mais fácil adquirir riquezas que usá-las. Em todo o Antigo Testamento, a riqueza é considerada uma bênção do céu. Jesus não desdisse isso. Apenas ensinou o correto comportamento diante dos bens, já que eles passam e a criatura humana é eterna.

Rico diante de Deus

A parábola lembra-nos também que não somos donos de nossa vida. A vida pertence a Deus. Ele a dá, ele a tira. Deus é o garante dela, não os bens acumulados. Jesus chama de *insensato* (v. 20), isto é, sem senso, sem juízo, a quem pensa que a vida feliz está nos bens conquistados. O rico da parábola é insensato ao menos por três razões: pensa que o valor pessoal depende de sua riqueza e de seu poder; pensa que a vida terrena é eterna ou, ao menos, prolongável enquanto durarem seus bens; ignora que é Deus quem dá e retoma a vida. Apesar da nossa experiência cotidiana, ainda não vivemos convencidos da precariedade da vida. Escrevia Tiago, bispo de Jerusalém: "Não sabeis como será a vossa vida amanhã. Sois uma fumaça que por um instante aparece e logo desaparece. Dizei sempre: se Deus quiser, viveremos e faremos isso ou aquilo" (*Tg* 4,14-15).

Os grandes mestres da vida, quando falam da precariedade dos bens, costumam apontar o dedo para o mistério da morte, que nos quer nus, como nus saímos do ventre de nossa mãe. Santo Antônio costumava dizer: "Teu mesmo, meu irmão, é só o que podes levar na morte".

Na luta pela vida, na luta pela sobrevivência, na luta pelo direito de levar uma vida de gente, devemos acercar-nos dos bens terrenos, devemos usar nossa inteligência para fazê-los frutificar, desde que isso nos sirva para "crescer em humanidade, valer mais, ser mais" (*Populorum Progressio*, 15), porque, quando o homem cresce em humanidade, aproxima-se de Deus. Quando o homem cresce em humanidade, luta contra a injustiça e a miséria, em favor do progresso econômico, social e espiritual de sua comunidade e da comunidade universal. Quando o homem cresce em humanidade, põe suas riquezas a serviço dos outros, tanto as riquezas materiais quanto as riquezas intelectuais. Isso é ser rico em sabedoria e sábio nas riquezas. Isso é – na expressão de Jesus – ser rico diante de Deus (v. 21).

19º DOMINGO DO TEMPO COMUM

1ª leitura: Sb 18,6-9
Salmo: Sl 32
2ª leitura: Hb 11,1-2.8-19
ou Hb 11,1-2.8-12
Evangelho: Lc 12,32-48
ou Lc 12,35-40

Sê fiel até à morte e eu te darei a coroa da vida (Ap 2,10)

O DISCÍPULO ENTRE AS DUAS VINDAS DO SENHOR: FIDELIDADE E SERVIÇO

Hoje podemos ler um Evangelho mais comprido ou outro mais curto. O mais curto é um tópico tirado de dentro do mais comprido (*Lc* 12,35-40). Jesus continua a propor as qualidades que o discípulo deve ter para morrer e ressuscitar com ele em Jerusalém. Depois de exortar a não seguir os fariseus (*Lc* 12,1), de não amontoar bens na terra (*Lc* 12,13-21), de ter confiança na Providência (*Lc* 12,22-31), Jesus faz uma promessa: "Não tenhais medo: o Pai dar-vos-á o Reino!" (v. 32). Volta, porém, a condição: deixar tudo e abraçar o Reino como o único tesouro da vida (v. 34).

O Reino de Deus envolve o ser humano inteiro (que a Bíblia costuma chamar de 'coração'). O Reino de Deus não se instala em lugar já ocupado. Por isso é absolutamente necessário esvaziar 'o coração' dos bens materiais, de tudo o que desperta ganância, avareza e ansiedades. Quando a Bíblia fala em 'coração puro', entende, em primeiro lugar, um coração livre de apegos e interesses, um coração inteiramente voltado para Deus.

Jesus sabia bem que a criatura humana tem a tendência de correr para os bens como o rio normalmente corre para o mar. Parece paradoxo, mas o Evangelho é uma força contracorrente. Daí a insistência de Jesus em não 'deixar-se levar'. Volta ao tema da vigilância: devemos caminhar acordados, conscientes, com atenção, na certeza firme de que não trabalhamos em vão: o Senhor virá ao nosso encontro. E não só no fim dos tempos, mas durante o tempo. O Senhor passa continuamente por nós nos acontecimentos, na voz dos que clamam pela reconciliação e pela paz, na voz dos que pregam a justiça e a liberdade, na voz dos profetas que falam da presença de Deus ativa no meio da sociedade esquecida dele.

Paciência atenta

Muitas vezes, nos livros do Novo Testamento, chama-se a atenção para a necessidade da vigilância. Vigiai, velai, ficai atentos, permanecei acordados, estai preparados são expressões bastante correntes tanto nos ensinamentos de Jesus quanto nos dos Apóstolos (*Mt* 24,40-44; 25,13; *Mc* 13,33-37; *Lc* 21,34-36; *1Cor* 16,13; *1Pd* 5,8; *Ap* 3,3; 16,15; *At* 20,31). E explicitamente no Evangelho de hoje.

Vigiar significa, em seu sentido próprio, renunciar ao sono da noite. Pode ser para prolongar o trabalho ou para evitar ser apanhado de surpresa por um inimigo. Os pastores conheciam bem esse último significado, porque ficavam acordados para espantar os lobos que quisessem aproximar-se do rebanho. A partir desse primeiro sentido, nasceu o segundo: ficar atento, lutar contra a tentação da negligência e do desânimo, ter paciência, ser fiel.

Jesus recomendou a vigilância nesse segundo sentido. Empregou diferentes figuras e comparações para que os Apóstolos compreendessem a necessidade da atenção: o ladrão que chega escondido e imprevistamente, o patrão que pode voltar para casa a qualquer hora, o pai de família desvelado, o servo fiel, as moças prudentes. "Não somos mais da noite, escreveu São Paulo, por isso não durmamos, mas fiquemos vigilantes!" (*1Ts* 5,5).

O Senhor vem para cear conosco

Jesus exemplifica com três pequenas parábolas: a do porteiro, a do ladrão e a do administrador. As três figuras ocorrem outras vezes no Novo Testamento. O patrão que volta da festa do casamento, lembra a parábola das moças vigilantes (*Mt* 25,1-13), a do porteiro é parecida com a parábola contada por Marcos (*Mc* 13,33-37). A do administrador é contada também por Mateus (*Mt* 24,42-51). A figura do Senhor que chega como um ladrão encontramo-la também em *1Ts* 5,2; *2Pd* 3,10 e *Ap* 3,3.

A mãe, que espera acordada o retorno do filho ou da filha de uma festa noturna, lembra bem a primeira parábola, que Jesus exemplifica com o porteiro que deve abrir a porta ao patrão, quando ele chegar de uma festa de bodas. Ele não pode apagar a lamparina (de azeite), porque demorará em reacendê--la, quando o patrão chegar. Não pode despir-se e deitar-se, porque demorará para vestir-se, para abrir a porta e receber o patrão. Se o empregado demorar, o patrão vai ter o desgosto de ficar esperando ao relento. O patrão é o Senhor. O empregado somos nós. Se estamos vigilantes, quando o Senhor bater à porta, ele nos fará parte de sua família. Isso está contido na expressão: "Fá-lo-á sentar-se à mesa e o servirá" (v. 37).

Essa frase deve ter repercutido muito entre os primeiros cristãos, que esperavam para logo o fim do mundo e esforçavam-se por suportar tribulações na esperança da chegada imediata da segunda vinda de Jesus. A frase tem claro eco no Apocalipse, quando o Autor põe na boca do Senhor as palavras: "Estou à porta e bato. Se alguém ouvir a minha voz e abrir a porta, entrarei em sua casa e cearemos juntos e lhe concederei sentar-se comigo em meu trono" (*Ap* 3,20-21).

Administrador, não dono

Pedro faz a Jesus uma estranha pergunta: a parábola é dirigida a eles, Apóstolos, ou a todos? No momento em que Pedro a formulou, podia ter algum outro sentido, mas, no momento em que Lucas a escreveu, ela assumiu um sentido claro. Acontecera a primeira vinda do Cristo. Ele prometera vir uma segunda vez, como juiz e senhor de todos. A pergunta de Pedro assume esse sentido: que devemos fazer entre a primeira e a segunda vinda? Era a grande preocupação das primeiras comunidades. Na verdade, deveria ser também a nossa grande preocupação.

Embora com figuras, Jesus responde a essa questão. Antes de tudo, o discípulo não se comporte como patrão e dono das coisas e das situações. O discípulo é um administrador (v. 42) dos bens que Deus, o verdadeiro patrão, confiou-lhe. Bens materiais, sim, mas, sobretudo, os bens espirituais trazidos pelo Cristo e, acima de tudo, o bem dos bens: o próprio Cristo Senhor. A referência à distribuição da "porção de trigo" (v. 42) lembra José do Egito, homem prudente, grande e fiel administrador, que salvara o povo da fome e da morte (Gn 41,47-49). Mas há também uma sutil referência às palavras de Jesus: "Eu sou o pão da vida descido do céu: quem dele comer não morrerá" (Jo 6,48-49). Desse Cristo vivo o discípulo será o administrador responsável. Ninguém tem o Cristo para si. O Cristo deve ser distribuído, como se distribui o pão aos pobres.

A fidelidade e o serviço fraterno e humilde ao próximo são reforçados pelo exemplo negativo do administrador prepotente, calculista e dissoluto (v. 45). Lucas gosta de montar um contraste, para ressaltar uma lição. O ensinamento é claro, mas poucos, parece, são os que, de fato, compreende-no e o põem em prática. Jesus fala num "pequeno rebanho" (v. 32), alusão à expressão profética do "resto de Israel" (Is 4,3; Jr 23,3; Mq 5,6-7), que permanecerá fiel e santo. O Evangelho de hoje, talvez, possa ser resumido em duas palavras: fidelidade e serviço. A fidelidade implica a vigilância; o serviço implica a disponibilidade. Jesus diz que essas qualidades são "muito" (v. 48) e aos fiéis servidores promete: servi-los em pessoa (v. 37), dar-lhes o senso de felicidade (v. 38), confiar-lhes os bens do céu (v. 43).

20º DOMINGO DO TEMPO COMUM

1ª leitura: Jr 38,4-6.8-10
Salmo: Sl 39
2ª leitura: Hb 12,1-4
Evangelho: Lc 12,49-53

O fogo provará qual foi a obra de cada um (1Cor 3,13)

A PAZ QUE JESUS TROUXE NÃO É A AUSÊNCIA DOS CONFLITOS

O trecho que lemos hoje é o final de um longo discurso de Jesus, ou melhor, de uma longa coleção de ditos de Jesus que Lucas concatenou entre si e os pôs estilisticamente na subida de Jesus a Jerusalém. O tema principal, que percorre todo o discurso, são as qualidades que o discípulo deve ter para poder subir à Cidade Santa com Jesus, morrer e ressuscitar com ele. Em outras palavras: as qualidades de quem quer participar do Reino de Deus. Entre elas Jesus acentua o desapego de todas as posses, a libertação de todos os cuidados com as coisas do mundo, a vigilância contínua e a fidelidade a toda prova.

Nesse final, Jesus mostra-se angustiado com o próprio destino e deixa claro que quem quiser morrer com ele não terá sorte melhor. E o sofrimento poderá afetar até mesmo o amor mais caro, confiável e terno: o amor familiar. Se ele, Jesus, sentirá total abandono por parte do Pai (*Mt* 15,34), o discípulo não espere consolo e apoio de ninguém, nem mesmo daqueles de quem seria normal e justo esperar. Jesus dramatiza ao extremo a angústia do sofrimento e deixa transparecer que o desapego e a fidelidade poderão chegar a essa exigência radical.

A decisão de acompanhar Jesus até o extremo vai contradizer valores aparentes, como a paz que nasce do bem-estar, da comodidade, da autorrealização. É uma luta contínua, que

Jesus compara a uma espada desembainhada (*Mt* 10,34) e em luta. A figura do discípulo não se descreve tanto como alguém sentado, escutando o mestre, mas como alguém de pé, pronto para o combate ou pronto para abraçar a cruz. Em outras palavras: o desapego e a vigilância exigem um dinamismo acordado e sempre refeito.

O fogo da cruz

Mais vezes dissemos que Lucas gosta de fazer contrastes. Hoje emprega o paralelismo, bastante comum na literatura do tempo: fogo-água (= batismo), desejo-angústia; acender o fogo-consumar o batismo. A associação água-fogo é característica da literatura apocalíptica hebraica, bastante comum também fora da Bíblia. O apocalipse era um gênero literário, como a poesia, o teatro, o romance. Ele era usado para descrever o julgamento de Deus sobre o mundo carcomido pelo pecado, invadido pela idolatria, e a construção de um mundo novo, fundamentado na piedade e na fidelidade a Deus.

Para nós ocidentais, o estilo apocalíptico apresenta dificuldade de compreensão. Mas o povo que escutava Jesus o compreendia muito bem. Jesus emprega, então, o estilo apocalíptico exatamente no momento em que se aproxima da etapa final de sua missão. A morte e a ressurreição representam para ele e para a humanidade o momento decisivo, o momento do julgamento divino: ou o discípulo aceita a morte de Cristo e morre com ele, para com ele e como ele ressuscitar, ou se escandaliza, isto é, recua diante do fato milagroso da Páscoa e se perde, porque não há outra porta para a eternidade fora da Morte e Ressurreição de Jesus de Nazaré, Filho de Deus, Salvador.

O povo esperava que Deus mandasse fogo do céu para queimar as injustiças. Ou renovasse o dilúvio. Jesus sugere que o fogo destruidor e o dilúvio purificador serão sua morte na cruz.

Batismo de fogo

Evidentemente, Jesus não falava do fogo de fogão. Usou um símbolo. A palavra 'fogo' tem muitos significados na Sagrada Escritura e todos eles poderiam ser aplicados aqui. Poderia significar o fogo da provação e da purificação (*Ml* 3,2-3; *Eclo* 2,5). Jesus, na verdade, veio para tirar o pecado do mundo e purificar a humanidade e fez isso por meio do sofrimento. Seu sangue derramado na Cruz destruiu (queimou) toda a maldade e purificou as criaturas, separando a ganga bruta do ouro fino, como faz o fogo no cadinho. Poderia também significar o julgamento final (*Is* 66,15-16); *Ml* 3,19). Então Jesus estaria vendo sua morte como momento decisivo e culminante de sua missão. Assim também o discípulo poderia encontrar na morte (fim dos tempos) a purificação plena e a recompensa eterna.

Poderia, também, referir-se ao Espírito Santo. Mais tarde, Lucas descreve o Espírito Santo, no dia de Pentecostes, como línguas de fogo (*At* 2,3.19). Cristo enviou da parte do Pai o Espírito da Verdade (*Jo* 16,7-13), que fez compreender o pecado da incredulidade e iluminou o mistério da encarnação de Jesus e o mistério redentor da cruz.

Qualquer um desses sentidos expressa o desejo de Jesus de ver a criatura purificada e santificada. Foi essa a meta final de sua missão na terra. Mas ele sabia que, para chegar lá, era preciso passar pela Cruz. A essa morte ele chamou de batismo, um mergulho no sofrimento, no mistério, como se fosse em águas profundas e desconhecidas. Ou, se ficarmos na figura do fogo, um salto na fogueira. João Batista havia dito que Jesus batizaria o povo "no Espírito Santo e no fogo" (*Lc* 3,16). Essa expressão fica mais clara agora. O fogo que Jesus espalhou na terra, ao morrer na Cruz, foi o Espírito de Deus, que encheu tudo, a ponto de estarmos por ele envolvidos e nele mergulhados. Esse Espírito nos lava, como um batismo, e nos mantém na graça, na amizade e na presença de Deus.

**Conflitos
e vida**

Mas isso não acontece sem conflitos pessoais, familiares e sociais. Não acontece sem crises. A palavra *crise* pode significar diagnóstico, purificação e decisão. O discípulo deve sempre de novo se comparar ao Mestre Jesus, ver as diferenças e suas causas (diagnóstico), procurar os curativos (purificação) e ser uma testemunha autêntica (decisão). Desse dinamismo nasce a paz verdadeira. O Cristo, que é nossa paz, é o Cristo da Cruz redentora, é o Cristo despojado de tudo, plenamente fiel à vontade do Pai a ponto de dizer que dela faz seu alimento (*Jo* 4,35). A paz que ele nos trouxe não é a paz que nasce da espada, mas a paz que brota da generosidade do amor.

Pode espantar-nos a frase de Jesus: "Não vim trazer a paz, mas a divisão" (v. 51). Os contemporâneos esperavam um Messias que impusesse a paz pela força, uma paz política, que fosse sinônimo de dominação. Não fora para isso que o Messias viera. Jesus cita indiretamente o profeta Miqueias, quando descreveu o velho mundo cheio de divisões e brigas: "Não confies em colega; não contes com amigo; mesmo para aquele que dorme contigo, guarda-te de abrir a boca; porque o filho insulta o pai, a filha revolta-se contra a mãe, a nora contra a sogra; os inimigos são os da própria casa" (*Mq* 7,6-7). Portanto, nem fogo do céu, nem dilúvio, nem Messias restaurador do reino de Davi, como coração e equilíbrio do mundo. Continuará o velho mundo. Continuarão os conflitos. A cruz deve ser carregada todos os dias (*Lc* 9,23). A Cruz purificará as criaturas. A Cruz de Jesus unida à nossa cruz pessoal. A cruz vencerá o mal e o maligno.

Ironicamente Jesus lembra que todos sabem ler os sinais da mudança do tempo (vv. 54-55), mas não sabem ler os sinais da passagem da velha para a nova aliança. O grande sinal ali estava: era ele. Mas muitos não o viam, porque usavam máscaras (implícitas na palavra *hipócrita* do v. 56), a máscara do orgulho e da autossuficiência.

21º DOMINGO DO TEMPO COMUM

1ª leitura: Is 66,18-21
Salmo: Sl 116
2ª leitura: Hb 12,5-7.11-13
Evangelho: Lc 13,22-30

Esta é a porta do Senhor:
só os justos podem por ela passar (Sl 118,20)

A TODOS DEU O PODER DE TORNAREM-SE FILHOS DE DEUS

Já lembramos, várias vezes, que dois terços do Evangelho de Lucas é uma viagem a Jerusalém. Os aspectos geográficos existem, mas são secundários. Importam os aspectos teológicos. Jerusalém é o ponto culminante e a meta decisiva, seja pela Cruz de morte e triunfo, seja pela ascensão gloriosa de Jesus ao céu. Os últimos fatos que aconteceram em Jerusalém, tristes e alegres, temporários e eternos, fazem Lucas lembrar-se da morte de cada cristão, do fim dos tempos, do momento em que o terreno alcança e se funde com o transcendental. Por isso, Jerusalém, para Lucas, tem dois sentidos: o final duro, mas feliz, da caminhada salvadora de Jesus; o final possivelmente duro e provavelmente feliz de cada pessoa. Misturam-se morte e ressurreição de Jesus com morte e vida eterna das criaturas.

Dentro dessa visão das coisas, cabe bem a pergunta que alguém faz sobre o número dos que se salvam (v. 23). Lucas acaba de dizer que Jesus ensinava em cidades e povoados (v. 22), isto é, pregava a todos, convidando todos para o Reino. Havia rabinos que ensinavam que, em princípio, todo o povo de Israel, e somente ele, se salvaria. Outros restringiam muito o número. Essa preocupação com o número existe até hoje. Há seitas que marcam exatamente o número dos que se salvam, o que é uma afronta à misericórdia de Deus, sabidamente sem limites.

Além do mais, Lucas, que não é judeu, acentua sempre a universalidade da salvação. Jesus não responde à pergunta com números, mas aproveita a pergunta para insistir no esforço e na colaboração de cada um com a graça de Deus. Os rabinos mencionam categorias sociais inteiras que não podem salvar-se: os pagãos, os que comerciavam com os pagãos, os que trabalhavam para pagãos. Esse modo de pensar, não compartilhado por Jesus, assemelha-se ao pensamento dos que hoje excluem previamente do paraíso as crianças não batizadas, os chamados 'infiéis', os que não entram em determinadas estruturas religiosas. Não está nesse tipo de discussão a resposta ao grave problema da salvação. Jesus não se interessou em discutir o assunto.

Porta aberta, porta fechada

O problema da salvação é uma questão de empenho, de esforço, de conversão, de testemunho. Todos são chamados. Não há restrições nem privilégios. "A todos deu-lhes o poder de se tornarem filhos de Deus" (*Jo* 1,12). O participar da vida divina, da graça salvadora é, no Evangelho de hoje, comparado a um banquete de festa, presidido pelo próprio Senhor. Todos podem participar, desde que entrem pela porta estreita, enquanto ela estiver aberta (vv. 24.25).

O tempo de a porta ficar aberta é a vida terrena. Em determinado momento, o dono da casa (Deus) fechará a porta: é o fim do tempo para quem morre, é o fim também do tempo da salvação. Fim, que virá de improviso. Não será pela morte que entraremos no Reino. A entrada dar-se-á durante a vida terrena. A morte é o fechamento da porta. Jesus empregou várias vezes a figura da porta (*Mt* 7,13-14; *Jo* 10,7-9). Ela quer dizer passagem. Passar para o Reino, para dele participar em plenitude, exige esforço, luta, penitência (ideia sugerida pelo aperto da porta), conversão, cruz.

Esforço e perseverança

As palavras de Jesus assumem tom apocalíptico, próprio de quando as Escrituras falam dos últimos acontecimentos da vida humana (na teologia esse capítulo da História da Salvação se chama *Escatologia*). As palavras tomam sentido figurado, às vezes até mais forte do que o sentido normal. Não basta ouvir sermões sobre Jesus ou ir à mesa da Comunhão. É preciso viver a justiça, isto é, pôr em prática os ensinamentos de Jesus, entender a Paixão e sofrer com ele os fatos acontecidos em Jerusalém. E poder dizer com o Apóstolo Paulo: "Combati o bom combate. Vivi a fé!" (*2Tm* 4,7).

Em outra ocasião, Jesus diz a mesma coisa com outras palavras: "Nem todo aquele que diz: *Senhor, Senhor*, entrará no Reino dos Céus, mas aquele que faz a vontade de meu Pai" (*Mt* 7,21). O critério, portanto, para participar da mesa divina não é o de sangue. Também não depende de títulos e grandezas humanas. Depende da conversão. Jesus é claro ao dizer: "Esforçai-vos!" (v. 24). É a palavra principal do Evangelho de hoje. Todos são chamados, do oriente e do ocidente, do norte e do sul (v. 29). Mas a resposta é individual e é dada com o esforço consciente de cada um. Fica sempre de pé e válido o convite de Jesus: "Vinde a mim, vós todos, que estais fatigados e sobrecarregados, e eu vos aliviarei" (*Mt* 11,28). O 'vinde' implica um caminhar de quem é chamado. Esse caminhar, feito de esforço, luta, perseverança, fidelidade está incluído no "esforçai-vos por passar pela porta estreita".

A salvação é uma graça, não uma conquista meritória humana. Mas a graça é dada a quem a procura, a quem a pede, a quem se apresenta como um terreno fértil para as sementes divinas. Quando Paulo se despedia das comunidades recém-fundadas, para continuar sua viagem, costumava exortar a todos à perseverança e ao esforço, "porque, para entrar no Reino, são necessárias muitas tribulações" (*At* 14,22). Essas tribulações podem vir de fora, como perseguições e calúnias, mas podem vir de dentro de cada um, como o desânimo, a indiferença, a ganância. Trabalhar o próprio coração, confrontá-lo com o coração de Jesus é converter-se, é morrer com Jesus.

Uma decisão intransferível

A imagem da porta estreita usada por Jesus é muito ilustrativa. Quando começava a escurecer, fechavam-se os portões da cidade e dos palácios e abria-se uma pequena porta, por onde só passava uma pessoa por vez, podendo-se assim controlar quem entrava e quem saía. Além de a porta estreita sugerir a penitência, sugere também que a passagem para o Reino é um assunto individual: cada um, com os próprios pés e na própria vez, entra ou sai. Não se entra por delegação. Não posso mandar outro a participar do banquete do Reino (v. 29) no meu lugar. Não posso tomar o lugar de outro. A salvação é uma decisão pessoal intransferível.

A expressão de Jesus: "Vós que praticais a iniquidade" (v. 27) é fortíssima e deixa claro que, para passar pela porta, precisamos ter praticado a justiça. Seja a justiça como a entendemos na vida cotidiana, isto é, de dar a cada um o que lhe pertence e respeitar os direitos e a dignidade de todos, seja no sentido bíblico de purificação dos pecados e vivência da santidade. A justiça, assim entendida, é como que o bilhete de passagem pela porta. Disse-o São Pedro em Cesareia: "Em Deus não há acepção de pessoas, mas lhe é agradável quem, em qualquer nação, temê-lo e praticar a justiça" (At 10,34).

A repetição: "Não sei de onde sois" (vv. 25 e 27), apesar de os excluídos reconhecerem a voz e afirmarem terem comido com o Senhor e tê-lo visto ensinando nas praças (v. 26), é, antes de tudo, uma chicotada nos judeus, que não o reconheceram, apesar de vê-lo e ouvi-lo. Mas é também uma vergastada nos que pensam fazer muito, quando batizam os filhos ou acompanham uma ou outra procissão ou fazem alguma esmola com o dinheiro que roubaram. A expressão 'choro e ranger de dentes' é bíblica e significa o desespero de quem ficou excluído para sempre do Reino.

22º DOMINGO DO TEMPO COMUM

1ª leitura: Eclo 3,19-21.30-31
Salmo: Sl 67
2ª leitura: Hb 12,18-19.22-24a
Evangelho: Lc 14,1.7-14

A humildade precede a honra (Pr 15,33)

REINO DE DEUS: MESA DE TODOS SERVIDA PELO PRÓPRIO DEUS

Comer na casa de alguém era sinal de amizade, de estima. Os judeus mais ricos tinham o costume de, aos sábados, convidar as pessoas mais achegadas, ou mais conhecidas por qualidades especiais, para a refeição depois da oração na sinagoga. É possível que Jesus tenha falado na sinagoga nesse sábado, porque se costumava dar a palavra a pessoas maiores de 30 anos, que estivessem de passagem pelo lugar. A essa altura, Jesus era famoso, o povo já o considerava grande profeta e os fariseus discutiam muito sobre ele e seus ensinamentos. Hoje Lucas o diz claramente: "Os fariseus o estavam observando" (v. 1).

Não foi a única vez que Jesus comeu em casa de fariseus importantes (*Lc* 7,36-50; 11,37-53). Aliás, Lucas é o único Evangelista a dizer que Jesus comia também com os fariseus. Essas refeições prolongavam-se em conversas e discussões, como acontece ainda hoje num jantar com convidados. Os pobres e as pessoas com defeitos físicos – que não podiam participar, porque eram tidos como impuros e pecadores – costumavam ficar do lado de fora, observando e, de certa forma, escutando as conversas.

Lucas, bom estilista, reuniu no capítulo 14 uma série de ditos importantes de Jesus e os agrupou como se tivessem sido ensinados durante uma só refeição. A mesa e a refeição, por sinal, têm uma importância grande nos ensinamentos de Jesus, que acabou centrando todo o novo Povo de Deus em torno de uma mesa: a mesa eucarística, em que ele é o alimento e o assunto da conversa. Jesus aceitou muitos convites para comer, tanto que chegaram a chamá-lo de comilão (*Lc* 7,34).

Gente dentro, gente fora

Era sábado. Dia santo para os hebreus. Recordavam a criação do mundo e lembravam a libertação da vida escrava do Egito. Liam os Profetas e a Lei. Rezavam salmos de agradecimento. Era um refazer da fé, da unidade, da dependência de Deus. Era também um momento de confirmação do povo santo e escolhido. Jesus aceitou a refeição, mas foi além do comer e do falar. Mais tarde, o autor da Carta aos Hebreus imaginou a glória do céu como um sábado sem-fim (*Hb* 4,9-10). Mais de uma vez Jesus comparou o Reino dos Céus a um grande banquete, a uma ceia de comunhão eterna, como diz uma das *Orações Eucarísticas*.

Jesus contou duas parábolas. Uma, dirigida diretamente aos convivas. A outra, dirigida ao dono da casa, mas foi dita em voz alta para que os pobres e os estropiados, que estavam de fora, sem convite, pudessem-no escutar e entender. Aliás, nesse dia, os pobres e deficientes físicos deviam ser muitos. Há um trecho, que é saltado na leitura de hoje, em que, apenas chegado ao banquete, Jesus cura um hidrópico (vv. 2-6). O fato deve ter aglomerado muitos para ver Jesus. A liturgia salta o milagre, porque quer acentuar a lição sobre a humildade e a gratuidade. A lição é de atualidade imensa. Se observarmos o mundo de hoje, vemos uns poucos sentados à mesa da fartura, conversando, não raramente sobre Deus, enquanto a maioria dos pobres é tolerada como espectadora, do lado de fora da sala do bem-estar.

Mais importante do que o sábado

Se os fariseus observavam Jesus, Jesus também observava os fariseus (v. 7). Eles costumavam respeitar estritamente a precedência, que não era pela idade, mas pelo prestígio. Daí a disputa pelos primeiros lugares, como fazem nossos políticos em tempo de eleição. Eram ciosos de honra. Por isso gostavam de ser saudados nas praças públicas e nas sinagogas escolhiam os lugares mais visíveis e destacados (*Lc* 20,46). Mas Jesus não veio para ensinar boas maneiras. Ele tem outras intenções, de caráter teológico. Quem quiser participar do banquete do Reino deve fazer-se pequeno, deve superar o egoísmo, tendente a nos fazer o centro de todos.

No banquete do Reino não há lugar para o presunçoso, que cobra de Deus recompensa e procura vantagens pessoais na comunidade. Quantas vezes Jesus terá repetido que ser pequeno e desapegado é condição básica para se entrar no Reino, ou seja, para se compreender a mensagem e o modo de viver terreno e eterno que Jesus ensinou (*Lc* 10,21). Deus é glorificado pelos humildes. Não é a ciência e a fama que contam, nem a riqueza que alguém possui. Mas a humildade do coração, possível em quem tem grandes conhecimentos e também no analfabeto. A criatura humana só é humilde, quando reconhece seus limites, sua dependência de Deus como criatura. A criatura humana só é humilde, quando serve gratuitamente ao próximo.

Observe-se que Jesus havia curado um hidrópico em dia de sábado. Lucas não faz girar a discussão sobre a observância do sábado, como para insinuar que mais importante do que a observância do sábado é a humildade. Jesus aproveita a ocasião propícia, mas fundamenta a lição na Escritura, aceita por todos os convidados. De fato, podia-se ler no livro dos Provérbios: "Não te vanglories diante do rei nem te ponhas no lugar dos grandes, porque é melhor para ti que te chamem e te digam: 'Sobe mais', do que sofreres vergonha diante de um nobre" (*Pr* 25,6-7). Mas, repitamos, Jesus vai além das etiquetas de boa educação e de conveniência social. Jesus aponta para o Reino, o novo modo de ser comunidade, o novo modo de ser povo de Deus.

**Caminho
de felicidade**

A conclusão de Jesus: "Quem se exalta será humilhado, quem se humilha será exaltado" (v. 11) é retomada na parábola do fariseu e do publicano no templo (*Lc* 18,9-14) e comentada por Jesus, quando os fariseus avarentos zombaram de sua proposta: "Pretendeis passar por justos diante dos homens, mas Deus conhece vossos corações. O que é *elevado* para os homens é *abominável* para Deus" (*Lc* 16,15). Jesus não atacou, portanto, somente uma atitude corriqueira dos ouvintes, mas seu modo de se relacionar com Deus. Quem se sente justo e carregado de méritos torna-se arrogante e prepotente. Retrato que contraria frontalmente o modelo da nova comunidade criada por Jesus, que, "sendo Deus, aniquilou-se a si mesmo e assumiu a condição de servo" (*Fl* 2,6-7).

A segunda parábola necessita de uma observação prévia. Jesus não proibiu festas entre amigos e familiares. Pertencia ao linguajar do tempo de Jesus fazer contraposições fortes, para acentuar o equilíbrio. Lucas usa muitas vezes desse estilo de argumentar. Não se nega nenhum dos contrários, mas se aclara o caminho a seguir. Na verdade, a lição é bastante parecida com a da primeira parábola.

Os judeus eram muito calculistas. O 'dou para que me dês' era regra, que se aplicava também a Deus. Pelas obras que faziam, passavam a ser credores de Deus. A lógica do Reino é outra. Já no Sermão da Montanha Jesus falara da abertura a todos, amigos e inimigos, santos e pecadores (*Lc* 6,32-34). Não é apenas uma lição de generosidade, mas um ensinamento teológico sobre Deus, que quer todos sentados à sua mesa e ele mesmo servindo (*Lc* 12,37), porque Deus se fez servo em Jesus de Nazaré e nos ensinou o caminho do serviço humilde e gratuito como o caminho da felicidade.

23º DOMINGO DO TEMPO COMUM

1ª leitura: Sb 9,13-18
Salmo: Sl 89
2ª leitura: Fm 9b-10.12-17
Evangelho: Lc 14,25-33

Refleti, observei e aprendi a lição (Pr 24,32)

QUATRO CONDIÇÕES RADICAIS PARA SER DISCÍPULO DE JESUS

A coisa mais difícil que Jesus exigiu e exige de seus discípulos é o desapego. Se o tema era extremamente difícil para um hebreu, levando-se em conta que o Antigo Testamento considerava a riqueza como expressão da bênção divina, o desapego não é menos difícil de compreender e de viver nos nossos tempos. Jesus falou muitas vezes do desapego. Mas o texto de hoje é de candente clareza e incondicionada radicalidade. O desapego é posto como condição primeira e necessária, como única porta de entrada nos caminhos do Evangelho.

O convite radical, no início, talvez tenha sido proposto só para os Apóstolos. Mateus, por exemplo, insere-o no discurso missionário (*Mt* 10,37-38). Mas Lucas tem o costume de estender as graças e as obrigações a toda a comunidade. Não só o pequeno número de missionários itinerantes deve viver desapegado, mas também todos os cristãos, porque todos têm por vocação seguir os passos e o exemplo do Mestre. Por isso, Lucas apresenta Jesus exigindo o desapego das "numerosas multidões" (v. 25), ou seja, de todos.

O instinto da posse é quase tão forte quanto o instinto da vida. Quando somos assaltados e devemos escolher entre a vida e a entrega dos bens, preferimos entregar os bens. Mas o fazemos coagidos e violentados. Jesus não nos violenta, mas propõe, indica, aconselha. Nós é que, livremente, devemos violentar o instinto da posse e o egoísmo do coração. Não basta correr atrás de Jesus, porque ele é um homem bom e faz milagres. Não basta aplaudir Jesus nas muitas coisas que ensina e com as quais estamos de acordo. É preciso aceitá-lo por inteiro: a realidade de sua pessoa divino-humana e a totalidade de sua doutrina, para sermos um só com ele, como o verso e o reverso de uma medalha fazem uma unidade.

Jesus dá o exemplo

São quatro as condições radicais postas por Jesus: o desprendimento das coisas familiares; o desprendimento da própria vida (dos próprios interesses); o desprendimento de qualquer tipo de posse material ou espiritual e o assumir a cruz, isto é, a própria história em suas situações concretas de cada dia. É, certamente, muito o que Jesus exige. Mas, se olharmos bem, é exatamente o que ele fez, quando veio a este mundo: deixou a glória do paraíso, assumiu a pobreza em todos os sentidos, "aniquilou-se a si mesmo, tomando a condição de servo" (Fl 2,7), sofreu todas as vicissitudes de seu tempo e de seu povo e morreu crucificado.

Jesus nada exige que não tenha experimentado primeiro. Aliás, Lucas sugere isso ao dizer que Jesus caminhava à frente das multidões, para quem 'se voltou' para ensinar (v. 25). Em outra ocasião, Jesus dissera explicitamente: "O discípulo, para ser perfeito, deve ser como o mestre" (Lc 6,40). Jesus repartiu tudo o que era e o que tinha com os discípulos, até mesmo seu poder divino de perdoar pecados e de santificar (Jo 20,23). Mas quer repartir também a cruz e a morte, partes integrantes de sua missão salvadora, e partilhar a ressurreição e a glorificação, nova meta da criatura redimida.

A religião do egoísmo

Tenhamos claro uma coisa: Jesus não é contra a família e todo o seu aconchego amoroso nem contra o cultivo dos valores pessoais. Todas as qualidades humanas são dons de Deus, que devem ser apreciados e desenvolvidos. A família deve até ser considerada como um dom sagrado, que o Concílio Vaticano II chamou de "Igreja doméstica" (*Lumen Gentium*, 11). O problema está em família sem Jesus e família com Jesus. E esse 'com Jesus' vai muito além de um quadro precioso ou da cruz pendurada esteticamente na parede da sala, ou do batizado dos filhos ou da Primeira Eucaristia. Significa viver a presença do Senhor e viver segundo seus ensinamentos em todas as circunstâncias. Deveríamos examinar esse ponto ao menos tantas vezes quantas pensamos no sustento financeiro de nossa vida. Deveríamos sentir, pensar e respirar Jesus ao menos tantas vezes quantas ouvimos a voz dos familiares e enchemos os pulmões de ar. Isso sem beatices, de forma normal, como parte de nossa vida diária. Afinal, deveríamos ser a face, os braços, o corpo do Senhor na terra.

O mesmo vale para cada um individualmente. O egoísmo nos força sempre a nos voltar sobre nós mesmos e nossos interesses. Muitos dos que seguiam Jesus o seguiam não por causa dele, mas por causa dos benefícios que poderia lhes dar. Isso é de novo grosso egoísmo. A religião de muitos é egocêntrica e interesseira. Sua meta é a satisfação pessoal de seus desejos. A esse tipo de religião – um mal generalizado – Jesus se opõe, porque uma religião de satisfação pessoal é episódica, vazia de amor e, por isso, estéril.

Os bens que o discípulo deve renunciar não são apenas os bens materiais, mas é o seu *eu*, sempre tão carregado de exigências, que costuma tornar-se o centro único e a meta de todos os esforços e ações. O *eu* pode ser considerado antônimo de *cruz*. E a cruz é caminho necessário para quem quer ser discípulo do Senhor. Para o egocêntrico torna-se difícil, se não impossível, a dimensão dinâmica para a comunidade e a dimensão temporal e eterna para Deus.

Trabalho e estratégia

Jesus reforça sua exigência, contando duas parábolas: a da torre e a da batalha. Ambas têm o mesmo sentido. O Reino de Deus, isto é, a vida verdadeiramente cristã, vivida com Deus na terra e prolongada no céu, é como uma torre a ser construída. Ela não se fará sozinha nem sem material suficiente. A principal tarefa do discípulo é construir o Reino de Deus. Não basta ficar no desejo. Nem bastam a admiração e outros sentimentos. Pôr-se a construir o Reino exige trabalho, esforço, estratégia, como preparar-se para uma batalha. A estratégia proposta por Jesus hoje é o esvaziamento do nosso *eu*, coisa que exige muito mais esforço e trabalho do que levantar uma catedral ou arrasar uma montanha.

Jesus fala em 'sentar-se e calcular', fala em deliberar. O discípulo, antes de tomar a decisão de seguir Jesus até a morte, e durante o seguimento, precisa assumir e reassumir sempre de novo essa decisão com toda a sua consciência e suas forças. Porque, se olhar para trás, se recuar, não será digno do trabalho começado. Em outra ocasião, também falando do discípulo que deve desprender-se de tudo e caminhar com decisão, Jesus formula esta frase, que virou provérbio: "Ninguém, que põe a mão no arado e olha para trás, é apto para o Reino de Deus" (*Lc* 9,62). Sentar-se e deliberar é procurar sempre de novo as razões e as raízes de nossa fé e de nossa opção cristã. E carregar a cruz é também ser coerente com o nosso crer e o nosso fazer.

Um dos cristãos que melhor compreendeu a exigência de Jesus e viveu o desprendimento foi São Francisco de Assis. Jamais recuou e inúmeras vezes se pôs em retiro e meditação, comparando seus passos aos passos de Jesus. Venceu a guerra do egoísmo e tornou-se 'um quase Cristo redivivo', na expressão do Papa Pio XI.

24º DOMINGO DO TEMPO COMUM

1ª leitura: Êx 32,7-11.13-14
Salmo: Sl 50
2ª leitura: 1Tm 1,12-17
Evangelho: Lc 15,1-32
ou Lc 15,1-10

Senhor, tua misericórdia é eterna! (Sl 138,8)

JESUS ENCARNA DEUS FEITO MISERICÓRDIA

Lucas juntou no capítulo 15 as três parábolas da misericórdia. Esse capítulo é uma das páginas mais bonitas e emocionantes do Evangelho e marca decisivamente a diferença entre a teologia do Antigo e a teologia do Novo Testamento, isto é, a maneira de o Antigo Testamento 'ver', 'sentir' e 'viver' Deus e a nova maneira ensinada por Jesus Cristo. Nessas três parábolas, o protagonista é Deus, não o pecador arrependido. Na verdade, nas três parábolas, quase nada se fala do pecado e da conversão. Deus está figurado no pastor, na mulher que procura seus bens, no pai que abraça e beija o filho retornado. É um Deus feito de misericórdia. Jesus é a encarnação da misericórdia divina. Por isso ele procura o pecador, como o pastor procura uma ovelha transviada dentre cem que compõem o rebanho; como a mulher, que procura a dracma perdida; como o pai, que abre os braços para acolher o filho, sem lhe perguntar o porquê nem lhe impor condições para o retorno.

Embora a Liturgia permita, à hora do Evangelho, ler apenas as duas primeiras parábolas, porque a do Bom Pai é lida no quarto domingo da Quaresma no Ano C, aconselhamos a leitura da íntegra do capítulo 15, por formar uma significativa unidade. Embutidos no tema da misericórdia estão outros dois temas que pervadem tanto o Antigo quanto o Novo Testamento: o tema da procura e o tema da alegria. Se as parábolas descrevem um Deus à procura, a criatura humana pode ser definida como um ser em permanente procura. E assim como as águas de um rio, à medida que correm para o encontro com o mar, molham e fecundam as margens, assim também o ser humano, à medida que procura Deus e as coisas de Deus, enche-se de íntima alegria e de alegria contagia todo o ambiente.

Santos e pecadores

Lucas começa as parábolas da misericórdia com uma observação, que mostra bem o contexto em que foram pronunciadas pelo Mestre. Jesus acolhe os pecadores e come com eles (v. 1). Os Sinóticos são unânimes em dizer que Jesus sentava-se à mesa e comia com os pecadores e aceitava sua hospitalidade (*Mc* 2,15; *Mt* 9,10; *Lc* 5,29). Lembremos que 'pecadores' aqui não são necessariamente os que transgrediam os Dez Mandamentos, mas os que não podiam observar os 365 preceitos que os fariseus impunham, ou exerciam uma profissão considerada aviltante (pastor, pescador, curtidor de couros, vendedor ambulante, condutor de bestas de carga, jogador de dados) ou eram analfabetos (porque não conseguiam ler os livros sagrados).

Os publicanos cobravam os impostos para os romanos e, por isso, eram considerados traidores do povo eleito, ladrões e impuros. Jesus costumava comer com publicanos e pecadores, tanto que os fariseus o chamaram de "comilão e beberrão, amigo de publicanos e pecadores" (*Lc* 7,34). Sentar-se à mesa de alguém era sinal muito claro de comunhão e amizade. Isso escandalizava fariseus e escribas e era uma das razões por que não conseguiam acreditar em Jesus como profeta e enviado de Deus. Nas parábolas de hoje Jesus se justifica, mostrando que seu Deus e Pai é diferente do Deus dos fariseus: é um Deus misericordioso com justos e injustos, com santos e pecadores (*Lc* 6,35-36; *Mt* 5,43-48).

Coração receptivo

Também os pecadores e publicanos tinham simpatia por Jesus. Observe-se que Lucas diz expressamente que eles 'se avizinhavam' de Jesus. E mais, Lucas abre tanto o leque a ponto de dizer que 'todos' os publicanos e pecadores procuravam Jesus para ouvi-lo (v. 1). Temos, então, um Jesus que procura os pecadores marginalizados, e pecadores que procuram Jesus com vontade de ouvi-lo. Observe-se ainda que Lucas faz Jesus contar as parábolas da misericórdia aos publicanos e pecadores, aos fariseus e escribas. A todos se estende a misericórdia divina. Todos são chamados a ser "misericordiosos como o Pai é misericordioso" (*Lc* 6,36).

Mas para receber e dar misericórdia pressupõe-se um coração receptivo. Observe-se a diferença na abertura das parábolas de hoje: os pecadores *ouviam* Jesus; os fariseus *murmuravam* contra Jesus. Ouvir é o primeiro passo da fé, é o começo da conversão. Os pecadores estão, portanto, na direção certa. Murmurar denota desacordo, não aceitação, o que inviabiliza a conversão. Os fariseus estão, portanto, na direção errada. Jesus veio, sim, para fariseus e pecadores. Mas repetiu, muitas vezes, que o orgulho cegava os fariseus e a humildade favorecia os pecadores. Encontramos a mesma contraposição entre o filho pródigo, que retorna humilde, por isso é perdoado e festejado, e o filho mais velho, sempre 'em casa', mas fechado sobre si mesmo.

A ovelha perdida tanto pode ser o fariseu quanto o pecador. A solicitude do pastor não distingue ovelhas negras e ovelhas brancas. Todas são suas. Jesus mostra-se, na parábola, extremamente sábio. Está falando a pecadores e a fariseus e escribas. Ora, de um lado o pastoreio era considerado profissão indigna. A figura agradaria aos pecadores. De outro lado, muitas vezes, os profetas haviam comparado Deus a um pastor (*Is* 40,11; *Sl* 23; *Zc* 11,16; *Eclo* 18,13). A figura agradaria a escribas e fariseus. A Jesus interessava fazer passar a lição da misericórdia divina e a alegria de Deus no retorno do pecador.

**Complexo
e alegria**

Façamos ainda uma reflexão sobre a ovelha, sabidamente gregária. Não consegue viver sozinha. Quando se perde, põe-se a correr em todas as direções à procura do rebanho, até cair de cansada. A criatura humana também é um animal social. Em termos religiosos, é feita para a comunidade. Converter-se não significa perder a liberdade e a identidade, mas perceber e viver a presença de Deus estampada nos irmãos. Dessa percepção, virão consequências que modificarão naturalmente nosso comportamento em suas três dimensões: para dentro (consciência), para fora (os outros) e para cima (Deus). Um fariseu orgulhoso transforma-se, então, em Paulo de Tarso; um publicano torna-se o Apóstolo Mateus; uma prostituta transfigura-se em Santa Maria Madalena.

Mais de uma vez tenho encontrado cristãos 'complexados' em seu relacionamento com Deus, porque, afirmam, aprenderam no Catecismo a noção de um Deus castigador e vingativo. Ou por insuficiência do catequista ou por insuficiência de compreensão, essas pessoas, na verdade, não saíram de si mesmas e não construíram um relacionamento com Deus. Quando a criatura humana vê seus próprios pecados, erros e desgraças, e não consegue ultrapassar-se, assemelha-se ao cão que recome seu próprio vômito. Por isso tem sentimentos azedos, revoltados.

A misericórdia pressupõe uma abertura, um sair de si mesmo, um relacionamento dinâmico: de Deus para nós, de nós para Deus, de cada um para os outros. Um relacionamento que gera alegria. A alegria do encontro, a alegria partilhada na festa com os amigos e vizinhos. Alegria no céu. Alegria na comunidade. Alegram-se o pastor, a mulher e o pai. Alegra-se Jesus ao ver que os pecadores queriam escutá-lo. Se o Deus de Jesus Cristo é Deus de extrema misericórdia, é também um Deus de inteira alegria. Entrar em comunhão com Deus é entrar na sua alegria (*Mt* 25,21).

25º DOMINGO DO TEMPO COMUM

1ª leitura: Am 8,4-7
Salmo: Sl 112
2ª leitura: 1Tm 2,1-8
Evangelho: Lc 16,1-13
ou Lc 16,10-13

É sempre bem-visto quem dá de boa vontade (2Cor 8,12)

A FIDELIDADE A DEUS E O USO DOS BENS MATERIAIS

Em vários domingos há a possibilidade de se ler um Evangelho mais longo ou apenas uma parte dele. Hoje, pode-se ler *Lc* 16,1-13 (com toda a parábola do administrador infiel, cuja esperteza Jesus elogia e não o seu comportamento moral), ou só as conclusões (*Lc* 16,10-13), que Jesus tira da parábola: fidelidade ao Senhor na administração de todos os bens que dele recebemos. Essa fidelidade não permite ter o coração dividido: parte voltado para Deus, parte voltado para os bens materiais (v. 13), ou, algumas horas para Deus e outras para o luxo egoísta.

No capítulo anterior, lido no domingo passado, Lucas fala da misericórdia. No capítulo 16, lido, em boa parte, neste e no próximo domingo, o Evangelista desenvolve o tema do uso cristão das riquezas. O tema preocupava as primeiras comunidades, porque a maioria dos cristãos provinha do meio hebraico, que considerava a riqueza a maior expressão da bênção divina. Jesus tem uma doutrina diferente sobre a posse e o uso da riqueza.

O tema tem sido de muita atualidade em todas as gerações e em todas as culturas. Não se pode dizer que os bens e as riquezas sejam más, porque são dons de Deus. O problema está no seu uso e no fato de as riquezas, geralmente, prenderem as criaturas de tal maneira que se esquecem dos bens melhores, que são os espirituais. São Paulo resume o assunto com uma frase muito feliz: "Tudo é vosso: a vida e a morte, o presente e o futuro, tudo é vosso. Mas vós sois de Cristo" (*1Cor* 3,21-23). Talvez pudéssemos dizer que uma das características do cristão é saber usar as coisas que passam em função das eternas. Esse é um pedido que a Igreja faz muitas vezes em suas orações litúrgicas (cf., por exemplo, a Oração da Missa do 17º domingo deste Ano C).

Relacionamento com os bens

Nas traduções, essa passagem quase sempre vem intitulada como 'O Administrador infiel', o que ajuda a pensar que Jesus tenha elogiado a infidelidade. Se puséssemos como título 'O Administrador esperto', compreenderíamos melhor e mais depressa o ensinamento da parábola. O vocábulo original grego, que é traduzido por 'astuto', 'esperto', tem uma abrangência maior e significa aquele que tem a lucidez de perceber a gravidade de uma situação, a rapidez em encontrar uma boa solução e a coragem de tomar decisões certas. Ora, eram exatamente essas qualidades que Jesus pedia aos discípulos em todas as situações, mas, no Evangelho de hoje, sobretudo diante do forte apego aos bens materiais e da necessidade de tudo deixar para segui-lo (*Lc* 18,28) ao Calvário e à Ressurreição.

'Materialismo' é o apego exagerado às coisas materiais, ao dinheiro e ao prazer do luxo. São Paulo definiu a filosofia de vida dos materialistas neste sentido: "Comamos e bebamos, pois amanhã morreremos" (*1Cor* 15,32). Esse materialismo foi condenado muitas vezes no Antigo Testamento. E também por Jesus. São Paulo adverte contra quem torna seu ventre o próprio Deus (*Fl* 3,19). Mas também não podemos odiar e destruir os bens, porque seria odiar as criaturas de Deus. Quem despreza os bens que Deus criou despreza o próprio Deus. A lição de Jesus está no nosso relacionamento com os bens.

Criador e criatura

A grande exigência do Evangelho é não confundir o Criador com a criatura. O Criador é a nossa única origem e nosso único destino. Erramos toda vez que pomos numa criatura (homem ou riquezas) a finalidade de nossa vida. Fomos feitos por Deus e para Deus. Somos dele. Somos propriedade de Deus. A razão e a vontade que dele recebemos não nos dá o direito de esquecer que ele é o Senhor. Se o esquecemos, pecamos.

O Criador, embora presente em todas as criaturas, não se confunde com elas. Ainda que todas as criaturas possam falar de Deus, nelas não podem permanecer nosso pensamento, nosso desejo e nosso destino. Se fazemos de uma coisa a finalidade de nossa existência, essa coisa, essa pessoa transforma-se em 'ídolo', isto é, em falso deus. Por isso a Escritura nos ensina que devemos amar a Deus acima de todas as coisas (*Êx* 20,4-5; *Lc* 10,27). O serviço a Deus e o serviço ao dinheiro têm lógicas diferentes de ação: o serviço a Deus se move no plano do amor, da doação, da generosa fraternidade; o serviço ao dinheiro, no plano do proveito próprio, da competição, do ter e do dominar.

Está por aqui a lição do Evangelho de hoje. Não podemos ter dois deuses (v. 13): o Deus, que nos criou e ao qual pertencemos, e alguma criatura – saída da mão de Deus – que encontramos ao longo do caminho, criatura animada e racional (como uma pessoa) ou criatura inanimada (como o ouro e o dinheiro). As criaturas todas existem para nosso uso, para nos ajudar. Delas serviu-se Jesus em sua vida terrena. Delas serviram-se os santos. O pecado está em transformar uma criatura em Criador. Isso acontece, não raras vezes, com as riquezas. A parábola que leremos no próximo domingo (*Lc* 16,19-31) mostra-nos bem como a riqueza cega o coração. E na parábola do semeador, Jesus lembrou que as riquezas e os prazeres sufocam a Palavra de Deus (*Lc* 8,14). O texto de hoje termina no verso 13, mas conviria ler também o 14, que soa assim: "Ouviram tudo isso os fariseus, que eram muito agarrados a dinheiro, e zombaram de Jesus". Não será também minha essa atitude?

Coisas grandes e coisas pequenas

Muitos autores vêm no versículo nono ('fazei amigos com as riquezas') um incentivo à esmola. É bem possível essa interpretação, porque a esmola é um tema bastante acentuado por Lucas (11,41; 12,33; 19,8; *At* 9,36; 10,2.4.31; 11,29; 24,17), e tem a ver com o desapego, com a generosidade, com a caridade e liga-se, estreitamente, à misericórdia, tema quase central no Evangelho de Lucas. Os amigos seriam os pobres e necessitados, considerados amigos de Deus. O povo tem um belo provérbio: "Quem dá aos pobres empresta a Deus". Pela esmola, não só nos tornamos amigos dos pobres, mas também amigos de Deus, que ama quem dá com alegria (*2Cor* 9,7).

Costumamos fazer muita distinção entre coisas grandes e coisas pequenas. Medimos pelos olhos, pelo peso, pelo tamanho. Na caminhada espiritual, as medidas são de outra natureza. As coisas e os gestos pequenos podem ter um valor imenso. Que tamanho visual tem a hóstia que comungamos? No entanto, seu valor é infinito. Nada custa, em dinheiro e tempo, um copo d'água a um sedento. Jesus promete a esse gesto uma recompensa eterna (*Mc* 9,40).

No Evangelho de hoje nos é dito que devemos ser fiéis nas coisas pequenas e nas coisas grandes. Uma maneira de dizer que devemos ser fiéis sempre a Deus, o sumo Bem, que se manifesta tanto em coisas pequenas quanto em coisas grandes. Ser fiel a Deus, em certos momentos insignificantes, é, de certa forma, garantia de que o seremos nos grandes momentos da vida. O uso dos bens poderia parecer uma faceta secundária dentro dos grandes ensinamentos de Jesus. No entanto, toma um lugar central e torna-se condição necessária para todas as outras decisões. Ao tema do uso dos bens prende-se a própria fidelidade a Deus.

26º DOMINGO DO TEMPO COMUM

1ª leitura: Am 6,1a.4-7
Salmo: Sl 145
2ª leitura: 1Tm 6,11-16
Evangelho: Lc 16,19-31

Em breve verei desarmada a minha tenda (2Pd 1,14)

NA VIDA PRESENTE ESCOLHEMOS A ETERNIDADE QUE QUEREMOS

No domingo passado e neste, lemos o capítulo 16 de Lucas, uma catequese sobre o uso das riquezas. Na primeira e na última parte, temos duas parábolas: a do Administrador esperto, que lemos no domingo passado, e a do Rico e do Pobre. No centro temos um conjunto de exortações referentes às duas parábolas, ou seja, ao desapego, à fidelidade, à misericórdia, à partilha dos bens.

O tema do uso dos bens percorre todo o Evangelho, já que os ensinamentos de Jesus giram sempre em torno do eterno-temporal. Aos que põem a finalidade da vida nos bens temporais, não é fácil convencer-lhes dos bens eternos. O sentido da parábola de hoje já está presente no *Magnificat*: "Depôs do trono os poderosos e elevou os humildes; encheu de bens os famintos e mandou embora os ricos de mãos vazias" (*Lc* 1,52-53). Encontramos o mesmo sentido em outro momento: "Ai de vós, ricos, que agora viveis fartos! Felizes os famintos de agora, porque sereis saciados! (*Lc* 6,20ss).

Talvez fosse bom, já que a parábola de hoje leva necessariamente ao confronto riqueza-pobreza, vida presente-vida futura, recordar as palavras do Papa São João Paulo II, ditas na Favela do Vidigal, no Rio de Janeiro, em julho de 1980; palavras que nunca perderão sua atualidade: "Àqueles que vivem na abundância ou, ao menos, em um relativo bem-estar, a Igreja, que quer ser a Igreja dos pobres, diz: usufruí os frutos do vosso trabalho e de uma lícita industriosidade, mas, em nome das palavras de Cristo, em nome da fraternidade humana e da solidariedade social, não vos fecheis em vós mesmos! Pensai nos mais pobres! Pensai naqueles que não têm o suficiente! Naqueles que vivem na miséria crônica, que sofrem fome! E partilhai com eles! Partilhai de modo programático e sistemático".

Um pobre com nome

Só Lucas traz a parábola do Rico e do Pobre. Como Lucas é o Evangelista da misericórdia, é justo ler a parábola também como um incentivo à misericórdia; e mais justo ainda lembrar que a misericórdia e a justiça são irmãs e costumam andar juntas. A parábola do Rico e do Pobre não é original de Jesus. Ela vem contada em outros contextos por autores profanos anteriores, evidentemente com outros termos, mas insinuando a mesma lição. Sempre preocupou a existência de pobres e ricos aqui na terra, de felizes e infelizes. Por que uns têm e outros não? Em todas as culturas, procurou-se uma explicação. E, muitas vezes, foi lembrado o necessário relacionamento entre a vida presente e uma vida futura. Na parábola, Jesus não deixa dúvida de que nosso comportamento nesta vida terrena repercute sobre a vida eterna.

Original de Jesus é a parte que fala dos irmãos do Rico, isto é, aquelas pessoas que vivem neste mundo à semelhança do rico da parábola. Original também é o nome dado ao pobre. É a única parábola do Evangelho, cujo protagonista principal tem um nome próprio: Lázaro. E é simbólico, porque 'Lázaro' significa 'Deus ajuda'. Geralmente o pobre é um anônimo, ou pouco nos interessa como se chama. Jesus lhe dá um nome, valoriza-o. O rico é quem fica sem nome. Como os ricos são conhecidos pelo nome, os leitores da parábola lhe deram um: chamaram-no Epulão, que significa 'comilão'.

A partilha dos bens

"Se eles não escutam Moisés e os profetas..." (v. 31). Apesar de o Antigo Testamento acentuar a riqueza como prova de bênção divina, a partilha dos bens com os mais necessitados e o respeito à dignidade humana dos pobres faziam parte dos deveres para com o próximo. O não cumprimento desses deveres era o pecado apontado com veemência pelos profetas.

Moisés havia detalhado uma série de obrigações para com os pobres, sobretudo os órfãos e as viúvas (*Êx* 22,24-26; *Dt* 24,10-15), e alguns profetas haviam sido muito explícitos na defesa dos pobres. Amós, por exemplo, que viveu 750 a. C.: "Ouvi, vós que esmagais o pobre e quereis eliminar os humildes do país, vós, que falsificais a balança, comprando o fraco por dinheiro e o pobre por um par de sandálias: o Senhor jurou que não esquecerá nenhuma dessas ações" (*Am* 8,4-7). Isaías, que viveu 530 a. C.: "Reparte o pão com os famintos; acolhe em casa os pobres sem teto; quando vires alguém sem roupa, veste-o e não te recuses a ajudar o próximo" (*Is* 58,7). No livro de Tobias, lemos estes conselhos: "Não desvies tua face de nenhum pobre, e assim não se desviará de ti a face de Deus. Age de acordo com tuas posses. Se tiveres em abundância, dá aos pobres em proporção de teus bens. Se tiveres pouco, não tenhas receio de tirar desse pouco" (*Tb* 4,7-8).

Moisés e os profetas ensinaram com clareza. Muitos não os escutaram. Será que um morto ressuscitado seria mestre melhor? (v. 30). Jesus ressuscitou dos mortos. É ele mais escutado que Moisés e os antigos profetas? Não continuam as riquezas do mundo, que pertencem a todos, acumuladas nas mãos de poucos, pouquíssimos? Não estão nossos olhos contemplando uma versão gigantesca da parábola do Epulão e do Lázaro?

As margens de nossa liberdade

A parábola tem também um sentido escatológico, isto é, contém um ensinamento sobre a vida depois da morte e o direcionamento das coisas terrenas para as eternas. Pela parábola, é claro que a vida que fazemos agora tem uma projeção eterna. Há um nexo de dependência entre a vida presente e a vida depois da morte. Na vida presente somos livres para viver como queremos: no altruísmo ou no egoísmo, na virtude ou no pecado. A morte não zera tudo, como gostariam alguns que acontecesse. A morte revela-nos o sentido da vida na terra. É a morte, que o Evangelho chama de 'fim dos tempos', que fixa para sempre o destino futuro da criatura humana, destino eterno que depende de como vivemos o pequeno espaço de tempo na terra.

Depois da morte, as escolhas que fizemos na vida presente serão julgadas por Deus, sempre misericordioso e compreensivo, mas sempre justo e fiel às suas propostas. O egoísmo da vida presente torna-se isolamento e desespero depois da morte, condição que a teologia chama de 'inferno'. O altruísmo da vida presente torna-se comunhão com Deus e com todos os que, na vida terrena, "puseram em prática os ensinamentos divinos" (*Lc* 8,21). Essa comunhão eterna e gloriosa com Deus chama-se 'paraíso'. A parábola é clara em definir as duas situações, de felicidade uma, de sofrimento a outra.

A liberdade é um dos maiores dons que Deus nos concede. Mas ela tem margens que a limitam: os preceitos divinos. Esses nos foram ensinados pelos profetas, pelo Evangelho. Além disso, Deus pôs em cada pessoa humana a consciência. Ensina o Concílio Vaticano II: "Na intimidade da consciência, o homem descobre uma lei. Ele não a dá a si mesmo. Mas a ela deve obedecer. Chamando-o sempre a amar e fazer o bem e a evitar o mal, no momento oportuno, a voz desta lei lhe soa nos ouvidos do coração: faze isto, evita aquilo" (*Gaudium et Spes*, 16). A vida presente, portanto, é decisiva. É nesta vida que jogamos nosso destino eterno. É na vida presente que escolhemos a eternidade. Depende de nós a salvação trazida por Jesus Cristo Salvador.

27º DOMINGO DO TEMPO COMUM

1ª leitura: Hab 1,2-3;2,2-4
Salmo: Sl 94
2ª leitura: 2Tm 1,6-8.13-14
Evangelho: Lc 17,5-10

Nossa fé vence o mundo (1Jo 5,4)

A FÉ NÃO SE MEDE PELO TAMANHO, MAS PELA QUALIDADE

No capítulo 15, Lucas nos contava as parábolas da misericórdia. No capítulo 16, falava-nos dos bens materiais que devem estar a serviço da misericórdia. Neste domingo, e no próximo, lemos dois trechos do capítulo 17, em que Jesus fala da fé, razão propulsora da misericórdia. Jesus não diz o que é a fé, mas apresenta qualidades da fé, que nos ajudam a examinar a fé que temos.

Toda a história da salvação é uma história de fé, de homens e mulheres de fé. Muita gente se diz sem fé. No entanto, a fé, embora dom de Deus, é uma experiência profundamente humana. A fé religiosa se coaduna, perfeitamente, com a psicologia da criatura humana, que, nascida para viver em comunidade, tende, naturalmente, a apoiar-se na força e na palavra de uma outra pessoa. Quem não tem essa confiança é anormal.

A fé religiosa é um passo adiante. Confiamos na força e na palavra de Deus. Essa confiança vem inata na criatura. À medida que negamos ou obnubilamos essa dimensão espiritual, diminuímos em humanidade e nos tornamos mais lobos uns para os outros. A humanidade está vivendo uma grande crise de relacionamento. À raiz dessa crise está o amortecimento da fé em Deus criador e provedor. A fé cristã vê a força de Deus encarnada em Jesus, Palavra viva de Deus no meio de nós (*Jo* 1,14).

A fé pode ser pequena

O pedido dos Apóstolos está dentro de uma lógica. Jesus havia insistido no desprendimento de todos os bens (*Lc* 12,15-34), coisa absolutamente nova na teologia hebraica. Havia exigido o desprendimento da família e das coisas familiares (*Lc* 14,26), o que era difícil de entender para quem tinha uma cultura de clã. Havia mostrado uma imagem de Deus totalmente nova, na figura do velho pai que abraça, perdoa e acolhe o filho pródigo, sem pedir satisfações nem impor condições (*Lc* 15,20-24). Nos versículos que precedem o trecho de hoje (*Lc* 17,3-4), Jesus ensina que o perdão não tem limites e isso a homens cuja generosidade maior havia chegado até à lei do talião, isto é, 'elas por elas'.

Os Apóstolos estão atônitos. Mas, em vez de recuar e abandonar o Mestre, pedem aumento de fé. As exigências de Jesus ultrapassam sua compreensão. Ou melhor, começam a entender que estão entrando num mundo novo, com outra lógica de raciocínio e outras regras de comportamento. Jesus os convida a não pensar a fé em termos de grandeza ou quantidade. A fé pode ser pequena como um grão de mostarda (v. 6), mas terá a força de fazer coisas extraordinárias, até mesmo contra as leis da natureza, como plantar uma árvore sobre as ondas do mar. A fé põe a criatura em comunhão com Deus e a faz participar de sua força criadora e salvadora.

Também a parábola (vv. 7-9) vem contada em função da fé. Observemos que a exigência do patrão da parábola era coisa normal. Mas não é ela que dita a lição. Mesmo porque Deus não se comporta como o patrão, que não deixa um momento de sossego ao empregado. Pouco antes, com as parábolas da misericórdia, Jesus nos mostrara o verdadeiro modo de agir do Pai. E ele mesmo foi muito explícito em dizer que viera para servir e não para ser servido (*Lc* 12,32).

Fé dinâmica e humilde

Parece-me que podemos ver duas qualidades essenciais da fé no ensinamento de Jesus, que lemos hoje. A primeira: a fé deve ser *dinâmica*. A fé não é sinônimo de resignação. A fé nada tem a ver com o quietismo. A fé é coragem e decisão, ação e iniciativa. A fé é tão ativa que é capaz de mudar a ordem da criação. Uma árvore não se radica sobre as ondas do mar. Mas a fé pode fazer o impossível. O próprio Jesus afirmou na Última Ceia: "Comigo tudo podeis" (*Jo* 15,5). A fé sabe fazer viver também no tumulto das ondas. A fé é dinâmica e opera sempre, em dias bons e em dias maus. Se não for ativa, é morta, ensina Tiago (*Tg* 2,15-17). A fé tem a força de nos fazer caminhar também por cima das coisas negativas, como o pecado, a dúvida, a confusão, a violência injusta.

Os Apóstolos precisam dessa lição. Enfrentarão, dentro de pouco, a prisão e a tortura de Jesus, a calúnia e prevalência da falsidade. Bem mais difícil que plantar uma árvore no mar é plantar no Calvário a cruz ignominiosa para dela florescer a vitória do bem sobre o mal, ou transformar uma sepultura de pedra em berço de vida imortal. Basta-lhes a fé do tamanho de um grão de mostarda, mas que seja verdadeira, acordada, confiante, mais forte que as pedras que se racharão escandalizadas na morte do Senhor (*Mt* 27,51).

Por meio da parábola (v. 7-9), Jesus aponta uma segunda qualidade da fé, bem mais difícil do que a primeira. Que a fé deva ser dinâmica não é difícil de compreender. Mas Jesus acrescenta que a fé deve ser *humilde*, tão humilde que toda a atividade seja gratuita. A parábola descreve o comportamento da criatura diante de Deus: deve ser de total disponibilidade, sem cálculos, sem pretensões, sem contrato. Não se pode servir o Evangelho com o espírito de assalariado, que raciocina assim: tanto trabalhei, tanto receberei. Ou com o famoso aforismo do código pagão romano: 'dou para que me dês'.

Contra a mentalidade

Os fariseus e escribas ensinavam que havia um relacionamento entre o cumprimento da lei e a recompensa divina. Os Apóstolos também pensavam assim e nessa mentalidade praticavam sua religião. Um dia, Pedro chegou a perguntar a Jesus: "Deixamos tudo e te seguimos, qual será a nossa recompensa?" (*Mt* 19,27). Não são poucos os que ainda hoje pensam a fé como um contrato: praticam obras de bem para receber recompensa. Se prestam um serviço a Deus, esperam ver seus pedidos atendidos. E pensam não terem fé, quando não recebem de Deus os favores e as graças de que precisam. Ou dizem ter abandonado a fé, porque Deus se comportara injustamente com eles.

A lição de Jesus é dura, mas clara: depois de um dia de trabalho ou de vida inteira consagrada às coisas de Deus, devemos dizer (e disso estar convencidos): "Somos servos inúteis. Fizemos apenas o que devíamos fazer" (v. 10), porque nascemos exatamente para servir o Senhor. Essa fé humilde e gratuita da parte do discípulo não significa que Deus despreze nosso trabalho ou que nós não valemos nada aos olhos de Deus. Se assim fosse, Deus não nos teria adotado por filhos e nos oferecido sua própria vida divina. Talvez podemos compreender melhor a urgência da humildade e da gratuidade de nossa fé, quando olhamos para o comportamento de Jesus.

Ao pedido dos Apóstolos: "Aumenta nossa fé!", Jesus confirma a necessidade da fé, de uma fé dinâmica na dimensão para Deus e na dimensão para o próximo; uma fé humilde diante de Deus e diante de nossas pretensões. A lição é extremamente exigente para a mentalidade comercial, lucrativa e consumista, que predomina na sociedade. Estamos diante de um tema central do Evangelho, verdadeira novidade ensinada por Jesus e das mais difíceis de compreender e viver: a gratuidade de Deus e a consequente gratuidade da criatura humana. Talvez seja esse o teste obrigatório mais árduo para quem pede a Deus: 'Aumenta a minha fé!'.

28º DOMINGO DO TEMPO COMUM

1ª leitura: 2Rs 5,14-17
Salmo: Sl 97
2ª leitura: 2Tm 2,8-13
Evangelho: Lc 17,11-19

Nós te agradecemos, Senhor Deus, Todo-Poderoso (Ap 11,17)

UMA EXIGÊNCIA DA FÉ: VIVER EM CONTÍNUO AGRADECIMENTO

No domingo passado Jesus ensinava que a fé deve ser dinâmica e humilde. É bem mais fácil cultivar a operosidade da fé do que sua humildade. Hoje Jesus acrescenta uma terceira qualidade da fé: ela é sempre *agradecida*. A gratidão, embora todos a queiram, poucos a manifestam com sinceridade. Talvez na mesma proporção dos dez leprosos curados: um só se mostrou agradecido. A gratidão é um ornamento da humildade. O orgulhoso não conhece a gratidão.

Domingo passado Jesus nos dizia que, pelo fato de prestarmos serviço a Deus, não cumulamos méritos, porque apenas fizemos o nosso dever. De fato, fomos criados por Deus para servi-lo. O não reconhecimento dessa verdade lembra o 'não te servirei' de Lúcifer no Paraíso. Ou o 'não te servirei', que o profeta Jeremias põe na boca do povo ingrato e degenerado (*Jr* 2,20), esquecido dos benefícios de Deus, esquecido de que tudo recebera do Senhor, até mesmo a escolha como povo eleito. Toda a história da salvação, descrita pela Bíblia, é a história dos benefícios contínuos e gratuitos de Deus às criaturas. Elas deveriam estar sempre em ação de graças, porque a resposta que a criatura pode dar ao Senhor, que a beneficia, é uma resposta de gratidão, e sempre humilde, porque somos criaturas diante do Criador. Deveríamos ter sempre em nossos lábios palavras como estas do sábio Sirácida: "Eu te agradeço, Senhor e Rei, e te louvo, porque és o meu Deus salvador! Rendo graças a teu nome, que me livrou da perdição e me serviu de sustentáculo no meio da falsidade!" (*Eclo* 51,1-2).

Que lindo exemplo nos dá Jesus, quando reza: "Eu te agradeço, Pai, Senhor do céu e da terra" (*Lc* 10,21). Ou, por ocasião da ressurreição de Lázaro: "Eu te agradeço, Pai, porque me ouviste" (*Jo* 12,42). Quantas vezes Paulo fala da gratidão em suas cartas! Escrevendo aos Coríntios, afirma: "Agradeço continuamente a Deus a graça divina que vos foi concedida em Cristo Jesus, porque nele fostes enriquecidos em tudo" (*1Cor* 1,4). Aos Colossenses recomendava: "Sede sempre agradecidos em tudo!" (*Cl* 3,15). E aos Efésios aconselhava: "Dai sempre graças por todas as coisas a Deus e Pai, em nome do Senhor Jesus" (*Ef* 5,20).

Leproso: símbolo do castigado

Algumas observações. A lepra era uma doença bastante comum no Oriente Médio, como ainda hoje o é. A palavra, que em hebraico significa lepra, significa também "ser ferido por Deus". A lepra era olhada como castigo divino, e a pessoa afetada era considerada "pecadora". Os leprosos não podiam entrar no templo ou na sinagoga, não podiam frequentar a praça pública, não podiam viver dentro dos limites da cidade ou da vila. Por isso, os 10 leprosos vão ao encontro de Jesus *fora* da aldeia (v. 12).

O leproso não podia aproximar-se de alguém nem alguém podia aproximar-se do leproso. Não só pelo perigo de contágio, mas também porque, pela lei, tornava-se impuro como o leproso. A regra do Levítico era clara: "O leproso andará com vestes rasgadas, os cabelos soltos, a barba coberta, e gritará sempre que alguém se aproximar: *Impuro! Impuro!*" (*Lv* 13,45-46). Por isso se compreende que os 10 leprosos não se aproximaram de Jesus, mas gritaram de longe (v. 13).

Basta Jesus

O número 10 pode ser simbólico e significa uma totalidade. Nesse sentido o número aparece mais vezes no Antigo e no Novo Testamento: os 10 Mandamentos (*Êx* 20), as 10 pragas contra o Egito (*Êx* 7-11), as 10 moças da parábola (*Mt* 25,1). Ou seja, a humanidade inteira estava precisada de cura. A humanidade inteira dependia da misericórdia divina, manifestada em Jesus de Nazaré. Chegara a hora de a humanidade inteira deixar a periferia do desprezo e da desgraça para participar da nova comunidade, que Jesus chamará "Reino dos Céus" na terra, onde não haverá mais rejeitados e marginalizados. Pelas normas dos escribas, eram necessárias dez pessoas para formar uma comunidade orante. Os dez leprosos começam bem: pedem a ajuda de Jesus, confiam nele, têm esperança, manifestam fé, reconhecem em Jesus o 'Mestre'.

O povo costuma dizer que a desgraça une as pessoas. Hoje temos um exemplo. Não sabemos se os nove outros leprosos eram hebreus. Mas sabemos que um era samaritano. Ora, hebreu e samaritano não se entendiam nem se cumprimentavam. Hoje os encontramos juntos na solidão e no sofrimento. Lucas, que não é hebreu, volta ao tema da universalidade. Todos são chamados à nova comunidade. Nela ninguém será 'estrangeiro' (v. 18). Mas a parábola traz-nos um dado decepcionante: de dez, um só compreende a chegada dos novos tempos, um só percebe que Jesus pode dar muito mais do que a cura da lepra, um só escuta de Jesus a frase: 'Tua fé te salvou'.

Jesus manda que se apresentem ao sacerdote. Era lei que só o sacerdote podia declarar alguém curado de lepra e permitir o retorno ao convívio da família. Quando isso acontecesse, havia um demorado ritual, que começava fora da cidade, e levava dias (*Lv* 14,1-32). O samaritano, como não estava sujeito a essas leis e o sacerdote não tinha nenhum poder religioso e social sobre ele, voltou antes de sujeitar-se ao ritual prescrito aos hebreus. De novo, Lucas sugere a superação das leis. Basta Jesus. Basta a fé em Jesus de Nazaré e em sua palavra.

**Lei
e fé**

O pedido que os leprosos fazem demonstra fé em Jesus e uma fé que se exprime com humildade. Vejo a fé na palavra 'Mestre'. Vejo a humildade no 'tem piedade de nós'. A fé se desenvolve normalmente pela obediência: eles obedecem a

Jesus e vão cumprir uma lei. À primeira vista, parece que o samaritano desobedeceu à ordem de Jesus e justamente ele recebeu o elogio e a graça da salvação. Mas o que Lucas quer acentuar é que a fé verdadeira não consiste em obedecer às leis formalmente, como pensavam os fariseus e os escribas, mas em proclamar a boa nova da salvação recebida gratuitamente do Senhor. E foi isso que fez o samaritano "em alta voz" (v. 15).

O samaritano era considerado pelos hebreus um herege, um pecador. Mais vezes o samaritano é posto como exemplo, exatamente pela péssima situação social de que gozava. Lembremos apenas a parábola do "Bom samaritano" (*Lc* 10,30-37), apresentado por Jesus como um homem mais humano e generoso que um sacerdote e um levita, e posto como modelo de comportamento caridoso a um Doutor da Lei. Estamos de novo num dos temas preferidos de Lucas: mostrar que Jesus veio, sobretudo, para os desprezados e humilhados. Na lógica de Jesus, "os últimos serão os primeiros" (*Lc* 13,30).

Jesus mostra alguma dor por não terem voltado os outros nove (v. 17). Certamente, não é por não ter visto gratidão neles, mas porque eles se julgaram credores da graça recebida. Pediram, receberam e, se receberam, mereciam-na. Essa atitude, bastante encontradiça ainda hoje, afronta a gratuidade da graça divina e a nossa dependência do Deus criador, pelo fato de sermos criaturas. Nossa vida deveria transformar-se em contínua eucaristia, isto é, em permanente ação de graças, porque permanentemente o olhar misericordioso do Senhor está voltado para nós.

29º DOMINGO DO TEMPO COMUM

1ª leitura: Êx 17,8-13
Salmo: Sl 120
2ª leitura: 2Tm 3,14-4,2
Evangelho: Lc 18,1-8

Precisais da perseverança para
fazer a vontade de Deus (Hb 10,36)

ORAÇÃO CONSTANTE: ALIMENTO SEGURO DA FÉ

Depois de falar da misericórdia, do uso dos bens e da fé, o Evangelho de Lucas enfrenta o tema da qualidade da oração. Um tema muito querido de Lucas que, ao longo do Evangelho, dá-nos a figura de um Jesus orante. Não é a primeira vez, portanto, que Lucas fala da oração e das qualidades da oração (*Lc* 11,5-13). Mas agora, quase chegando Jesus a Jerusalém, estando próximas sua morte, sua ressurreição e glorificação, a oração vem posta na perspectiva da escatologia, isto é, das últimas coisas que deverão acontecer às criaturas humanas. Lucas faz preceder ao tema da oração um discurso de Jesus sobre a vinda gloriosa do Filho do Homem, isto é, dele como Senhor e Juiz universal (*Lc* 17,20-37).

A primeira geração de cristãos aguardava para logo o retorno glorioso de Jesus para, finalmente, libertar as criaturas de toda a maldade e transformar a Terra no Paraíso perdido. Cultivava o desejo e a certeza de ver esse dia. O próprio Apóstolo Pedro não descartava essa possibilidade (*2Pd* 3,8-13). Muitos se desfaziam de seus bens, porque já não haveria tempo para desfrutá-los. Havia até os que deixavam de trabalhar, porque já não se precisaria de sustento. A pergunta: 'Quando será o dia?' era frequente. E a sua não realização fazia com que o número dos que voltavam à vida profana, decepcionados, crescesse cada dia. E crescia no meio da comunidade uma angústia doentia e uma falsa esperança, quando não a apostasia. E havia quem se ria dos cristãos e zombavam, perguntando: "Onde está a promessa da vinda do vosso Cristo?" (*2Pd* 3,4).

Permanecer firmes na fé

Percebe-se, então, que os redatores dos Evangelhos e das Cartas apostólicas acentuam alguns ensinamentos de Jesus sobre a paciência. A paciência histórica. A espera confiante. A parábola do grão de mostarda (*Lc* 13,19), que cresce lentamente, é símbolo da comunidade que não pode ter a pressa do fim. Jesus ensinou que viria o fim, mas não determinou o tempo (*Mc* 13,32). Como dissera que o fim viria "de repente" (*Mc* 13,35), quando menos se esperasse, transformaram o 'de repente' em 'logo'. Por isso os Evangelhos – escritos nesse tempo – acentuam a espera, a demora, a vigilância, a persistência, a oração incessante. A *parusia* (últimos tempos) virá. Os que estiverem acordados verão (cf. a parábola das 10 moças em *Mt* 25,1-13: os que deixarem apagar as lâmpadas, isto é, os que deixarem de crer, os desanimados e desesperados, não acompanharão o Cristo na festa gloriosa).

Esse tempo de espera é tempo de frutificar os talentos (*Lc* 19,12-20), de socorrer os irmãos, de praticar o bem e, sobretudo, é tempo de conversão. Pedro foi claro: o Senhor está retardando o fim, para que todos se arrependam e se convertam (*2Pd* 3,9). E Paulo escrevia aos Colossenses: "É necessário que permaneçais fundados e firmes na fé, inabaláveis na esperança" (*Cl* 1,23).

Também a parábola de hoje reflete sobre o ensinamento da paciência, junto com o ensinamento da oração persistente. A oração continuada, confiante e humilde é a melhor forma de esperar a segunda vinda, a vinda gloriosa do Cristo Senhor, que certamente acontecerá (*2Pd* 3,10). A oração perseverante é expressão de fé viva e certeza de que Deus não falha, ainda que tarde (*2Pd* 3,9).

Dar certeza à esperança

Não se pode comparar Deus ao juiz aborrecido. A comparação está nisto: se um juiz humano e sem fé faz justiça apenas para não se aborrecer, quanto mais fará Deus, que é todo atenção, bondade, misericórdia? A viúva representa a humanidade, que luta contra o mal. Deus veio morar em nosso meio para tirar o pecado, a maldade do mundo. Mas não nos dispensou de pedir, lutar, esforçar-nos e procurar. Muitas vezes, tem-se a impressão de que Deus não nos escuta nem nos ajuda. O sofrimento e o desespero se prolongam. No entanto, é preciso confiar: "Deus fará justiça bem depressa" (v. 8). Mas o que é 'depressa' para nós, que vivemos no tempo, não o é para Deus, para quem "mil anos são como o dia de ontem" (*Sl* 90,4), ou como escrevia São Pedro: "Um dia diante do Senhor é como mil anos e mil anos é como um dia" (*2Pd* 3,8).

Voltemos à viúva, uma categoria de pessoas desprezadas pelos fariseus e escribas, porque consideravam a viuvez um castigo de Deus. Os textos sagrados, no entanto, pediam proteção e carinho para as viúvas: "Defendei as viúvas" (*Is* 1,17); "A religião pura e imaculada diante de Deus é visitar os órfãos e as viúvas em suas tribulações" (*Tg* 1,27). A viúva é a humanidade pecadora, com fome de pão e sede de Deus, cercada de injustiças por todos os lados. O Evangelho, sempre atento aos problemas humanos, mostra os possíveis caminhos para as criaturas. O desespero não é saída; foi o caminho errado tomado por Judas (*Mt* 27,3-5). Também não é caminho procurar a justiça pela violência (*Lc* 22,49-51). As Bem-aventuranças apontam para o caminho não violento (*Mt* 5,3-11). A indiferença não é solução nenhuma. O Apocalipse diz que serão vomitados os indiferentes (*Ap* 3,15-16).

Carregado de esperanças, sem atitudes violentas, o cristão é um lutador paciente (não passivo), corajoso (não guerreiro), dinâmico (não resignado), contra todas as formas de maldade dentro e em torno de si. Na última frase do Evangelho de hoje há uma chave que abre portas e caminhos: a fé. A pergunta de Jesus não é de desalento, mas de reforço. A fé, capaz de remover montanhas (*Mt* 17,20), transplantar árvores na crista de uma onda (*Lc* 17,6) e acalmar o mar (*Lc* 8,23-25), é também capaz de sustentar nosso esforço, reanimar nosso cansaço, iluminar o mistério da caminhada, dar certeza à esperança. Deus não falha. O perigo da falha está só do nosso lado.

Em tuas mãos, Pai!

Convém lembrar que a oração perseverante, ensinada hoje, não significa uma atitude exigente da parte de quem reza. No momento em que exigimos alguma coisa de Deus, nossa oração deixa de ser oração. Somos e seremos sempre criaturas diante do Criador. Não temos um banco de méritos junto de Deus, como pensava a teologia do Antigo Testamento. Aliás, oração perseverante não significa insistência em determinado pedido, mas numa contínua renovação de nossa confiança em Deus, nas horas de alegria e nas horas em que as trevas da angústia nos invadem e nos cercam.

Oração perseverante também não é sinônimo de verbosidade. Não são as muitas palavras que tornam boa a nossa oração (*Mt* 6,7). Mas a atitude de nosso coração: simples, humilde. Acrescentemos outro adjetivo para o coração: *puro*, isto é, inteiramente voltado para o Senhor, sem apego a ídolos (nossos interesses pessoais).

O último verso do trecho que lemos hoje (v. 8) não é uma afirmação de Jesus de que poucos terão fé, quando ele voltar como Juiz e Senhor. A frase de Jesus, em forma de pergunta, ensina-nos que, mais que nos preocupar em saber se Deus nos escuta e atende, deveríamos nos preocupar em manter viva e confiante a fé no meio das tribulações e escândalos, como os que ele mesmo enfrentaria em Jerusalém, sem perder, em momento nenhum, a confiança no Pai, tão lindamente expressa em sua última frase: "Em tuas mãos, Pai" (*Lc* 23,46).

30º DOMINGO DO TEMPO COMUM

1ª leitura: Eclo 35,15b-17.20-22a
Salmo: Sl 33
2ª leitura: 2Tm 4,6-8.16-18
Evangelho: Lc 18,9-14

Com o humilde está a sabedoria (Pr 11,2)

FORA DO AMOR NÃO HÁ HUMILDADE, FORA DA HUMILDADE NÃO HÁ AMOR

Domingo passado o Evangelho insistia na oração paciente e perseverante, à espera do Reino de Deus. Hoje, dá uma qualidade fundamental da oração: a humildade. A prece que parte de um coração orgulhoso é como a fumaça do famoso quadro do sacrifício de Caim: não sobe para Deus, mas se espalha em torno do próprio coração, dificultando ainda mais a visão das coisas divinas.

Não basta rezar. É preciso rezar incessantemente (Evangelho do domingo passado). Não basta rezar com perseverança. É preciso rezar com sinceridade humilde. Nem sempre é fácil sermos humildemente sinceros em nossas palavras e, portanto, também em nossa oração. Aliás, nossa oração expressa sempre nossa vida, nosso modo de conceber Deus, nosso modo de ver-nos a nós próprios, nosso modo de encarar o próximo. A lição de hoje, portanto, não se refere apenas à oração, mas também ao nosso comportamento, que precede e sucede a oração.

O Evangelho de hoje não trata das qualidades externas da oração, como as fórmulas, as posições do corpo (sentados, ajoelhados ou de pé), os lugares propícios à oração, o tempo ou o volume da voz. Trata do sincero reconhecimento da própria nulidade diante da infinita misericórdia de Deus. Trata não só do modo de rezar, mas também do nosso modo de viver: a atitude da criatura diante do Criador, que é sempre de humildade e pequenez. Não se diga que essa seja uma atitude negativa para quem foi elevado à condição de filho de Deus. Porque o próprio Jesus declarou haver recebido tudo do Pai e se declarou manso e humilde de coração (*Mt* 11,27-29). De extrema humildade foram todos os seus gestos, aniquilando--se até à obediência da Cruz (*Ef* 2,5-8). A maior de todas as criaturas, depois de Jesus, foi Maria de Nazaré, que, apesar de ser "cheia de graça" (*Lc* 1,28), declarou-se a humilde e obediente serva do Senhor (*Lc* 1,48).

Fariseu mais que perfeito

O quadro que Jesus compõe é perfeito: aos olhos humanos, tanto o fariseu quanto o publicano fizeram boa oração. Os fariseus levavam muito a sério o cumprimento das Leis. Numa Jerusalém que chegava perto dos 30 mil habitantes, os fariseus, talvez, não chegassem a seis mil, mas tinham grande influência sobre o povo. Deles faziam parte os escribas (mestres da Lei) e parte da classe sacerdotal. Para eles a Lei era a expressão da vontade de Deus. Cumprir a Lei em seus pormenores era cumprir inteiramente a vontade de Deus e, portanto, ser merecedor de todas as graças e privilégios.

O fariseu que hoje reza no Templo ultrapassa o fariseu perfeito. A Lei exigia um jejum por ano, no dia da Reconciliação (*Lv* 16,29-39). Ele, porém, jejuava duas vezes por semana. Provavelmente para expiar os pecados do povo ignorante e assim desviar a ira de Deus, que poderia castigar com catástrofes nacionais, como acontecera várias vezes na história. A Lei mandava pagar o dízimo do trigo, do óleo, do vinho novo e entregar no Templo o primogênito dos animais. O nosso fariseu declara que paga o dízimo de todas as suas rendas, talvez para reparar o crime legal dos comerciantes que não pagavam na fonte.

Amor e humildade

Também a forma de o fariseu rezar é muito boa: entre os judeus se fazia, sobretudo, oração de louvor e agradecimento, que é sempre melhor do que a oração de pedidos. Reza em pé, não por orgulho, mas porque os judeus costumavam rezar em pé. Tudo parece certo: oração em público, no Templo, lugar privilegiado para a oração; oração de agradecimento por fazer as coisas melhor do que era sua obrigação. Onde está o erro fundamental, que anula por inteiro a oração, impedindo sua justificação (o perdão e a santificação)?

São dois os erros. O primeiro é o desprezo pelos outros, ainda que pecadores (v. 13). Aqui está uma medida indicada várias vezes por Jesus para sabermos o tamanho e a intensidade do nosso amor a Deus. Amamos a Deus não na medida do cumprimento das leis, mas na medida do amor que temos ao próximo, incluídos os que não nos amam ou não pensam como nós. O Apóstolo Paulo, no capítulo 13 da Carta aos Coríntios, enumera todas as qualidades possíveis numa pessoa, para dizer: "Mas, se eu não for caridoso, nada sou" (*1Cor* 13,1-3).

O segundo erro do fariseu é a autojustificação. Deixa entrever que se santifica a si mesmo e nada precisa de Deus a não ser recompensa. Não é o fato de enumerar as coisas boas que faz que esteja errado. Há salmos que também enumeram bens feitos (por ex. *Sl* 17,2-5). Mas nosso fariseu esquece que toda justificação vem de Deus, porque só Deus é a fonte da santidade.

**Humildade
e confiança**

A parábola não quer dizer que o publicano (cobrador de impostos) não fosse pecador. Provavelmente o era por ganância e extorsão. Sabe-se pecador. Bate no peito, sede da consciência, para acordá-la. Não levanta os olhos (v. 13), porque sabe que olhos impuros não podem contemplar a face de Deus. Em poucas palavras, mostra três qualidades básicas da oração: sente-se necessitado de Deus, tem certeza de que Deus pode ajudá-lo, quer a misericórdia divina. A reparação e o propósito de emenda devem brotar espontânea e firmemente dessa atitude. Caso contrário, ela não seria sincera. A parábola para diante da sinceridade humilde, sobre a qual Deus pode derramar-se em misericórdia. O publicano em oração assemelha-se ao filho pródigo de volta à casa do pai (*Lc* 15,18-25). As duas parábolas enfocam o amor misericordioso de Deus. As duas parábolas pedem a humildade de quem se reconhece criatura e pecadora e precisada de misericórdia. Como vêm bem aqui as sábias palavras do Sirácida, lidas na primeira leitura de hoje: "A oração do humilde atravessa as nuvens" (*Eclo* 35,17)!

Com a parábola de hoje, Jesus denuncia duas atitudes fortemente presentes em nós, mas erradas, porque são opostas à humildade: a presunção de sermos santos diante de Deus (v. 9) e o sentir-nos melhores do que os outros (v. 11). As duas atitudes costumam vir juntas. Fica claro que a oração só pode ser fruto do modo como vivemos, do modo como nos encaramos, do modo como pensamos Deus, do modo como tratamos nosso próximo. O orgulhoso se basta a si mesmo, não precisa de ninguém. O orgulhoso olha para Deus como alguém que lhe deve favores. O orgulhoso se serve do próximo sem servi-lo. Jesus, na parábola de hoje, ensina-nos que o único modo correto de pôr-nos diante de Deus, na oração e na vida, é o de sentir-nos criaturas, necessitadas de sua misericórdia, de seu perdão amoroso, criaturas em tudo dependentes dele, a quem devemos servir com humildade e confiança.

A criatura não vive sem oração. Há formas diferentes de oração, mas todas elas pressupõem um coração necessitado, aberto ao Pai do Céu, "rico de misericórdia" (*Ef* 2,4), porque é aos pequenos e pobres que Deus se revela (*Mt* 11,25), é sobre os simples e humildes que desce a plenitude da paz (*Mt* 11,29). O ideal do cristão é fazer de toda a vida uma única oração, ou, como escrevia São Paulo, fazer da vida inteira "uma hóstia viva, santa e agradável a Deus" (*Rm* 12,1).

31º DOMINGO DO TEMPO COMUM

1ª leitura: Sb 11,22-12,2
Salmo: Sl 144
2ª leitura: 2Ts 1,11-2,2
Evangelho: Lc 19,1-10

Em tua presença há plenitude de alegria (Sl 16,11)

DEUS QUER SER ACOLHIDO E CONOSCO FAZER COMUNHÃO

A história de Zaqueu é dos episódios mais conhecidos do Evangelho de Lucas. E é tipicamente lucano: a abertura da salvação aos pecadores, a misericórdia que se estende a todos, a estrada a se fazer para encontrar a salvação. A história de Zaqueu repete a história do cego curado por Jesus um pouco antes, também em Jericó. O cego que gritava por Jesus foi levado ao Senhor, porque era cego. Zaqueu vai ao encontro, ou melhor, espera pela passagem de Jesus. Jesus cura o cego e lhe diz: "A tua fé te salvou" (*Lc* 18,35-43). Jesus diz a Zaqueu: "Hoje a salvação entrou na tua casa" (v. 9). Ambos recebem a mesma graça, porque ambos creem em Jesus.

Há outro episódio contado pelo Evangelista, quase ao mesmo tempo: o do jovem rico que procurou Jesus, mas que se afastou, porque não quis desfazer-se das muitas riquezas (*Lc* 18,18-24). Também a esse jovem chegara a graça, mas ele preferiu os bens perecíveis da terra. Diante do convite de Jesus, comportou-se como um Zaqueu às avessas. No mesmo contexto está a afirmação de Pedro: "Nós deixamos todos os bens e te seguimos" (*Lc* 18,28). Pedro não era rico como o jovem nem como Zaqueu, talvez tivesse um pouco mais do que o ceguinho que esmolava à beira da estrada (*Lc* 18,35). Não importa o que temos. Importa a disposição de caminhar com Jesus no caminho do despojamento e do desapego, para morrer com ele em Jerusalém.

A história de Zaqueu acontece já perto de Jerusalém. Menos de 30km. No mesmo capítulo 19, Lucas conta a entrada triunfal de Jesus em Jerusalém. A misericórdia de Deus, encarnada em Jesus, não tem limites. Mas não consegue penetrar em coração já cheio de satisfações terrenas. Zaqueu precisa esvaziar-se. Volta o tema fundamental de todo o Evangelho: o desapego é condição básica do discípulo, que quer chegar ao Calvário e mergulhar com Jesus no oceano da misericórdia divina.

Da escravidão
à liberdade

Jericó era passagem obrigatória para quem ia da Galileia a Jerusalém. A cidade, talvez a mais velha do mundo, estava situada no centro de um oásis, numa planície seca e desértica. A cidade bebia de uma fonte perene, também chamada 'Fonte de Eliseu', porque o profeta a saneara (2Rs 2,19-22). Era uma cidade sacerdotal, no sentido de que lá moravam muitos dos sacerdotes que serviam no templo. Mas sua importância vinha pela farta produção de tâmaras, bananas, laranjas, uvas e cereais. Por isso se tornara uma cidade de muitos impostos. Zaqueu era o chefe dos cobradores dos impostos para os romanos. E enriquecera nesse trabalho.

Lucas faz Jesus deter-se em Jericó e aproveita para contar fatos, milagres que mostram a chegada dos novos tempos e repropor os ensinamentos básicos que vão guiar a humanidade. Foi por Jericó que o povo hebreu, vindo da escravidão do Egito, entrou na Terra Prometida, nos dias da festa da Páscoa (Js 5,10-11). De Jericó, Jesus parte para Jerusalém, tornando-se a porta da nova cidade de Deus, da verdadeira Terra Prometida. De novo numa festa de Páscoa. De novo uma passagem. Uma passagem de um modo de viver a outro. Da escravidão à liberdade.

Um modo novo
de ver Jesus

Quem acompanhará Jesus? Quem for como Zaqueu. O real e o simbólico se misturam para ressaltar o quadro. Zaqueu é pequeno de estatura. Todo verdadeiro discípulo de

Jesus deve ser o menor e tão humilde que deve lavar os pés dos irmãos (*Jo* 13,14-15). Não se trata de uma pequenez física, mas da humildade que serve, compreende, perdoa. Zaqueu é pecador. Todo publicano era considerado ladrão. E pior que isso: como estava a serviço dos romanos pagãos, era considerado impuro, fora da lei e fora da comunidade. Zaqueu é o chefe dos publicanos (v. 2). Pecador máximo, portanto. A misericórdia de Deus é maior que todos os pecados. Realiza-se a profecia de Isaías: "Se vossos pecados forem vermelhos como a púrpura, eu os farei brancos como a neve" (*Is* 1,18). A misericórdia de Deus não olha o passado, se o presente está aberto à conversão.

Apesar de seus pecados e estatura pequena, Zaqueu encontrou um modo de ver Jesus. No episódio do cego, foi o ceguinho que primeiro *ouviu* Jesus, que o procurou e o fez *ver*. Agora é Zaqueu que primeiro procurou *ver* Jesus, que o *ouviu*. Procurar, ver e ouvir se juntam. O verdadeiro discípulo está em permanente procura do Senhor, por meio de muitos meios e modos. Não uma procura teórica, mas prática, até mesmo enfrentando o ridículo, como o fez Zaqueu. Para um rico publicano subir numa árvore à beira da estrada não era nem cômodo nem condizente com sua posição social. A Bíblia repete centenas de vezes que o Senhor quer ser procurado.

Vejo também um símbolo no sicômoro. A perdição de Adão e Eva estava enrolada nos galhos de uma árvore, lá no início da história humana (*Gn* 3,1-7). E a desgraça veio por meio do pecado do orgulho. Jesus está para entrar em Jerusalém, onde o espera outra árvore, a árvore da Cruz, de onde penderá a salvação do mundo. A graça virá pela humilhação da Cruz. O sicômoro de Zaqueu está entre as duas árvores. Zaqueu quebra o orgulho. Revestido de humildade, pode receber em casa a salvação merecida por quem se deixou crucificar na segunda árvore.

O hoje de Deus

Há expressões no Evangelho de hoje que, à primeira vista, parecem insignificantes, mas têm grande sentido. Vejamos algumas. Primeira: *hoje* (vv. 5 e 9). Não se refere apenas àquele dia em que Zaqueu viu e hospedou Jesus. Mas é o *hoje* da salvação. É o mesmo *hoje* do anúncio dos anjos nos campos de Belém na noite de Natal: "*Hoje* nasceu para vós..." (*Lc* 2,11). É o mesmo *hoje* usado por Jesus na promessa feita ao bom ladrão na Cruz: "*Hoje* entrarás comigo..." (*Lc* 23,43). É o mesmo *hoje* do Pai-Nosso: "O pão nosso de cada dia dai-nos *hoje*" (*Lc* 11,3). Cada dia é um *hoje* em que Deus opera suas maravilhas. Segunda: *depressa*. Indica a prontidão diante de alguma coisa de grande interesse. Quem descobre a graça do Reino não se deixa reter por nada. Assim agiu Maria, que foi *depressa* levar a novidade da encarnação a Isabel (*Lc* 1,39). Assim agiram os pastores, que "foram *depressa* a Belém" (*Lc* 2,16). Nenhuma dificuldade, nenhuma dúvida retardaram seus passos.

Terceira: *permanecer* (ficar). Para dizer que Jesus fora à casa de Zaqueu, os fariseus usaram o verbo "hospedar-se" (v. 7). Jesus diz a Zaqueu que *permaneceria* em sua casa. O verbo permanecer, sobretudo no Evangelho de João, significa comunhão de vida entre Jesus e os discípulos. Jesus não procura apenas hospedar-se, quer que nossa vida seja uma só vida com ele. Quarta: *com alegria*. Lucas acentua sempre a alegria da salvação (1,44; 2,3; 24,52). A história da salvação é uma história de alegria, apesar da cruz. A graça de Deus é fonte de alegria, que suaviza os fardos e ilumina as sombras.

Quinta: *é preciso*. Se a chuva que cai não volta para o céu sem ter fecundado a terra (*Is* 55,10), também a passagem salvadora do Cristo não passa por nós à toa. Zaqueu se torna o símbolo do discípulo que pode ir a Jerusalém com o Mestre e viver o mistério da Paixão e da Páscoa.

32º DOMINGO DO TEMPO COMUM

1ª leitura: 2Mc 7,1-2.9-14
Salmo: Sl 16
2ª leitura: 2Ts 2,16-3,5
Evangelho: Lc 20,27-38
ou Lc 20,27.34-38

Tenho a esperança de conseguir a ressurreição (Fl 3,11)

FAREMOS COMUNHÃO COM DEUS, VIVEREMOS DE SUA VIDA

Depois da longa viagem a pé, partindo do extremo norte da Galileia, Jesus chegou a Jerusalém. Chorou sobre a cidade. Fez entrada triunfal. Expulsou os vendilhões do templo. E, no templo, pôs-se a ensinar o povo, "anunciando-lhe a boa-nova, quando os sumos sacerdotes e os escribas com os anciãos do povo apareceram para interrogá-lo" (*Lc* 20,1).

Lucas, que não era hebreu, abre seu Evangelho em Jerusalém, com o anúncio do anjo a Zacarias a respeito do nascimento de João Batista (*Lc* 1,11-17) e o encerra em Jerusalém com o cumprimento da Paixão, Morte e Ressurreição de Jesus. O capítulo 20 de Lucas traz algumas discussões de Jesus com os sábios do templo: os escribas e os anciãos do povo que pertenciam ou ao grupo dos fariseus ou ao grupo dos saduceus. Observe-se a semelhança de Jesus adulto, ensinando no templo, sendo interrogado pelos sumos sacerdotes e outros sábios, com o episódio contado por Lucas, quando ele tinha apenas 12 anos e entrava para a comunidade dos adultos. O menino, como que por acaso, ficara no templo e fora encontrado por José e Maria, "sentado no meio dos doutores, que o ouviam e lhe faziam perguntas; e todos que o escutavam, maravilhavam-se da sua inteligência e de suas respostas" (*Lc* 2,46-47).

Terminado o tempo de sua vida pública, Jesus está novamente no templo sendo interrogado pelos doutores. Não com simpatia, mas para conseguirem motivos de prisão e morte (*Lc* 20,19). Lucas faz desfilar em torno de Jesus, enquanto ele ensinava o povo (v. 1), todos os que se consideravam e eram considerados grandes: os sumos sacerdotes, os anciãos do povo, os fariseus, os escribas, os saduceus. Eram eles que dirigiam o povo. Eram eles que decidiam o que era certo e errado em todos os campos: religioso, jurídico, político, social, familiar. O cenário não podia ser mais solene e apropriado.

Um tema de vida ou morte

Os saduceus (o nome deriva-se provavelmente do Sumo Sacerdote do tempo de Salomão, Saddoc, que deu início à seita e à casta dos Sumos Sacerdotes – *1Rs* 2,35) eram hebreus, mas só aceitavam o que Moisés dissera no Pentateuco (Gênesis, Êxodo, Levítico, Números e Deuteronômio). O grupo era bem menor do que o dos fariseus, mas a ele pertencia a aristocracia sacerdotal e laical, a classe mais rica e influente. Caifás, por exemplo, era saduceu. Os saduceus interessavam-se mais pelo jogo político que pelo jogo religioso.

Os saduceus negavam a existência dos anjos e de outros espíritos (*At* 23,8). Mas, sobretudo, negavam a ressurreição (*Mc* 12,18-27; *At* 4,1-2), tema, aliás, bastante obscuro no Antigo Testamento. Só textos sagrados mais recentes falaram da vida depois da morte, como Daniel 12,2: "Muitos dos que dormem na terra despertarão; uns para a vida eterna, outros para a eterna abominação". Ou passagens como as da morte dos irmãos Macabeus e sua mãe (*2Mc* 7), escritas em torno de 130 a. C., quando já existia a seita dos fariseus, que acreditavam na ressurreição. Ora, a ressurreição seria o tema fundante e fundamental da Nova Aliança. Jesus devia esclarecê-lo, também em vista de sua Ressurreição, que seria a prova cabal de sua divindade e de sua missão.

Palavra de Jesus: ressuscitaremos

Os saduceus perguntaram a Jesus sobre a ressurreição de uma forma muito irônica, provavelmente para chacotear os fariseus, a quem pouco antes Jesus comparara a homicidas

(*Lc* 20,19). Jesus levou a sério a pergunta. Os ouvintes não podiam imaginar que estavam a menos de uma semana do maior fato jamais ocorrido na terra: a própria ressurreição de Jesus. A pergunta feita pelos saduceus a Jesus podia também ter uma dose de zombaria por causa da ressurreição de Lázaro, acontecida em Betânia, a menos de cinco quilômetros de Jerusalém. Todos falavam dela. Todos procuravam explicações para ela. Os fariseus acreditavam que a ressurreição fosse um prolongamento da vida presente, uma espécie de plenitude dos prazeres terrenos.

Jesus foi buscar a resposta no Pentateuco, aceito sem discussão por fariseus e saduceus. E a tirou da boca de Deus em diálogo com o maior e mais considerado homem da história dos judeus, Moisés, no episódio da sarça ardente, exatamente o momento em que começa toda a história da libertação dos hebreus e o nascimento deles como povo, escolhido por Deus. "Eu sou o Deus de Abraão, de Isaac e de Jacó" (*Êx* 3,6). Deus não diz "Eu *fui* o Deus de Abraão", mas "eu sou", o que significa que Abraão, Isaac e Jacó estão *vivos* e continuam a adorar a Deus.

O argumento era inteiramente novo para fariseus e saduceus. Seu alcance era bem maior que o conceito de ressurreição que tinham os fariseus. Para Jesus, quem morre entra na vida divina. O mundo futuro não consiste na continuação da vida atual no corpo, por isso não precisam de casamento. Jesus, porém, não esclarece que tipo de corpo teremos, apenas afirma que seremos iguais aos anjos (v. 36) e faremos uma comunhão com Deus (v. 36), ou seja, viveremos a vida do próprio Deus. O mistério da ressurreição foi explicitado por Jesus, sobretudo com sua própria Ressurreição. A partir da Páscoa, os Apóstolos passaram a chamar-se "testemunhas da Ressurreição" (*At* 2,32) e dela fizeram o centro de toda a pregação e o fundamento da fé cristã.

Iguais aos anjos

Um tema, que o Antigo Testamento teve tanta dificuldade de perceber, torna-se o fundamento do Novo, não apenas como tema, mas como fato: Jesus ressuscitou dos mortos. São Paulo vai dizer: "Se Cristo não ressuscitou, é vã a nossa fé" (*1Cor* 15,17). Jesus distingue bem este tempo (século) e o outro tempo. O presente, na carne, é marcado pelo ter, pelo possuir (o texto fala em *ter* mulher, *ter* filhos). E está também marcado pelo transitório, marcado por inúmeras separações, a mais sentida das quais é a morte. O outro século vem marcado pelo dar-se e dar a vida: Deus dá a vida (v. 38), uma vida que não conhecerá mais a morte; Deus dá-se a si mesmo, fazendo com quem se revestiu da eternidade uma só comunhão, embora conservando nós nossa identidade de criaturas, que Jesus chama de "filhos de Deus, iguais aos anjos" (v. 36). Iguais aos anjos, porque a vida que teremos depois da morte não é simplesmente a continuação da vida que recebemos da geração carnal, como pensavam os fariseus e ensinavam ao povo, mas mediante a graça da ressurreição na Ressurreição de Cristo. É participando da Ressurreição de Jesus, que participaremos do mistério de sua filiação divina.

Na ânsia de viver já agora, na terra, o século futuro, São Paulo vai aconselhar não se casar e ele mesmo conserva-se celibatário: "Aos não casados e às viúvas eu digo: é melhor permanecerem como eu. Mas se não puderem guardar a continência, casem-se" (*1Cor* 7,8). Se a ressurreição consiste em "estar sempre com o Senhor" (*1Ts* 4,17), o viver neste mundo exclusivamente para o Senhor e com o Senhor já tem o gosto da eternidade. Disso Paulo estava absolutamente convencido, tanto que escreveu: "Eu vivo, mas já não sou eu, é Cristo que vive em mim. Minha vida presente na carne, eu a vivo pela fé no Filho de Deus, que me amou e se entregou por mim" (*Gl* 2,20).

33º DOMINGO DO TEMPO COMUM

1ª leitura: Ml 3,19-20a
Salmo: Sl 97
2ª leitura: 2Ts 3,7-12
Evangelho: Lc 21,5-19

A vossa fé e a vossa esperança estejam em Deus (1Pd 1,21)

ENTRE AS DUAS VINDAS DE CRISTO AS CRIATURAS SE SANTIFICAM

No final do Pai-Nosso, na Liturgia da Missa, dizemos que vivemos na esperança da vinda gloriosa do Cristo Senhor. A primeira vez, Jesus veio na carne humana, não se prevalecendo da condição divina (Fl 2,6), fazendo-se em tudo igual às criaturas humanas, exceto no pecado (Hb 4,15). Na segunda, virá glorioso, Senhor do céu e da terra, juiz de todas as criaturas. Nós vivemos entre uma vinda e outra. Vivemos na certeza da primeira e na expectativa da segunda. É uma caminhada de fé. A caminhada devemos fazê-la pessoalmente. Ninguém a fará por nós. Temos, sim, a certeza de que Cristo nos acompanha, como ele mesmo prometeu: "Estarei convosco até o fim dos tempos" (Mt 28,20).

No último domingo, o Evangelho falava da ressurreição. Necessária, porque Deus não é um Deus de mortos, mas de vivos. Jesus é o garante dessa ressurreição. Hoje, Jesus nos fala do momento em que passamos dessa vida para a outra, o fim do tempo presente e o início da eternidade. A nossa morte repete, de certa forma, o natal de Jesus: ele passou da eternidade para o tempo, nós passamos do tempo para a eternidade. Pensar no 'mundo que virá' é altamente positivo. É nele que se agancha toda a nossa esperança. O pensador, místico e matemático francês, Blaise Pascal, escreveu em 1651: "A morte é o coroamento da felicidade da alma e o começo da felicidade do corpo".

A morte não nos deve apavorar, porque, na verdade, é o parto de uma nova vida, garantida pela palavra divina de

Jesus, mas deve nos lembrar da perene vigilância. Não vemos a morte só nos enterros que acompanhamos, vemo-la nas guerras, revoluções (v. 9), pestes, terremotos, carestias, tufões e tempestades (v. 11), nas perseguições e prisões (v. 12), traições e ódios (vv. 16,17). Nossa resposta deve ser a confiança em Deus (v.18) e a paciente perseverança no bem (v. 19).

Um estilo para uma lição

Lembremos que o Evangelho de hoje está escrito dentro de um estilo chamado 'apocalipse', bastante comum desde dois séculos antes de Cristo até um século depois. Assim como podemos passar uma mensagem por meio de poesia, teatro, novela, os povos antigos passavam uma mensagem também por meio do apocalipse. Era um gênero literário, que lançava mão de imagens fortes, como o cair do sol, maremotos, feras, montanhas que se derretem como água, visões de anjos.

Esse gênero literário era usado para ensinar uma lição sobre o futuro, especialmente o possível fim dos tempos, tema que preocupava todas as culturas, inclusive a bíblica. Ao lê-lo, portanto, não devemos ir atrás de seu sentido literal, mas procurar qual o significado do símbolo. Por exemplo, pode estar escrito *sol*. Mas sol significa luz; luz significa segurança (porque no escuro facilmente se tropeça). *Cair o sol*, então, significa não ter mais nenhuma segurança. Levado à linguagem religiosa, que descreve o fim dos tempos – a morte –, *cair o sol* vai significar que, na hora da morte, estamos sem nenhuma das proteções que tivemos em vida (riquezas, amigos, glória). Estaremos sós, sem contar com ninguém, a não ser Deus; nele devemos confiar, porque Deus nos será a única segurança, quando a morte chegar.

O ponto num círculo

Muitas lições sobre o fim dos tempos – nossa morte – nos são dadas no Novo Testamento, por meio do gênero apocalíptico. A Igreja costuma lê-las nos últimos domingos do ano litúrgico e no primeiro domingo do Advento. Isso porque

Cristo não é só o começo e o fim de tudo – o A e o Z, como o chama o Apocalipse (*Ap* 1,8), letras afixadas também no Círio Pascal, símbolo do Cristo ressuscitado –, mas também porque a morte da criatura humana, que é um fim, torna-se o começo da glorificação eterna. A morte é como um ponto num círculo: nunca se sabe se é o ponto inicial ou o ponto final; ou melhor, é, ao mesmo tempo, final e inicial. Falar de fim dos tempos é falar da morte, da qual ninguém pode escapar.

Um grupo de pessoas estava admirando as pedras do templo de Jerusalém. E tinha motivo: todas de mármore branco, com incrustações em ouro, brilhavam à luz intensa do sol. O templo era símbolo do povo hebreu. Era a casa de Deus entre os homens. Para Jesus, o símbolo enfraquecera, porque o coração da maioria dos que o frequentavam não estava em Deus, mas no sectarismo, na cobiça, na injustiça, na revolta contra o poderio estrangeiro. Deus não poderia viver contente no meio de tantos interesses temporais. Por isso, o templo já não podia significar a presença de Deus no meio dos homens. O próprio Jesus chorou (*Lc* 19,41), pensando na destruição do templo, coração de um povo, lugar único na terra onde, até então, adorava-se um Deus único.

A nova casa de Deus entre os homens é ele, Jesus de Nazaré, em quem o Pai se compraz plenamente (*Mt* 3,17). Jesus mesmo afirmou ser o novo templo de Deus (*Mc* 14,58). O mais importante, então, é reconhecer em Jesus alguém que pode dar a Deus a adoração plena e à criatura humana, a salvação para poder louvar a Deus.

Esperança
que não delude

Os contemporâneos de Jesus, que o viram e o escutaram, tiveram muita dificuldade em reconhecê-lo como o Enviado de Deus. Maior dificuldade tivemos nós que só ouvimos falar dele por meio dos Apóstolos. Compreende-se que, quando foi escrito o Evangelho, acentuou-se a insistência da fé em Jesus no meio de todas as dificuldades possíveis. Tudo podia acabar, menos a fé no Filho de Deus. Até mesmo o templo, uma das sete maravilhas do mundo daquela época, poderia ruir e desaparecer (v. 6), mas não podia diminuir a fé no Cristo Jesus (v. 8).

Jesus é a vida verdadeira (*Jo* 14,6), que se dá a nós, criaturas. Mas só a conseguirão os que perseverarem firmes na fé (v. 19). A fé será provada de muitos modos, dentro e fora de casa, e de formas até mesmo violentas e inesperadas, que Jesus simboliza na figura do pai e da mãe (v. 16). Que ninguém desanime. Pode até acabar a terra, mas não acabará a Palavra de Deus, feita vida terrena para transmitir a vida eterna (*Lc* 21,33).

Voltemos à pergunta que alguns fizeram a Jesus: "Quando acontecerá o fim? E como podemos conhecer os sinais de sua aproximação?" (v. 7). Jesus não lhes satisfez a curiosidade. Se o tivesse feito, daria uma de mago-adivinho, que não condizia com sua condição de Mestre e Senhor. Mas lhes deu uma resposta digna de um profeta: apontou os critérios de orientação dentro da história e as decisões que deveriam ser tomadas para não perder de vista a meta final. Em vez de responder ao *quando* e ao *como*, Jesus aconselhou sobre o *que* fazer. É certo o fim temporal. Esse fim coincide com a segunda vinda de Jesus, que será gloriosa (*Lc* 21,27) e trará para as criaturas a plenitude da liberdade (*Lc* 21,28). E o que fazer? Viver na fé verdadeira e não no "dizem que" (v. 8); na confiança absoluta no Senhor (v. 18), apesar de todos os males e dificuldades; na vigilância perseverante e na oração constante (*Lc* 21,36), que alimentam a esperança que não engana (*Rm* 5,5), porque fundamentada naquele que é a Verdade.

SOLENIDADE DE NOSSO SENHOR JESUS CRISTO, REI DO UNIVERSO

1ª leitura: 2Sm 5,1-3
Salmo: Sl 121
2ª leitura: Cl 1,12-20
Evangelho: Lc 23,35-43

A Ele a glória e o império pelos séculos dos séculos (Ap 1,6)

VOSSA É A GRANDEZA E VOSSO, O PODER, VOSSO É O REINO, Ó SENHOR!

Último domingo do Ano Litúrgico. Como que a coroar todas as celebrações do ano, a Igreja recorda Jesus Cristo, Rei do Universo. A segunda leitura (*Cl 1,12-20*) dá a Jesus Cristo uma série de títulos, que o mostram como Senhor do céu e da terra: Filho amado de Deus, redentor, salvador, imagem visível do Deus invisível, primogênito de todas as criaturas, razão de ser de todas as coisas visíveis e invisíveis, origem de todo o poder e soberania, mantenedor de tudo, princípio de tudo, plenitude de Deus, laço de conciliação entre o céu e a terra.

A Liturgia hoje como que recolhe todos os substantivos e adjetivos que o Novo Testamento atribui a Jesus e os une sob o título de Cristo Rei do Universo. Títulos e atribuições bem diferentes dos reis da terra. Ao mesmo tempo, mostra a nossa participação nesse reinado, nossas obrigações de súditos-parceiros. Todos somos "chamados ao Reino e à glória" com Cristo (*1Ts 2,12*). Hoje proclamamos e celebramos aquele "que nos amou, salvou-nos dos pecados e fez um reino para nós" (*Ap 1,5-6*).

Lembremos que o Reino que Deus quer para nós não se situa só no além-morte. O Reino de Deus, que pedimos sempre no Pai-Nosso, está dentro da nossa história e a transcende, realiza-se na vida terrena e plenifica-se na vida eterna. Na Exortação Apostólica *Evangelii Nuntiandi*, o Papa Paulo VI ensinou que o anúncio do Reino de Deus constituiu o centro de toda a pregação de Jesus (n. 8). De fato, muitas vezes, Jesus descreveu, sob diferentes formas e imagens, a felicidade de pertencer a esse Reino, felicidade que não coincide com aquela que os mundanos procuram (*Mt* 5,3-12). Se não começarmos a viver o Reino de Deus durante a vida terrena, dificilmente o viveremos na eternidade, porque, para usar uma figura, é neste mundo que plantamos o trigo e fazemos a farinha do pão que comeremos na eternidade.

Será o rei da paz

No antigo Oriente, a realeza era uma instituição sagrada. O rei era ao mesmo tempo o chefe temporal e espiritual do povo, uma espécie de mediador entre os deuses e os homens. Os israelitas, provavelmente por medo da divinização de uma criatura humana e como segurança da fé num Deus uno e único, demoraram muito tempo em aceitar um rei (o primeiro foi Saul, como nos conta *1Sm* 9,11). Os profetas sempre cuidaram para que o rei não ultrapassasse os limites de 'servo da Aliança', porque o verdadeiro rei e senhor glorioso é e será somente Javé (*Sl* 24,9-10; *Sl* 74,12; *Is* 43,15; *Ml* 1,14; *2Mc* 1,24-25).

Como a realeza em Israel, num balanço geral, foi uma experiência negativa, por causa da ambição, despotismo, idolatria, falsas alianças, injustiças e opressões (*Jr* 21 e 22), os profetas passaram a anunciar um futuro rei, que arrancasse o povo das trevas, devolvesse a alegria da vida pela implantação do direito, da justiça, da piedade (*Is* 9,5-6); um rei que fosse pastor pela força de Deus e estabelecesse a paz por toda a terra: "Ele apascentará pela força do Senhor. Ele será grande até os confins da terra. Ele será a paz" (*Mq* 5,3-4).

Jesus reparte seu reino conosco

Essa nova figura do rei confunde-se na esperança popular com o Messias, a ser enviado por Deus. Por isso mesmo, ao longo do Evangelho, o povo (e os próprios Apóstolos, como lemos em *Lc* 24,21 e *At* 1,6) viu Jesus-Messias como um possível rei terreno. Ainda mais que Jesus, muitas vezes, usou a palavra 'reino'. Houve até um momento em que ele teve de fugir e se esconder, porque o povo, exaltado e necessitado de um líder, queria proclamá-lo rei (Jo 6,15). Os quatro Evangelistas chamam Jesus de Rei, sem medo de confundir um reinado terreno e um reinado universal. O próprio Jesus afirmou diante de Pilatos: "Eu sou rei. Para ser rei nasci" (Jo 18,37). Pouco antes, Jesus disse: "meu reino não é deste mundo" (Jo 18,36). Não significa que Jesus seja rei só no mundo do além, no paraíso. Significa que não podemos pensá-lo rei como pensamos um rei terreno, sujeito a erros, conchavos e injustiças.

O mundo que aí estava era cheio de pecado e desgraças. Jesus veio exatamente para "tirar o pecado do mundo" (Jo 1,29) e trazer "graça sobre graça" (Jo 1,16). Ele veio para vencer a maldade e fazer triunfar o bem: é o rei da bondade. Ele veio para desmascarar a falsidade: é o rei da verdade. Ele veio para derrotar a morte: é o rei da vida. Ele veio para restaurar a criatura humana: é o rei da santidade. Ele veio para refazer o equilíbrio: é o rei da justiça. Ele veio para exterminar o ódio: é o rei do amor. Ele veio para reorganizar o mundo: é o rei da paz. Isso tudo neste mundo presente, que é o portal da eternidade, e no céu sem-fim.

O reino de Cristo, já existente em plenitude, realiza-se para cada um à medida que construir em sua vida a bondade, a verdade, a santidade, a justiça, o amor e a paz, qualidades que descrevem o que Jesus chamou de 'Reino de Deus' ou 'Reino dos Céus' (Mt 4,17; Lc 4,43; Jo 3,3 e 5), que, a partir da Ressurreição, tanto é de Jesus quanto de todos os que creem nele e, por ele, pautam a vida.

**Um ladrão
testemunha a realeza**

No Evangelho de hoje, fica bem claro o contraste: de um lado o mundo mau, a serviço do poder terreno, que zomba de Jesus, que lhe dá vinagre, que o ridiculariza e insulta (vv. 35 e 36). Do outro, o Cristo pacífico e pacificador, cordeiro imolado, que dá amorosamente a vida, pronto a acolher e a santificar. No meio, a criatura humana convertida, que reconhece e confessa os seus pecados, volta-se para Jesus à procura de perdão e salvação (v. 42). Com este, Jesus garante repartir o Reino (v. 43). Lucas é o único Evangelista a lembrar esse momento de imensa bondade e misericórdia, momento que retoma a mensagem central do Evangelho: Jesus é o salvador de todos, mas, em primeiro lugar, dos pecadores. O ladrão, nesse momento, torna-se como que um anjo consolador para Jesus, no meio de desprezo e zombarias, e testemunha de um Jesus divino e soberano, com o poder de prometer e dar o paraíso; um Jesus, que, ao mesmo tempo, exerce seu poder, não o usa para si (v. 37 e 39), acolhe um pecador arrependido e lava-lhe as culpas. Os Apóstolos, que haviam visto os milagres e conhecido Jesus na intimidade, fogem. Um ladrão condenado confessa a messianidade de Jesus de Nazaré, num momento em que Jesus está privado de toda a dignidade humana. Esse ladrão arrependido, crucificado ao lado de Jesus, tem muito a ver conosco.

A cena do bom ladrão (que o texto apócrifo, *Evangelho de Nicodemos*, chamou de Dimas, nome que passou à tradição cristã) é um exemplo daquilo que São Paulo nos recorda na Carta aos Colossenses: Deus "nos arrancou do poder das trevas (do pecado) e nos transferiu para o reino de seu Filho amado, tornando-nos dignos de, na luz, participar da herança dos santos" (*Cl* 1,12-13). Os versículos de 41 a 43 do Evangelho de hoje bem poderiam ser considerados um 'Anúncio pascal', porque são o anúncio da vitória do Filho de Deus sobre a morte; Filho de Deus, que São Pedro chamou "o dono da glória e do império pelos séculos dos séculos" (*1Pd* 4,11).

SOLENIDADES DO SENHOR QUE OCORREM NO TEMPO COMUM

SOLENIDADE DA SANTÍSSIMA TRINDADE

1ª leitura: Pr 8,22-31
Salmo: Sl 8,4-5.6-7.8-9
2ª leitura: Rm 5,1-5
Evangelho: Jo 16,12-15

O amor de Deus derramou-se em nossos corações pelo Espírito Santo (Rm 5,5)

SANTÍSSIMA TRINDADE: UM MISTÉRIO QUE SE ABRE E ABRAÇA A HUMANIDADE

Ao longo do Ano Litúrgico, celebramos os grandes *eventos* da história da salvação. Hoje, celebramos um *mistério*, que distingue a religião cristã de todas as outras religiões. Depois de celebrar o acontecimento da Páscoa e o fato de Pentecostes, celebramos o mistério da Santíssima Trindade: um Deus em três pessoas – Pai, Filho, Espírito Santo –, uma verdade fundamental da fé cristã, que expressamos inúmeras vezes, por palavras e gestos, na liturgia, na oração particular, sobretudo no 'sinal da cruz', o primeiro gesto religioso que aprendemos quando crianças.

Toda a história da salvação é a história da revelação desse mistério, que o Antigo Testamento apenas vislumbrou de longe, e que Jesus revelou com muita clareza. Embora em nenhum lugar do Novo Testamento ocorra o termo 'Trindade', muitas vezes, fala-se distintamente do Pai, do Filho e do Espírito Santo. Assim também no Evangelho de hoje. A comunidade cristã é a nova família desse Deus uno e trino, origem e finalidade de toda criatura: "Membros da família de Deus ... tendo por pedra fundamental o próprio Cristo Jesus ... unimo-nos e crescemos até formar um templo santo no Senhor ... uma morada de Deus no Espírito" (*Ef* 2,19-22).

A maior novidade do Novo Testamento

Este mistério é a maior novidade trazida por Jesus no Novo Testamento. Jesus confirmou o Deus único, criador e senhor do mundo, em quem os hebreus acreditavam e em torno de quem faziam girar, com rigor, suas vidas, leis, cultos e atividades. Mas Jesus levou-nos para além dessa dimensão Deus-criaturas, mostrou-nos a vida de Deus no seu lado de dentro e revelou-nos que o amor do Pai personifica-se no Filho. Na Última Ceia, quando o Apóstolo Filipe pediu que Jesus lhes mostrasse o rosto do Pai, Jesus respondeu: "Quem me vê vê o Pai. Eu estou no Pai e o Pai está em mim. Tudo o que o Pai possui é meu" (*Jo* 14,11; 16,15). E é na Última Ceia, sobretudo, que Jesus fala do Espírito Santo, que o Pai haveria de mandar em seu nome (*Jo* 14,16-17).

Embora Filho, Jesus é um só com o Pai (*Jo* 10,30; 14,10; 17,11.21). Ele é a imagem visível do Deus invisível (*Cl* 1,15). Nele está a plenitude da divindade (*Cl* 2,9), por isso mesmo quem o vê vê o Pai (*Jo* 12,45; 14,9). É, sobretudo, o Evangelho de João que descreve o Espírito Santo como pessoa divina (*Jo* 14,16-26; 15,26; 16,7), presente e operante nos fiéis como estão presentes e operam o Pai (*Jo* 17,21-23) e o Filho (*Jo* 14,18). O Prefácio da Missa de hoje formula assim essa verdade básica da fé: "Sois um só Deus e um só Senhor, não uma única pessoa, mas três pessoas em um só Deus. Adoramos cada uma das pessoas, na mesma natureza e igual majestade".

Se Jesus é a encarnação do amor do Pai, foi também por amor que o Pai o enviou ao mundo. Se Jesus provém do amor do Pai para expressar o amor de Deus, todos os seus gestos, passos e ensinamentos serão feitos de amor. O gesto mais amoroso de todos foi dar às criaturas humanas a garantia da vida eterna, isto é, a certeza de que poderiam participar da vida de Deus, do amor de Deus. A condição que Jesus pôs é lógica: que creiamos nele como enviado do Pai e na sua força salvadora.

**Somos criaturas
inventadas por Deus**

Pelos ensinamentos de Jesus temos certeza de que o mistério da Santíssima Trindade é um mistério de amor. Nós somos fruto desse amor. Deus nos imaginou, amou-nos, criou-nos e nos pôs no mundo. Somos, portanto, um ser saído do amor trinitário de Deus a caminho de retorno ao mesmo amor. Nossa origem e nosso destino é a Trindade, que nos espera para fazer-nos participantes de sua glória. Pertencemos à Trindade, porque somos criaturas inventadas por ela. A Bíblia expressa belamente essa pertença quando diz que fomos feitos à imagem e semelhança de Deus (*Gn* 1,26). Ao criar-nos, Deus nos marcou com seu sigilo. Assim como o fazendeiro marca as ancas de seus animais para indicar propriedade, Deus marcou nossa alma com a marca de sua face. Talvez ainda não nos demos conta de que dentro da palavra D*eus* está contido por inteiro o nosso eu.

A Igreja ensina-nos que, desde o Batismo – que recebemos em nome do Pai e do Filho e do Espírito Santo –, a Trindade mora em nós. Não há pensamento maior e mais consolador para a criatura humana do que a certeza de ser morada de Deus. O Deus, infinitamente acima de nosso pensamento, vive em nós. Essa realidade encontra a expressão máxima, quando recebemos a Eucaristia. Se já éramos familiares de Deus (*Ef* 2,19) pelo Batismo, pela Eucaristia nos tornamos – para usar uma expressão do Papa São João Paulo II, em Fortaleza – consanguíneos de Deus. Por isso, o mistério da Santíssima Trindade, apesar de mistério, é uma verdade que nos toca muito de perto.

O nosso Deus, permanecendo altíssimo e infinito, é um Deus-conosco, um Deus-em-nós. A Missa da festa da Santíssima Trindade tem como canto de entrada essa belíssima oração: "Bendito seja, Deus-Pai e o unigênito Filho de Deus e o Espírito Santo, porque grande é seu amor para conosco!" João, enamorado dessa verdade de um Deus amoroso que mora em nós, escreveu: "Todo aquele que proclama que Jesus Cristo é o Filho de Deus, Deus permanece nele e ele em Deus. Nós conhecemos e cremos no amor que Deus tem para conosco. Deus é amor, e quem permanece no amor permanece em Deus e Deus nele!" (1Jo 4,15-16)

**Um Deus,
que se relaciona**

O mistério da Santíssima Trindade vem-nos dizer ainda que Deus não é um ser fechado sobre si mesmo, mas um Deus, sempre usando linguagem humana, aberto, dialogante, que se relaciona, que se manifesta, que ama e é amado, que age, cria, recria, quer ser procurado e deixa-se encontrar. Na frase do Evangelho de hoje: "O Espírito Santo vos transmitirá toda a verdade, porque não falará de si mesmo, mas de tudo aquilo que terá ouvido" (v. 13), temos, de alguma maneira, esse relacionamento entre as Pessoas divinas e das Pessoas divinas com as criaturas. O Espírito Santo transmitirá o que ouviu do Pai, fará os discípulos compreenderem o que Jesus ensinou. Não esqueçamos que 'ouvir' e 'escutar' em João tem mais o significado de 'vivenciar'. O Espírito Santo, então, transmite-nos a vida que vive a Trindade e ensina-nos como viver também nós em comunhão com Deus. De novo, a grande verdade trazida por Jesus: formamos uma coisa só com Deus (Jo 17,21).

Entre as coisas que o Espírito Santo deverá esclarecer aos discípulos estão "as coisas futuras" (v. 13). Essas coisas são a paixão, morte e ressurreição de Jesus que deveriam acontecer em breve. Fatos que uma inteligência humana, sozinha, não consegue entender. Estão também as consequências desses fatos: mundo novo, vida nova, nova presença de Deus entre as criaturas, novo relacionamento entre o céu e a terra e, de modo especial, a graça da inabitação divina na criatura humana e a inaudita graça da nossa "participação da natureza divina" (2Pd 1,4), de nosso destino de perene comunhão com a Santíssima Trindade.

SOLENIDADE DO SANTÍSSIMO CORPO E SANGUE DE CRISTO

1ª leitura: Gn 14,18-20
Salmo: Sl 109
2ª leitura: 1Cor 11,23-26
Evangelho: Lc 9,11b-17

Sendo muitos, somos um só corpo em Cristo (Rm 12,5)

DA COMUNHÃO EUCARÍSTICA COM DEUS À COMUNHÃO COM OS IRMÃOS

Entre os mais antigos e mais profundos anseios da criatura humana está o da libertação do pecado e de tudo o que o pecado representa e traz consigo. Muitas vezes, esse desejo ligava-se a refeições, à consumação de vítimas e oferendas, como se elas tivessem uma força espiritual de purificação, de regeneração e de santificação. Esses rituais expressavam grande esperança.

Veio Jesus Cristo, Filho de Deus, que assumiu a carne humana, a mesma carne castigada pelo pecado com que todos nos defrontamos. A divindade uniu-se à humanidade. O Evangelista João o diz de maneira lapidar: "O Filho de Deus fez-se carne e veio habitar entre nós. Nós vimos sua glória, a glória que ele, Filho único, recebeu do Pai, e era cheio de graça e de verdade" (*Jo* 1,14). Enquanto viveu entre nós, Jesus assentou-se à mesa com os Apóstolos, assentou-se à mesa com pecadores e publicanos, num tempo em que se assentar à mesa e comer com alguém significava amizade, partilha de ideias e condivisão de sorte. Jesus chegou a comparar o céu a um banquete, em que o próprio Deus serve seus convidados (*Lc* 12,37), que são todos, inclusive os que a Lei excluía do convívio humano, como os cegos, os aleijados, os coxos e os ignorantes (*Lc* 14,21).

Jesus escolheu a reunião familiar da ceia, em que todos se unem necessariamente para alimentar-se; a reunião da ceia, em que a família se encontra para expressar amizade; a reunião da ceia, em que os velhos rituais de todos os povos encontravam sinais e símbolos de purificação e regeneração, para dar à criatura humana um alimento de vida eterna, um elemento de unidade com Deus, uma garantia de santificação e de glorificação.

Eucaristia: porto da Igreja

Até aqui ainda podemos compreender e explicar. Mas emudecem as palavras, calam-se as inteligências, apagam-se todos os argumentos do raciocínio, no passo seguinte. O alimento de vida eterna é seu próprio corpo e seu próprio sangue: "Quem come a minha carne e bebe o meu sangue tem a vida eterna" (*Jo* 6,54). O elemento de unidade com Deus é sua pessoa encarnada misteriosamente no pão e no vinho eucarísticos: "Quem come a minha carne e bebe o meu sangue permanece em mim e eu nele ... e como eu vivo, assim também quem me come viverá em mim" (*Jo* 6,57-58). A garantia de santificação e de glorificação é ele mesmo, Deus-Homem e Homem-Deus: "Eu sou o pão vivo que desci do céu ... o pão que eu dou é a minha carne para a salvação do mundo" (*Jo* 6,51).

Afirmou Santo Agostinho († 430): "No sangue de Cristo saturou-se nosso sangue; e no corpo de Cristo revigorou-se nosso corpo". A festa de hoje é a festa desse Corpo e desse Sangue santíssimos. Festa que não é apenas de Cristo, porque nós já vivemos enxertados nele e alimentados pela Eucaristia. É na Eucaristia que a Igreja se ancora em Cristo como o navio no porto. Exatamente na Eucaristia a Igreja atinge seu significado maior de comunidade e de sacramento de salvação. É em torno da Eucaristia que o povo de Deus se reúne esperançoso e alegre para alimentar-se na grande caminhada de retorno à Casa do Pai.

Um só povo, unido na Eucaristia

O Concílio afirmou que "a Eucaristia é a fonte e o ápice de toda a vida cristã" (*Lumen Gentium*, 11), "raiz e centro da comunidade" (*Presbyterorum Ordinis*, 6), conteúdo de todos os bens da Igreja, porque nela "está contido o próprio Cristo, nossa Páscoa e pão vivo, que dá a vida por meio de sua carne vivificada e vivificante" (*Presbyterorum Ordinis*, 5). É o maior dos sacramentos da Igreja. Por isso mesmo o povo chama-o de "Santíssimo Sacramento".

Há um fio que une a festa de hoje com a Quinta-feira Santa, unindo Cenáculo, Calvário e Altar. É o mesmo mistério que celebramos. Talvez seja diferente apenas o clima da celebração, porque na Quinta-feira Santa pesava na celebração a frase de Paulo: "Na noite em que foi traído" (*1Cor* 11,23) e pesava, sobretudo, a previsão do drama da Sexta-feira Santa. Hoje é tudo alegria, adoração e agradecimento. Na Quinta-feira Santa, Jesus foi levado amarrado, como criminoso, às autoridades. Hoje o levamos triunfalmente pelas ruas da cidade, como o nosso Rei e Senhor.

SOLENIDADE DO SAGRADO CORAÇÃO DE JESUS

1ª leitura: Ez 34,11-16
Salmo: Sl 22
2ª leitura: Rm 5,5b-11
Evangelho: Lc 15,3-7

Vivendo no amor verdadeiro, cresceremos em tudo (*Ef* 4,15)

FESTA DA MANIFESTAÇÃO DO AMOR MISERICORDIOSO

A festa do Sagrado Coração de Jesus é a festa da manifestação do amor misericordioso de Deus. Quando os textos litúrgicos falam em 'reparação' de nossa parte pelos nossos pecados, na verdade está confessando que Deus está diante de nós, pronto a acolher-nos e perdoar-nos.

O Antigo Testamento acentuou muito o 'Deus da justiça'. O Novo, depois que vimos a face de Deus estampada no rosto de Cristo (*Jo* 14,9) e seus gestos carregados de misericórdia (*Lc* 6,36), reconheceu que Deus se define pelo amor (*1Jo* 4,16), criou-nos por amor e para o amor.

Num de seus documentos, o Concílio Vaticano II escreveu: "Por nímia misericórdia e bondade, Deus nos criou livremente e chamou-nos gratuitamente à comunhão com ele, com sua vida e sua glória. Deus generosamente difundiu a divina bondade e não cessa de difundi-la" (*Ad Gentes*, 2). É esse amor divino e trinitário, voltado para a humanidade, que celebramos hoje. Na sua clássica encíclica sobre a devoção ao Sagrado Coração de Jesus, escreveu Pio XII: "O culto ao Sagrado Coração, em substância, identifica-se com o culto ao amor divino e humano do Verbo feito carne e com o culto do amor que também o Pai e o Espírito Santo nutrem para com a criatura humana pecadora" (*Haurietis acquas*).

O tema do amor misericordioso de Deus perpassa os textos da Missa de hoje. É comovente a ternura que o profeta Ezequiel põe na atitude de Deus, que se transforma em bom pastor: "Procurarei a ovelha perdida, reconduzirei a extraviada, enfaixarei a machucada, fortalecerei a doente e vigiarei a bem alimentada e forte" (*Ez* 34,16). Não é outra a linguagem de Jesus no Evangelho, ao falar do pastor que sai à procura de uma de suas cem ovelhas. E que esperança nos dá São Paulo na segunda leitura: "O amor de Deus derramou-se sobre nós. Deus provou seu amor para conosco pelo fato de ter Cristo morrido por nós, quando éramos ainda pecadores!" (*Rm* 5,5.8)

Modelo permanente de amor

A festa de hoje, embora toda voltada para o Coração amoroso de Deus, encarnado no Coração divino de Jesus de Nazaré, lembra-nos também que a tanto amor devemos responder com máximo amor. "Amar a Deus com todo o coração, com toda a alma, com a mente inteira é o primeiro e maior mandamento" (*Mt* 22,37-38). É um mandamento do Antigo Testamento (*Dt* 6,5), que Jesus retomou e ensinou com muita insistência. E acrescentou imediatamente outro preceito, também do Antigo Testamento (*Lv* 19,18): "O segundo mandamento é semelhante ao primeiro: amarás o próximo como a ti mesmo!" (*Mt* 22, 39). Mas o Antigo Testamento não teve a coragem de quase identificar os dois. Lucas, o Evangelista da misericórdia, identifica-os (*Lc* 10,27). E João é claríssimo: "Temos de Deus o preceito: quem ama a Deus, ame também seu irmão!" (*1Jo* 4,21).

O modelo e a medida do amor para Deus e para o próximo permanece sempre Jesus Cristo: "Amem-se uns aos outros como eu os tenho amado" (*Jo* 13,34). A quem lembrasse o ódio disseminado pelo mundo e do qual nos teríamos de defender recordo que o mandamento do amor foi dado por Jesus, no momento em que Judas saía do Cenáculo para traí-lo. À traição Jesus respondeu com o amor.

Unidade:
fruto do amor

Todos os Papas do século passado escreveram encíclicas e exortações sobre a devoção ao Coração de Jesus. São João Paulo II publicou a Encíclica sobre a *Misericórdia Divina*, em que disse: "A Igreja professa de modo particular a misericórdia de Deus e a venera, voltando-se para o Coração de Cristo" (n. 13). E na Mensagem que mandou ao mundo por ocasião do centenário da Consagração do gênero humano ao Divino Coração (11.6.1999), o Papa recordou a extraordinária atualidade dessa devoção, porque seu Coração divino-humano é fonte de vida e de esperança, qualidades de que o mundo precisa para construir a civilização do amor.

Essa expressão, quase diria utópica, nasceu nos debates da Conferência Episcopal de Medellín, em 1968. A partir de então, vem sendo repetida, como um ideal possível. Deveríamos dizer: uma meta obrigatória. Mas é preciso que os cristãos compreendam e demonstrem por fatos familiares, nacionais e internacionais que o Cristianismo é a religião do amor. Essa verdade foi repetida inúmeras vezes pelo Papa João Paulo II, sobretudo diante das divisões internas do Cristianismo e dos extremismos religiosos de alguns grupos. Num ato ecumênico, celebrado na Polônia, disse o Papa: "O amor é a única força que abre os corações ... é a única força capaz de levar-nos a partilhar fraternalmente tudo o que somos e o que temos... O amor é um poderoso estímulo ao diálogo, no qual nos escutamos e nos conhecemos uns aos outros... O amor faz as pessoas serem capazes de ultrapassar as barreiras das próprias debilidades e dos seus preconceitos, purifica a memória, indica novos caminhos" (10.6.1999).

A experiência ensina-nos que, onde e quando há amor, há unidade; onde e quando falta, temos divisões. Do Coração de Jesus, na Última Ceia, ditando seu testamento, brotou esta prece ao Pai: "Que todos sejam um como tu, Pai, estás em mim e eu em ti!" (*Jo* 17,21). Digamos mais uma vez: a unidade é fruto do amor, o amor é o fundamento da fraternidade, a fraternidade é a meta do Cristianismo, porque temos uma única origem, nascidos que fomos todos do amor do mesmo Pai, e um único destino: "a coroa imarcescível da glória" (*1Pd* 5,4).

A necessária cordialidade

A parábola do pastor preocupado, que sai à procura da ovelha perdida, ilustra muito bem o que dissemos do amor de Deus e de como devemos comportar-nos amorosamente. Jesus contou a parábola no momento em que era criticado pelos fariseus e os escribas de deixar-se cercar de publicanos e pecadores (*Lc* 15,1). Na mentalidade dos fariseus e escribas, que se julgavam fiéis observantes da Lei e, por isso, justos, um homem bom, sobretudo um homem que se dizia mestre, não podia conviver com os que eram forçados a viver à margem das leis.

Essa mentalidade é ainda muito encontradiça hoje. E, menos ou mais, cada um de nós pensa nessa linha. Ao menos, coloca-se entre as 99 ovelhas, que não tomam conhecimento da que se perdeu. Por isso mesmo, o verdadeiro amor tem tanta dificuldade de vingar e florescer na sociedade. Observe-se como Jesus não emite um juízo sobre as razões por que a ovelha se havia desgarrado. Que lição! O pré-julgamento sobre quem erra fere o amor. O primeiro sentimento diante do pecador deve ser a cordialidade e os braços prontos para um abraço. Como isso custa!

Na parábola, Jesus não deixa as 99 ovelhas num aprisco seguro, mas no deserto (v. 4). A insegurança em que deixa as 99 acentua o afeto pessoal que tem pelas ovelhas, uma por uma. É comum na Bíblia a afirmação por contraste. O Bom Pastor ama a única ovelha com a mesma soma de amor com que ama as 99. E alegra-se com seu encontro como se ela fosse a única ovelha existente. Deus nos ama a cada um com um amor máximo, total. Diante do Coração aberto de Cristo, cada um pode dizer com São Paulo: "Ele me amou e morreu por mim!" (*Gl* 2,20).

DIAS DE PRECEITO SOLENIDADES E FESTAS QUE PODEM OCORRER NO DOMINGO

SOLENIDADE DA IMACULADA CONCEIÇÃO DE NOSSA SENHORA

1ª leitura: Gn 3,9-15.20
Salmo: Sl 97
2ª leitura: Ef 1,3-6.11-12
Evangelho: Lc 1,26-38

És reflexo da luz eterna, espelho sem mancha (Sb 7,26)

**ÉS A IMACULADA. ÉS RESPLENDOR.
ÉS TRANSPARÊNCIA E PLENITUDE DE GRAÇA**

Em plena Quaresma, temos a festa da Anunciação. Em pleno Advento, celebramos a Imaculada Conceição, porque Maria está à raiz do mistério pascal e é o fundamento do mistério da Encarnação. Maria seria uma mulher hebreia como tantas outras, ainda que santa e cumpridora fiel da lei, ainda que Deus não a tivesse escolhido para ser Mãe de seu Filho e, em virtude do Filho que dela nasceria, não a tivesse preservado de todo pecado. Celebramos hoje uma mulher concreta, Maria de Nazaré, sobre a qual, desde toda a eternidade, pousaram os olhos amorosos de Deus.

Se pudéssemos fazer nossa Mãe, todos nós a faríamos do nosso gosto e com toda a beleza que pudéssemos imaginar. Deus, a quem nada é impossível (Lc 1,37), criou como quis sua própria Mãe; criou-a imaculada e santíssima, prevendo a encarnação de seu Filho na terra. Quando o arcanjo lhe trouxe o anúncio da maternidade divina, disse-lhe que ela estava 'cheia de graça'. No momento que ela se fez uma coisa só com o Filho de Deus em seu ventre, a plenitude da graça ultrapassou todos os limites imagináveis pela criatura humana. Desde sempre o fruto mais precioso da redenção de Cristo, Maria é na história da salvação a imagem ideal de todos os redimidos. Ideal, mas concreta.

Concebida sem pecado original

Concebida sem pecado original: que quer dizer isso? A palavra 'original' não tem nada a ver com o ato sexual, pelo qual a mulher concebe uma criança. Tenho encontrado pessoas que pensam que 'pecado original' é pecado contra o sexo, ou seja, pecado contra o sexto mandamento. A confusão vem do fato de todo ser humano se originar de um ato sexual. A palavra *original* se prende às *origens* da criatura humana, que a Bíblia chama de Adão e Eva. Pecado original foi o pecado cometido por Adão e Eva, ou seja, já na origem da humanidade. A Bíblia conta o fato de forma um tanto simbólica (*Gn* 3), mas dela sabemos que Deus criou o homem e a mulher à sua imagem e os constituiu na sua amizade.

Eram criaturas e, portanto, submissas ao Criador. Mas eles desobedeceram, ou seja, quebraram o elo de absoluta confiança que havia entre Criador e criatura. Foi nisso que consistiu o primeiro pecado. Diz o *Catecismo*: "Neste pecado, o homem preferiu-se a si mesmo a Deus, e com isso menosprezou a Deus: optou por si mesmo contra Deus, contrariando as exigências de seu estado de criatura e consequentemente de seu próprio bem. Criado em um estado de santidade, o homem estava destinado a ser plenamente 'divinizado' por Deus na glória... A Escritura mostra as consequências dramáticas dessa primeira desobediência. Adão e Eva perdem de imediato a graça da santidade original" (n. 398 e 399).

Esse pecado é a raiz de todos os pecados e desequilíbrios das criaturas humanas. Todos os homens estão implicados no pecado de Adão e Eva. São Paulo escreve aos Romanos: "Pela desobediência de um só homem, todos se tornaram pecadores" (*Rm* 5,19). Por causa de sua maternidade divina, Maria foi preservada tanto do pecado original quanto das consequências daquele pecado. Por isso dizemos que Maria é imaculada desde a concepção e viveu sem pecado.

Em vista dos méritos do Filho

Voltemos ao *Catecismo*. Ele ensina-nos: "Para ser a Mãe do Salvador, Maria foi enriquecida por Deus com dons dignos de tamanha função... Ao longo dos séculos, a Igreja tomou consciência de que Maria, cumulada de graça por Deus (*Lc* 1,28), foi redimida desde a concepção. É isso, que confessa o dogma da Imaculada Conceição, proclamado em 1854 pelo Papa beato Pio IX: *A beatíssima Virgem Maria, no primeiro instante de sua conceição, por singular graça e privilégio de Deus onipotente, em vista dos méritos de Jesus Cristo, Salvador do gênero humano, foi preservada, imune de toda mancha de pecado original...* Essa santidade, inteiramente singular, da qual Maria é enriquecida desde o primeiro instante da sua conceição, vem-lhe inteiramente de Cristo, em vista dos méritos de seu Filho" (nn. 490-492).

São Paulo chama Cristo de novo Adão (*1Cor* 15,45). Os Santos Padres, muitas vezes, chamaram Maria de nova Eva. O Concílio Vaticano II, depois de lembrar que Deus não se serviu de Maria como um instrumento meramente passivo, mas que ela cooperou para a salvação humana com livre fé e obediência espontânea, cita Santo Irineu: "Obedecendo, se fez causa de salvação tanto para si quanto para todo o gênero humano". E continua: "Não poucos padres antigos afirmam em sua pregação: o nó da obediência de Eva foi desfeito pela obediência de Maria; o que a virgem Eva ligou pela incredulidade, a virgem Maria desligou pela fé. Comparando Maria com Eva, chamam-na de *mãe dos viventes* e com frequência afirmam: veio a morte por Eva e a vida por Maria" (*Lumen Gentium*, 26).

A comparação é boa, porque Cristo, com sua paixão e morte, refez a obra da criação, reatando o elo original entre criador e criatura. Jesus se fez o fiador desse elo, que nós chamamos de 'comunhão'. Por isso ele podia chamar-se de caminho que leva ao Pai (*Jo* 14,6). E Maria foi a criatura que forneceu a Jesus as possibilidades humanas, sendo dele a maior colaboradora na restauração da aliança com Deus. As pinturas e estátuas da Imaculada geralmente a representam com o pé calcando a cabeça da serpente. Isso lembra também Eva, que fez o contrário: ouviu a voz da serpente (o diabo) e acreditou nela. Maria, calcando a cabeça do monstro, está nos lembrando que ela esteve acima do pecado, que ela é a vitoriosa com Jesus na história da redenção.

Mãe de ternura, cercada de anjos

Foram muitos os pintores e escultores que procuraram visualizar o privilégio da Imaculada Conceição. Nenhum foi tão feliz quanto o pintor espanhol Murillo († 1682). A ele se atribuem 41 quadros da Imaculada, espalhados por igrejas e museus da Espanha e do mundo. Imitado por tantos outros pintores, as imaculadas de Murillo exprimem imensa doçura e ternura em seu rosto suavemente voltado para o alto, exatamente porque a Virgem está isenta das consequências do pecado; são cercadas de anjos, que lembram sempre o céu e as coisas divinas; têm uma meia lua sob os pés, a qual lembra a mulher do Apocalipse: "revestida de sol, com a lua debaixo dos pés" (*Ap* 12,1). Mas, sendo a lua símbolo da volubilidade, e estando sob seus pés, ela indica que Maria foi sempre a mesma: antes, durante e depois do parto; sempre a mesma, antes do pecado de Adão e Eva, já nos planos de Deus, e depois do pecado deles, porque prevista para ser a Mãe do Filho de Deus. E sempre fiel. Seu *sim* a Deus é um sim eterno.

Maria não é uma figura fora da humanidade. Ela encarna a criatura que Deus sempre quis, isto é, santa e em comunhão com ele. Por isso é modelo nosso: contemplamo-la como um espelho daquilo que devemos e queremos ser. Ela é chamada 'estrela', mas não há entre nós e ela a lonjura de uma estrela, porque, embora imaculada, é carne de nossa carne, como carne de nossa carne é seu filho divino e santíssimo, que quis repartir conosco sua privilegiada mãe.

FESTA DA APRESENTAÇÃO DO SENHOR

1ª leitura: Ml 3,1-4
Salmo: Sl 23
2ª leitura: Hb 2,14-18
Evangelho: Lc 2,22-40
ou Lc 2,22-32

Doce é a luz! É agradável ver o sol! (Ecl 11,7)

A SALVAÇÃO PREPARADA POR DEUS PARA TODOS OS POVOS

É uma belíssima cena esta da Apresentação de Jesus no templo. Une o Antigo e o Novo Testamento. Une o velho e o novo templo de Deus. Ao Pai é consagrado o Filho, e o Espírito Santo fala por meio dos lábios de Simeão e de Ana palavras que confirmam a missão salvadora e universal de Jesus, cumprimento da vontade do Pai. Presentes a velhice, a infância e a idade madura. Presentes um casal que oferece, uma viúva que louva, um ancião que profetiza. Presente a natureza com o que tinha de mais simbólico: um casal de jovens pombos, que mais tarde servirá de modelo para descrever a atitude do discípulo de Jesus (*Mt* 10,16) e a descida do Espírito, que consagrará publicamente o ministério de Cristo, no momento do batismo (*Lc* 3,22).

Presente, passado e futuro se ajeitam numa única moldura: o presente, na oferta de José e Maria; o passado, na espera/esperança de Simeão e Ana; o futuro, no menino que será a luz dos povos e na espada que traspassará o coração de Maria. O corriqueiro (pegar uma criança no colo) se encontra com o mistério (criança-salvação). A eternidade (Jesus sempre pertenceu ao Pai e com ele sempre foi uma coisa só) se abaixa para unir-se ao tempo e receber a consagração do mesmo Jesus feito homem.

José e Maria subiram discretamente ao templo. Repetiram o gesto de tantos outros jovens casais. De repente, seu gesto se alargou até o céu, quando Simeão agradeceu ao Senhor a sorte de encontrar o Menino aguardado, e se alargou até os confins do mundo, quando o predisse salvação e luz para todos os povos, e se estendeu a todos os tempos, vendo na criança oferecida o sacrifício definitivo do resgate ou da ruína dos filhos de Adão.

Menino voltado para Jerusalém

O Evangelho de Lucas aponta sempre para Jerusalém. Em Jerusalém foi anunciada a concepção de João Batista (*Lc* 1,13). A Jerusalém é levado o Menino recém-nascido (*Lc* 2,22). O menino volta a Jerusalém aos 12 anos de idade (*Lc* 2,42). Cada uma dessas cenas é descrita de tal modo que o leitor possa ver, ao fundo, os acontecimentos da Paixão e da Ressurreição. Hoje, José e Maria cumprem uma Lei mosaica, embora a ela não estivessem obrigados: primeiro, porque o Menino já pertencia ao Senhor; segundo, porque sua mãe era santíssima e tivera um parto virginal, não tendo razão nenhuma de purificar-se legalmente. Na Paixão, Jesus cumpre a vontade do Pai embora, como Deus, estivesse acima de qualquer obediência.

Hoje José e Maria oferecem o primogênito, como mandava a lei (*Êx* 13,1), "sombra dos bens futuros" (*Hb* 10,1). Na Paixão, o unigênito Filho de Deus apresenta-se, ao mesmo tempo, vítima e oferente "e ofereceu pelos pecados um único sacrifício... e com uma só oblação levou à perfeição definitiva os santificados" (*Hb* 10,12.14). Hoje Jesus é oferecido no templo. Na Paixão ele oferece seu corpo, tornado o novo templo de Deus. Hoje Simeão predisse que ele será "ressurreição e ruína" (v. 34). Na Paixão, o Cristo crucificado se tornará "escândalo para os judeus, loucura para os pagãos, poder e sabedoria de Deus para os chamados" (*1Cor* 1,23-24).

Os braços de Maria e os braços da cruz

José e Maria apresentam o Menino e, em resgate, oferecem um casal de pombos. Da narração de Lucas fica claro, por meio da profecia de Simeão, que o resgate não podia limitar-se a dois pássaros, porque o filho a ser resgatado era o resgatador de toda a humanidade. Referindo-se ao sinal de contradição que seria Jesus em sua morte, Lucas une a esse sinal o coração materno de Maria. Predizendo a espada que traspassaria sua alma, com a mesma figura com que Isaías havia previsto a morte do Servo de Javé (*Is* 53,5), Simeão une a mãe ao sacrifício do Filho. Maria vem ao templo oferecer o primogênito, e o Espírito Santo, pela boca de Simeão, diz-lhe que a oferta fora aceita e ela seria associada ao sacrifício redentor do filho. Os braços que hoje se estendem para o Senhor, segurando o Menino, logo mais se estenderão para segurá-lo morto "para a ressurreição e ruína de muitos". Braços só comparáveis aos braços da Cruz, dos quais pendeu a salvação do mundo!

O oferecimento do primogênito a Deus se prende à noite da libertação dos israelitas da escravidão do Egito (*Êx* 13,13-14). Enquanto os primogênitos dos egípcios foram exterminados, os primogênitos dos israelitas foram poupados. No caso de Jesus, o Pai não o poupou, "mas o entregou por todos nós" (*Rm* 8,32), "para expiar os nossos pecados" (*1Jo* 4,10). A oferta do primogênito se prendia a um momento de libertação. A oferta de Cristo na Cruz torna-nos "livres do pecado e feitos servos de Deus, tendo garantida a santidade e a vida eterna" (*Rm* 6,22).

Quando os Evangelistas apontam ou descrevem a Paixão e a Morte de Cristo, não esconderem o suplício e também deixam entrever que a cruz é um caminho de glória e salvação. Também na festa de hoje, embora tudo aponte para a Paixão, Simeão e Ana exultam de alegria, porque a esperança se transformara em realidade e os povos todos serão iluminados pelo sol nascente, Cristo luz dos povos (v. 32). A festa de hoje podia muito bem chamar-se festa da esperança, porque se trata de uma esperança-certeza cantada por Simeão e Ana, os dois anciãos que, por sua vez, são o símbolo da humanidade que se abre para o Cristo.

Meia estrada entre Natal e Quaresma

As velas que benzemos hoje e a procissão com as velas acesas podem muito bem expressar a alegria no meio da Paixão, ou melhor, a alegria que nasce da Paixão, porque será pela Paixão que o Cristo se tornará a luz, isto é, a salvação de todos os povos. Zacarias, no nascimento de João, predisse o Messias chegando "para iluminar os que estão sentados nas trevas e na sombra da morte" (*Lc* 1,79). Observe-se que esta festa se celebra quarenta dias depois do Natal. Praticamente está na metade do tempo entre Natal e Quaresma. Tem tudo de Natal e tem tudo de Quaresma. As velas que benzemos nos recordam as velas da noite pascal, a cuja luz renovamos as promessas do batismo.

Em muitos países, a vela benta hoje é levada para casa e acesa sempre que há algum perigo, como temporal exagerado, sintomas de peste, doenças graves. A luz acesa significa que a família se entrega inteiramente nas mãos de Deus. É também essa a vela que muitos põem na mão da pessoa agonizante, para que o Cristo luz-salvação ilumine os últimos passos do cristão na terra e sua entrada na eternidade, onde não se precisará mais "nem da luz da vela nem da luz do sol, porque o Senhor Deus será a luz para sempre" (*Ap* 22,5).

A partir de 1997, celebra-se nesta festa o Dia Mundial das Pessoas Consagradas. Isso tem muito sentido, porque à medida que alguém se consagra a Deus volta-se para o próximo, exatamente como aconteceu com Jesus: consagrado ao Pai, tornou-se salvação para todos. Na *Exortação Apostólica* sobre a Vida Consagrada, o Papa São João Paulo diz aos consagrados: "Não esqueçais que vós, de modo muito particular, podeis e deveis dizer não só que sois de Cristo, mas que vos tornastes Cristo" (n. 109).

SOLENIDADE DA NATIVIDADE DE SÃO JOÃO BATISTA

1ª leitura: Is 49,1-6
Salmo: Sl 138
2ª leitura: At 13,22-26
Evangelho: Lc 1,57-66.80

*Deus escolheu-me desde o ventre materno
para ser seu servo (Is 49,5)*

CHAMAR-SE-Á JOÃO: DEUS FAZ MISERICÓRDIA

A festa de São João Batista, antiquíssima na liturgia, sempre foi celebrada, levando em conta o Natal de Jesus: exatamente seis meses antes. Em muitos países, sua festa vem envolta em celebrações folclóricas paralelas, que expressam grande carinho e devoção por esse homem que fechou o Antigo Testamento e abriu o Novo. Sua vida e sua missão estão unidas de tal modo à vida e à missão de Jesus, que sua festa é considerada também uma 'festa do Senhor' e, por isso, quando cai em domingo, toma o lugar da liturgia dominical.

Seu nascimento em Ein Karem, hoje quase periferia de Jerusalém, vem envolto em mistério: filho de mãe estéril e de pai avançado em anos (*Lc* 1,18), para acentuar, desde a concepção, que ele é um dom de Deus e vem com uma missão divina. Não pertence a um determinado pai e determinada mãe: será consagrado a Deus para uma missão especial, que Deus lhe imporá. Seu nome foi pré-marcado, "no santuário do Senhor" (*Lc* 1,9), pelo anjo Gabriel: "dar-lhe-ás o nome de João" (*Lc* 1,13). João significa 'Deus faz misericórdia'. A misericórdia de Deus será o núcleo de sua pregação, apontando o "Cordeiro de Deus, que tira os pecados do mundo" (*Jo* 1,19), a encarnação da misericórdia divina, "o Filho de Deus" (*Jo* 1,34).

Batista foi o apelido que o povo lhe deu e os Evangelhos conservaram. Jesus o chama de Batista (*Mt* 11,11), os discípulos de João o chamam de Batista (*Lc* 7,20), Herodes Antipas o chama de Batista (*Mc* 6,14), Herodíades o chama de Batista (*Mc* 6,24). O apelido lhe veio porque ele "percorria toda a região do Jordão, pregando um batismo de conversão" (*Lc* 3,3). Nenhum outro apelido lhe caberia melhor, porque foi ele que batizou Jesus de Nazaré (*Mt* 3,15) e viu com os próprios olhos, no Jordão, a primeira epifania do Cristo: os céus se abriram, o Espírito de Deus desceu como uma pomba e pousou sobre ele, e do céu se ouviu uma voz que dizia ser Jesus o Filho muito amado do Pai (*Mt* 3,16-17).

Abriu a porta do Novo Testamento

O Prefácio da Missa proclama as maravilhas operadas por Deus em João Batista. São muitas: sua concepção inesperada, sua exultação no seio da mãe, quando Maria grávida de Jesus dela se aproximou (*Lc* 1,41), sua preparação no deserto (*Lc* 1,80), sua vida penitente (*Lc* 7,33), sua pregação profética às margens do Jordão sobre a chegada de "um mais forte que eu, que batizará o povo no Espírito Santo" (*Lc* 3,16), seu reconhecimento de Jesus como o Messias, sua humildade (*Jo* 1,27) tanto em suas palavras quanto no fato de mandar seus próprios discípulos passarem para o grupo de Jesus (*Jo* 1,35-36), enfim, seu indiscutível papel profético de precursor do Senhor.

Grandes maravilhas deve ter operado nele Deus, a ponto de Jesus afirmar: "Entre os nascidos de mulher não houve outro maior que João Batista" (*Mt* 11,11). E era comprida a fila dos patriarcas e profetas respeitados na memória do povo, como são muitos os santos do calendário cristão. Entre todos João Batista ocupa lugar de destaque por sua santidade profética, sobretudo por ter sido aquele que abriu a porta do Novo Testamento, mostrando a chegada da plenitude dos tempos (*Gl* 4,4).

A alegria acompanha a presença de Deus

A circuncisão era uma cena familiar festiva, como o é hoje o batizado. Tinha um duplo significado: marcar na carne humana a aliança de Deus com Abraão (*Gn* 17,11-13) e introduzir o recém-nascido na comunidade. É provável que os vizinhos chegados fossem mais numerosos do que de costume, porque vinham também trazidos pela curiosidade de ver uma criança nascida de uma mulher que todos sabiam que era estéril. Isabel tinha interesse na presença do maior número possível de pessoas, porque a esterilidade feminina era considerada um castigo divino. O nascimento de João significava para ela uma espécie de remissão e era preciso que todos soubessem que ela, a velha Isabel, não era mais uma amaldiçoada, mas alguém que merecera a misericórdia divina. Lucas é claro em dizer que a vizinhança e a parentela foram congratular-se com Isabel, "porque Deus lhe mostrara a grandeza de sua misericórdia" (*Lc* 1,58).

A alegria da vizinhança e dos parentes significa também o cumprimento da promessa feita pelo anjo Gabriel a Zacarias: "Ficarás alegre e contente e todos se alegrarão com seu nascimento" (*Lc* 1,14). A alegria de Zacarias vai além da alegria de ter um filho, apesar da idade avançada: vê em seu filho o cumprimento de uma promessa divina, feita em privado pelo anjo (*Lc* 1,11-14). Sua alegria completa-se, quando recupera a fala. Seu mutismo fora o sinal que ele pedira do anjo (*Lc* 1,20), a prova concreta para não se julgar um homem de alucinações. Solta-se a língua de Zacarias para bendizer o Senhor, que escolhera o menino para ser "o profeta do Deus Altíssimo e ir diante do Senhor a preparar-lhe os caminhos e a anunciar ao povo a chegada da salvação" (*Lc* 1,76-77).

Lucas, com toda a elegância que a festa merecia, mostra-nos as duas dimensões de João. Temos a dimensão humana, quando toda a parentela e vizinhança lhe querem impor o nome de Zacarias, um modo de continuar o nome e a honra da família. Temos a dimensão divina, quando Isabel e Zacarias obedecem ao anjo Gabriel, voz de Deus, e dão ao menino o nome de João, nome inédito em sua genealogia, mas indicativo da missão a que estava sendo chamado. Os velhos pais, nesse momento, como que reconhecem que são instrumentos de Deus, que o filho, que trouxe tanta alegria, tem uma missão especial e eles não impedirão seu cumprimento.

Deus está com ele

Observe-se que, a partir desse momento, desaparecem as figuras de Zacarias e Isabel. Os parentes retornam às montanhas da Judeia (*Lc* 1,65), mas retornam cheios do 'temor de Deus', isto é, convictos de que em tudo isso havia o dedo de Deus e que alguma coisa maior estava por acontecer. Aliás, Lucas mesmo anota o que diziam do menino: "A mão de Deus está com ele" (*Lc* 1,66). A mão do Senhor, na Bíblia, é o símbolo da força de Deus, de sua onipotência salvadora e de sua proteção. Ao dizer que a mão de Deus estava com o menino, acreditava-se que Deus o escolhera para uma missão especial, dar-lhe-ia toda a sua força, iluminaria suas palavras e o protegeria em todas as circunstâncias.

A liturgia de hoje salta o belíssimo canto de Zacarias, para citar os versículos em que Lucas, de imediato, introduz João adulto, preparando-se para a missão (*Lc* 1,80). Lucas diz que ele se preparou no deserto. Havia no deserto mosteiros em que homens, com muita seriedade, liam os textos sagrados e procuravam interpretá-los em vista do advento do Messias. Eram homens que mantinham distância das interpretações dos escribas, fariseus e saduceus. João pode ter-se preparando num desses mosteiros. Mas pode também ter-se preparado a sós, numa das inúmeras grutas do deserto. E pode ainda o texto de Lucas ser simbólico e querer dizer que João manteve-se longe das coisas mundanas, para só ocupar-se das coisas de Deus e da missão que o Senhor lhe destinara: a de anunciar a chegada do Filho de Deus, o Messias esperado, o Salvador do mundo.

SOLENIDADE DE SÃO PEDRO E SÃO PAULO, APÓSTOLOS

*1ª leitura: At 12,1-11
Salmo: Sl 33
2ª leitura: 2Tm 4,6-8.17-18
Evangelho: Mt 16,13-19*

Procurai ter em abundância os dons do Espírito para a edificação da Igreja (1Cor 14,12)

CRISTO, FILHO DE DEUS E PEDRA ANGULAR, PEDRO, FUNDAMENTO DA COMUNIDADE

A festa de São Pedro e São Paulo é antiquíssima, anterior mesmo à instituição da festa do Natal. E sempre no dia 29 de junho. O Papa costumava celebrar três Missas: uma na Basílica dedicada a São Pedro, no Vaticano, outra na Basílica de São Paulo, e uma terceira nas Catacumbas de São Sebastião, lugar em que, provavelmente, se conservaram as relíquias de seus corpos, antes de terem sua igreja própria. A partir de 780, o Papa passou a visitar a Basílica de São Paulo, no dia 30, fazendo, assim, nascer uma solenidade especial, dedicada ao Apóstolo das Gentes, que a Reforma litúrgica do Concílio Vaticano II suprimiu, repristinando o antigo costume de celebrar Pedro e Paulo juntos, numa só festa, em todas as igrejas do mundo.

Sabe-se que não foram martirizados nem no mesmo dia nem no mesmo lugar, mas ambos em Roma e na mesma época. Pedro foi crucificado de cabeça para baixo (conta a lenda que a pedido seu, para não morrer igual ao Mestre). Os artistas preferiram pôr-lhe as chaves na mão, como distintivo de seu cargo. Paulo que, além de hebreu era cidadão romano e, por isso, pela lei não podia ser crucificado, morreu decapitado. Os artistas lhe puseram sempre na mão uma espada, além de um livro, para simbolizar as várias cartas teológicas que escreveu.

Pedro provinha do humilde e duro ofício de pescador e acompanhou o Mestre desde os primeiros dias da vida pública. Paulo, de origem hebraica, era cidadão romano, doutor em leis, fogoso defensor dos princípios farisaicos e não conhecera Cristo pessoalmente. A ambos, por caminhos diversos, conquistou Jesus e ambos lhe foram fidelíssimos. Pedro respeitava muito Paulo e admirava seus escritos e maneira de pregar, embora reconhecesse que às vezes falava difícil (2Pd 3,15-16). Pedro e Paulo são uma extraordinária síntese de comunhão na diversidade dos carismas. Por isso a Antífona de Ingresso da Missa de hoje pode cantar: "Esses dois são os santos Apóstolos que na vida terrena fecundaram a Igreja com seu sangue; beberam o cálice do Senhor e tornaram-se os amigos de Deus".

Confissão perfeita

O Evangelho da Missa conta a célebre perícope, que os exegetas chamam de 'petrina', de Mateus 16, em que se harmonizam dois fatos: a confissão de fé de Pedro e a promessa de Jesus para seu futuro. A confissão de Pedro vem narrada pelos três Sinóticos (Mateus, Marcos e Lucas), mas a promessa de Jesus sobre o primado é específica e exclusiva de Mateus. Por isso alguns estudiosos, sobretudo protestantes, quiseram ver nela um acréscimo posterior. A Igreja sempre encontrou na promessa o fundamento do primado de Pedro e sempre foi clara em sua afirmação.

Em Mateus, a profissão de fé de Pedro é mais ampla e mais completa do que nas versões de Marcos e Lucas. Em Marcos, Pedro diz: "Tu és o Cristo" (Mc 8,29). Segundo Lucas, Pedro confessa: "Tu és o Cristo de Deus" (Lc 9,20). Na confissão segundo Mateus, Pedro consegue resumir a verdadeira identidade de Jesus, em forma luminosa e perfeita: "Tu és o Cristo, o Filho do Deus vivente" (v. 16). Não apenas reconhece em Jesus o Messias, como também nele vê o Filho de Deus.

Pedro de pedra

Na verdade não foi a perspicácia de Pedro a identificar Jesus de Nazaré. O próprio Jesus observou: fora Deus que lhe dera a graça do reconhecimento (v. 17), a graça de crer antes dos outros Apóstolos e mais que todos eles. A essa graça Jesus liga o primado, mesmo porque a Igreja não terá outra missão, outro ministério senão o de repetir, através dos tempos e além de todos os horizontes do mundo, a confissão do apóstolo Pedro: "Tu és o Cristo, o Filho do Deus vivente".

Jesus apelidara Simão de *Cefas* (*Jo* 1,42), que, em aramaico, significa *pedra*. O apelido pegara a ponto de todos o chamarem de Simão Pedro ou simplesmente de Pedro. No mundo bíblico e semítico, a mudança do nome significa mudança de destino, de missão. Agora Jesus se aproveita do apelido para lhe dizer qual seria seu destino e sua futura missão: ser o fundamento da Igreja, do novo Povo de Deus. A pedra na Sagrada Escritura lembra a segurança, a solidez e a estabilidade, como reza o Salmo 18: "Senhor, és minha rocha, és o rochedo em que me refugio, és meu penedo de salvação" (*Sl* 18,3). Mas Jesus sabia que, sendo criatura humana, Pedro, por mais fiel que lhe fosse, seria sempre uma criatura fraca. Por isso se faz de Pedro o fundamento, reserva para si o papel principal, o de ser a 'pedra angular', sobre a qual caem todo o peso e todo o equilíbrio da construção e sem a qual o inteiro edifício vem abaixo (*Mt* 21,42; *1Pd* 2,7).

São Paulo fará bem a distinção, ao escrever aos Efésios: "Estais edificados sobre o fundamento dos Apóstolos e Profetas, tendo por pedra angular o próprio Cristo Jesus. É nele que todo o edifício, harmonicamente disposto, une-se e cresce até formar um templo santo no Senhor" (*Ef* 2,20-21). Pedro e Jesus têm, portanto, uma missão conexa e interdependente, na qual nós somos as pedras necessárias do edifício (*1Pd* 2,5). O fundamento sozinho não é casa. A pedra angular sozinha não tem serventia. Sempre de novo vemos o encontro e o entrelaçamento com o divino e o humano. Sempre de novo vemos a confiança de parceria que Deus deposita na criatura humana. É admirável como Deus confia na criatura humana, apesar de conhecer sua fraqueza. O problema é: a criatura humana pouco confia em Deus, apesar de ter visto tantas maravilhas divinas.

**A chave
que abre e fecha**

Todos temos a experiência de que o mal existe, dentro e em torno de nós. São Pedro diz em sua primeira carta que o diabo, nosso adversário, gira em torno de nós como um leão faminto (*1Pd* 5,8). Jesus garante a Pedro que todas as forças do mal, que ele chama de "portas do inferno" (v. 16), não vencerão a nova comunidade de fé, pensada como um todo inseparável, no qual nos inserimos como pedras de um edifício, em que Cristo é a pedra angular e os Apóstolos os fundamentos.

O simbolismo das chaves é claro. A chave abre e fecha. Possuir a chave significa garantia, propriedade, poder de administrar. Isaías tem uma profecia sobre a derrubada do administrador Sobna e sua substituição pelo obscuro empregado Eliaquim. Põe na boca de Deus estas palavras: "Colocarei as chaves da casa de Davi sobre seus ombros: ele abrirá e ninguém fechará, ele fechará e ninguém abrirá" (*Is* 22,22). O texto aproxima-se muito à promessa de Jesus, até mesmo na escolha de um humilde pescador para administrar a nova casa de Deus. Assim como Eliaquim não se tornou o *dono* da casa de Davi, também Pedro não será o *dono* da nova comunidade. O dono continuará sendo o próprio Deus. Em linguagem jurídica, diríamos que Pedro tornou-se o fiduciário de Cristo.

O binômio *ligar-desligar* repete o *abrir-fechar* das chaves. Pedro recebe o direito e a obrigação de decidir sobre a autenticidade da doutrina e o comportamento dos cristãos diante dos ensinamentos de Jesus. Essa a missão de todos os Papas, sucessores de Pedro, que bem podem ser definidos como "os guardiães da verdade e da caridade". Celebrar São Pedro, para os cristãos, é também celebrar o Papa.

FESTA DA TRANSFIGURAÇÃO DO SENHOR

1ª leitura: Dn 7,9-10.13-14
Salmo: Sl 96
2ª leitura: 2Pd 1,16-19
Evangelho: Lc 9,28b-36

Fui testemunha ocular da majestade de Jesus Cristo (2Pd 1,16)

TRANSFIGURAÇÃO: IDENTIDADE DE JESUS E CERTEZA DO NOSSO DESTINO

Esta festa nasceu no Oriente, já no século V, e foi fixada no dia 6 de agosto, numa relação evidente ao dia 6 de janeiro, quando se celebra a primeira grande epifania do Senhor. Já no século X, encontramos a festa em vários missais do Ocidente. Em 1457, tornou-se festa obrigatória na Igreja universal. O milagre da transfiguração é lembrado também, todos os anos, no segundo domingo da Quaresma. Quando o dia 6 de agosto cai em domingo, a festa torna-se solenidade e ocupa o lugar da liturgia dominical. Por isso, temos marcadas três leituras. Se a festa ficar durante a semana, far-se-ão só duas leituras, podendo-se escolher, como primeira, ou a do profeta Daniel ou a de São Pedro.

No Brasil, a festa é mais conhecida como 'Festa do Bom Jesus'. Ainda que os textos da Missa sejam os da Transfiguração, a imagem do Bom Jesus recorda sempre o *Ecce Homo* (Jo 19,5), o Cristo, flagelado, coroado de espinhos, vestido com o manto purpúreo, manchado de sangue e uma cana na mão, posta como zombaria em lugar do cetro real. Pilatos o apresenta ironicamente ao povo com as palavras: "Eis o homem!" Foi esse homem, que escondia aos olhos humanos sua divindade, que se transfigurou no Monte, aos olhos admirados de Pedro, Tiago e João, tendo a seu lado, não os poderosos da terra, mas os dois grandes santos e líderes do Antigo Testamento: Moisés e Elias.

Diante do *Ecce Homo*, "os Sumos Sacerdotes e os guardas gritaram: Crucifica-o! Crucifica-o!" (*Jo* 19,6). Pouco antes da Transfiguração, Jesus anunciara que "padeceria muito, seria rejeitado pelos anciãos do povo, pelos Sumos Sacerdotes e pelos escribas, e seria morto". Mas prometera, ao mesmo tempo, ressuscitar depois de três dias (*Lc* 9,22). Com o Cristo transfigurado, Moisés e Elias falam da crucificação (v. 31) e os três Apóstolos, perdido o sono (v. 32), contemplam a glória divina do Senhor.

O Pai revela o Filho

Nos capítulos anteriores, Lucas fizera várias vezes a pergunta: quem é esse Jesus?, pondo-a na boca de fariseus e de escribas (*Lc* 5,21), que pensavam saber tudo e estavam escandalizados, porque Jesus perdoava pecados; pondo-a na boca dos discípulos ingênuos (*Lc* 8,25), admirados que os ventos e o mar lhe obedeciam. Na sinagoga de Nazaré (*Lc* 4,22), o povo, maravilhado das palavras cheias de graça que saíam de sua boca, fazia-se a mesma pergunta, porque sua imaginação não ia além do que seus olhos humanos podiam ver: o filho de José.

A inteligência humana, sozinha, ainda que vendo milagres, não pode alcançar a verdadeira identidade de Jesus. O Antigo Testamento repetiu inúmeras vezes que a intelecto humano é pequeno demais para apreender e compreender Deus. Nem mesmo consegue compreender suas manifestações e seus caminhos (*Is* 55,8-9). Jesus de Nazaré, filho carnal de Maria, por obra e graça do Espírito Santo, filho legal de José, é o Filho de Deus. Só o céu pode revelar essa identidade. E o faz hoje na voz do Pai celeste: "Este é meu Filho, o meu Eleito!" (v. 35). Assim como só Jesus conhece o Pai e só Jesus o pode revelar (*Mt* 11,27), também só o Pai conhece Jesus e só ele o pode revelar, e o Pai o revelou na hora do Batismo (*Lc* 3,22), e hoje, na Transfiguração (v. 35).

Partilha e silêncio

O fato de o Pai revelar a identidade do Filho e Jesus revelar sua divindade aos Apóstolos faz lembrar que ninguém deve reter para si coisas, verdades, conhecimentos e qualidades. Na Transfiguração, Jesus compartilha com os Apóstolos o mistério de sua divindade (vv. 29.35), seu lugar de Messias dentro da História da Salvação (v. 30), seu destino de Paixão e Morte (v. 31). A vida de Jesus foi uma permanente condivisão. Podemos até dizer que fez da criatura humana sua sócia em toda a missão salvadora. Isso ele o fez com palavras, gestos e exemplos. Compartilhar o que se tem e o que se é vem a ser o âmago da comunicação verdadeira. Esse compartilhamento alcança o ponto máximo, quando nos identificamos com a outra pessoa. Belíssimo exemplo é Jesus: identificou-se com o ser humano, assumiu sua natureza, sua história, suas esperanças, suas angústias. Hoje compartilha com os Apóstolos o mistério de sua divindade.

No final da Transfiguração, os três Apóstolos ficaram calados (v. 36). Não era aquele o silêncio que mata a comunicação. Não era o silêncio da ignorância, que também é muro para a comunicação. Era o silêncio da contemplação, da reflexão, da meditação. Só quem sabe fazer silêncio no seu interior poderá ser comunicador e apóstolo. Os grandes momentos de admiração são feitos de silêncio. No final do episódio da perda e encontro de Jesus no templo, Lucas diz que Maria guardava tudo em seu coração (*Lc* 2,51). Esse é o silêncio fecundo, porque se abrirá em grandes gestos cheios de vida. A corajosa proclamação da divindade de Jesus, feita pelos Apóstolos, tem raízes no silêncio de seu coração. A grande pregação é sempre formada e amadurecida no silêncio.

Não há nenhuma contradição entre o partilhar e o silenciar. Se Deus é o mais perfeito exemplo de quem compartilha tudo, sua mais perfeita expressão é, no entanto, o silêncio. Compreendo, então, por que, em momentos decisivos da revelação de sua identidade divina, Jesus pedia aos discípulos e aos miraculados que guardassem silêncio (*Mc* 1,43; 5,43; 7,36; *Mt* 9,30).

O presente da História da Salvação

A presença de Moisés e Elias é uma prova da messianidade de Jesus, isto é, que Jesus de Nazaré é o Eleito (v. 36) e o Enviado do Pai, para recriar as coisas do mundo. A ideia de um retorno à terra das grandes figuras como Noé, Henoc, Moisés, Elias para preparar a chegada do Messias, era corrente na imaginação do povo. O profeta Malaquias chegou a pôr na boca de Deus a promessa: "Vou enviar-vos Elias, o profeta, antes que chegue o dia do Senhor... ele fará voltar o coração dos pais para os filhos e o coração dos filhos para os pais" (Ml 3,23-24). Jesus nunca desdisse a crença popular, mas afirmou que João Batista era o Elias esperado (Mt 11,14; Mc 9,11-13).

Moisés estivera no Monte (Êx 19,3), vira a glória de Deus (Êx 19,20), recebera as tábuas da Lei (Êx 34,29), alimentara o povo com o maná caído do céu (Êx 16,4), libertara o povo da escravidão (Êx 14,30-31), conseguira transformar uma multidão em povo organizado, consagrara-o ao Senhor que, mediante Moisés, aceitara a oferta e prometera fazer daquela gente seu "povo eleito" (Êx 19,5-6). Moisés é, sem dúvida, uma das grandes personagens da História da Salvação. Se Abraão foi o pai da fé no Deus único, Moisés foi o organizador do povo, de cujo seio nasceria o Salvador.

Jesus transfigurado, conversando com Moisés e Elias, transmitiu aos Apóstolos a continuação da História da Salvação, longamente preparada e prestes a alcançar a plenitude na Morte e Ressurreição, assunto da conversa no Tabor. Moisés teve seu sentido. Elias teve seu sentido. A missão de Jesus enraizou-se nos ensinamentos de Moisés (lembremos os Dez Mandamentos, reconfirmados por Jesus) e nos ensinamentos dos Profetas, que Jesus não aboliu (Mt 5,17), mas aperfeiçoou. O Tabor é um feliz encontro do passado e do futuro, tendo o Cristo no meio, o eterno presente.

SOLENIDADE DA ASSUNÇÃO DE NOSSA SENHORA

1ª leitura: Ap 11,19a;12,1.3-6a.10ab
Salmo: Sl 44
2ª leitura: 1Cor 15,20-27a
Evangelho: Lc 1,39-56

Eu te exaltarei, Senhor, e darei glória ao teu nome para sempre! (Sl 86,12)

MARIA ASSUNTA: PRIMÍCIA E IMAGEM DA COMUNIDADE ECLESIAL

A festa de hoje tem como razão de ser a maternidade divina de Maria. Dessa verdade e dessa grandeza, nascem todos os privilégios de Maria e fundamentam-se todos os elogios e toda a veneração que podemos prestar a Maria de Nazaré. "Grandes coisas fez em mim o Onipotente" (v. 49), canta com razão Maria no Magnificat, que lemos hoje como Evangelho. O Magnificat é um resumo, repleto de alegria e admiração, do mistério da Encarnação acontecido no seio de uma mulher do povo. Maria não tinha nenhuma qualidade externa que a distinguisse. E Deus, em seus caminhos insondáveis, "olhou para a humildade dessa serva" (v. 48), humildade que lhe vinha da condição social, humildade que lhe vinha, sobretudo, de sua dependência absoluta de Deus.

Documentos do século VI falam da festa da Assunção como 'antiquíssima'. Mas o dogma da Assunção só foi proclamado por Pio XII no dia 1º de novembro de 1950. Foi a última verdade de fé, solenemente definida pela Igreja. Em nenhum momento, nos escritos do Novo Testamento, fala-se da Assunção corporal de Maria. Esse dogma é uma derivação teológica, consequência deduzível da maternidade divina. O dogma definido diz que Maria foi elevada em corpo e alma ao céu. Mas não entra nos pormenores filosófico-antropológicos do que sejam corpo e alma nem em que consistirá o corpo glorificado nem como Maria passou pela porta estreita da morte.

Maria foi preservada do pecado original e protegida de todo pecado em vista da maternidade divina, pelos méritos de Cristo, portanto. O Filho de Deus tomou carne da carne de Maria. Se Jesus ressuscitou dos mortos e com seu corpo glorificado subiu aos céus, era justo que também o corpo de Maria fosse glorificado. O teólogo e místico leigo oriental do século XIV, Nicolau Cabasilas († 1398), num sermão sobre a Dormição de Maria (nome que no Oriente se dava à Assunção), afirmava: "Era preciso que a Virgem fosse companheira de seu Filho em tudo o que respeita à nossa salvação. Tendo-lhe ela dado o sangue e a carne, e tendo participado de todas as angústias e dores do filho, em troca foi feita também participante dos seus bens. Era preciso que aquela alma santíssima se separasse daquele santíssimo corpo. Por isso desceu à sepultura. Mas depois, o céu veio acolher aquela nova terra, aquele corpo espiritual, aquele tesouro de nossa vida, mais glorioso que os anjos, mais santo que os arcanjos".

Somos candidatos à glorificação

Maria, em corpo e alma no céu, é o protótipo, o modelo de todos os que foram remidos pelo Sangue de Jesus. Todos nós somos candidatos à glorificação em corpo e alma no céu. Maria assunta ao céu é a antecipação da humanidade salva, imagem e começo da Igreja glorificada. Maria vive agora o futuro que todos esperamos. Celebrar a Assunção de Maria é celebrar sua maternidade divina e também celebrar a esperança/certeza do nosso destino eterno.

Ensinou o Concílio: "A mãe de Jesus, glorificada em corpo e alma, é a imagem e o começo da Igreja como deverá ser consumada no tempo futuro. Ela brilha como um sinal da esperança segura e de conforto para o povo de Deus em peregrinação, até que chegue o dia do Senhor" (*Lumen Gentium*, 68).

Glória da Santíssima Trindade

Quando o Papa Pio XII proclamou verdade de fé a Assunção de Maria ao céu, destacou quatro razões. A primeira delas seria para *a maior glória da Santíssima Trindade*. É evidente que tudo o que a Igreja faz e diz é para a glória da Santíssima Trindade. Mas naquele momento a teologia passava por uma crise. Houve até quem decretasse a morte de Deus. Pouco depois, com a preparação do Concílio Vaticano II, sua execução e seus documentos, aconteceu um extraordinário reflorescimento de todo o pensamento teológico. Maria recebeu do Concílio excepcional destaque dentro da eclesiologia, a ponto de o Papa Paulo VI, durante o Concílio, ter-lhe dado o título de Mãe da Igreja.

A segunda razão, apontada por Pio XII, seria a de provocar na Igreja *o aumento do amor a Maria*. A reforma litúrgica, com o realce das festas marianas celebrativas do mistério da Encarnação e Paixão de Jesus, ajudou muito a colocar Maria no seu verdadeiro e glorioso lugar dentro da Igreja. Grande mérito tem nisso Paulo VI com o programático documento *O Culto à Virgem Maria* (2.2.1974), justamente sobre a reta ordenação e desenvolvimento do culto à Mãe do Senhor. Lembrava o Papa que Maria é modelo para a Igreja, não pelo tipo de vida que ela levou ou pelo ambiente sociocultural em que se desenrolou sua existência, mas sim porque, "nas condições concretas da sua vida, ela aderiu total e responsavelmente à vontade de Deus; porque soube acolher sua palavra e pô-la em prática; porque sua ação foi animada pela caridade e pelo espírito de serviço; e porque ela foi a primeira e a mais perfeita discípula de Cristo" (*Cultus Marialis*, 35).

A terceira razão seria a de alcançar de Maria, Mãe do Cristo-Cabeça, *uma maior unidade entre os membros do corpo de Cristo*, que é a Igreja. Da unidade da Igreja se fala desde a Última Ceia, quando Cristo rezou para que fôssemos um como ele e o Pai eram e são um (*Jo* 17,22). O Concílio Vaticano II deu grandes passos na direção da unidade. Várias comissões teológicas foram criadas. Muitas iniciativas surgiram, seja em torno da unidade interna da Igreja, seja em torno da unidade das Igrejas cristãs. No dia em que todos os cristãos, sobretudo a hierarquia, puderem dizer com absoluta sinceridade, como Maria no Magnificat: "Deus olhou para a nossa humildade", far-se-á certamente a unidade. A divisão é fruto inevitável do orgulho.

Causa de esperança

A quarta razão seria para a sociedade tomar consciência do *valor da vida humana* e das funções do nosso corpo. Como andamos necessitados dessa consciência! Fala-se muito numa teologia do corpo, numa teologia da vida. Mas a sociedade perdeu o sentido da sacralidade do corpo humano e do caráter divino da vida. O documento do papa João Paulo II – *Evangelium Vitae* – e suas inúmeras intervenções em defesa dos nascituros, dos famintos, das etnias perseguidas, da mulher escravizada, dos anciãos e doentes soam como um contínuo e insistente alerta.

Maria de Nazaré, que gerou o Autor da Vida (*At* 3,15), aquele que se definiu como sendo "a Vida" (*Jo* 14,6), aquele que disse ter vindo ao mundo para "dar a vida e dá-la em abundância" (*Jo* 10,10), é hoje glorificada em corpo e alma ao céu para mostrar-nos a dignidade da pessoa humana e o destino eterno da vida, que de Deus recebemos. Maria, elevada ao céu e coroada rainha dos anjos e dos santos, foi e continua o exemplo de mulher forte que não duvidou em afirmar que Deus é o vingador dos humildes e dos oprimidos e derruba do trono os poderosos do mundo (vv. 51-53).

Joia da Santíssima Trindade, mulher cheia de graça, encarnação do amor mais terno e puro, que mereceu dar vida humana ao Filho de Deus, mãe venerada de todas as criaturas, primogênita da eternidade, a ti cantam os anjos e aplaudem os santos, enquanto nós na terra exultamos de esperança.

FESTA DA EXALTAÇÃO DA SANTA CRUZ

1ª leitura: Nm 21,4b-9
Salmo: Sl 77
2ª leitura: Fl 2,6-11
Evangelho: Jo 3,13-17

A Jesus Crucificado Deus constituiu Senhor e Cristo (At 2,36)

**BRILHANDO SOBRE O MUNDO,
TU ÉS UM SOL DE AMOR E PAZ!**

A Cruz é o símbolo maior dos cristãos. O primeiro gesto que o padre faz na hora do batismo é uma cruz na cabeça do batizando, marcando-o desde o primeiro momento com o sinal bendito, que nos distingue de todas as outras religiões. E o último gesto no enterro de um cristão é a colocação da cruz na cabeceira da sepultura. Ela nos acompanha a vida toda, com seu sentido de morte e com seu sentido de glória. Do alto das torres, contempla o ir e o vir da cidade. Na parede do escritório, abençoa nosso trabalho. À cabeceira da cama, vela nosso sono. Pendurada sobre nosso peito, recorda que fomos redimidos por sua força salvadora.

O povo cristão, forçado pelas circunstâncias a carregar sua cruz de cada dia, e sabendo que Jesus convidara a todos para segui-lo com a cruz às costas (Lc 9,23), sempre venerou, com carinho e devoção, a Cruz do Senhor. A festa de hoje é celebrada neste dia, desde o ano 335, quando foi consagrada a Basílica da Ressurreição no Calvário, também chamada Igreja do Santo Sepulcro. Já os Evangelistas viram na Cruz não apenas um lugar de suplício, tormento e vergonha, mas também um trono de glória, de onde, triunfante, reina o vencedor da morte.

Antes da reforma litúrgica efetuada pelo Concílio Vaticano II (1963-1965), havia mais uma festa da Santa Cruz, no dia 3 de maio, que recordava a descoberta e recuperação da Cruz do Senhor por Santa Helena, mãe do Imperador Constantino

(† 337). Por terem os descobridores portugueses celebrado Missa em terra firme e plantado o marco de posse de Portugal sobre o nosso território, no começo de maio, o Brasil recebeu o nome de Terra de Santa Cruz.

Pregamos o Cristo crucificado

Evidentemente que a devoção ao Cristo crucificado e à sua Cruz é anterior à festa. As primeiras comunidades olharam para o Calvário com dois grandes olhos de fé: um para o lugar em que o Senhor fora crucificado, outro para o lugar de seu sepultamento e ressurreição. Os dois lugares eram próximos (*Jo* 19,41) não só geograficamente, mas também por seu sentido na história da salvação. Morte e ressurreição são dois mistérios da fé estreitamente dependentes. Como dizemos na Missa, depois da Consagração, vivemos anunciando a morte do Senhor e proclamando sua ressurreição.

Poderia um devoto da Cruz expressar-se melhor do que São Paulo, quando escrevia aos Gálatas: "Não pretendo jamais gloriar-me a não ser na Cruz de Nosso Senhor Jesus Cristo" (*Gl* 6,14)? É na mesma carta que Paulo afirma trazer em seu corpo as marcas da crucificação de Jesus (*Gl* 6,18), em contraposição aos que se gloriavam da circuncisão, marca corporal da lei mosaica. Já não mais a circuncisão ou a incircuncisão, mas a Cruz do Senhor Jesus, que tem a força de tornar-nos nova criatura (*Gl* 6,15. Essa afirmação, Paulo a faz mais vezes em suas cartas (*Gl* 5,6; *2Cor* 5,17). E diz claramente que se tornara Apóstolo não para pregar sabedoria humana, mas a cruz de Cristo (*1Cor* 1,17): "Pregamos o Cristo crucificado, escândalo para uns e loucura para outros" (*1Cor* 1,23); "Resolvi não saber de outra coisa, senão Jesus Cristo, e este crucificado" (*1Cor* 2,2).

Cruz e martírio

No ano 105, foi levado para Roma o velho bispo Inácio, sucessor de São Pedro na sede de Antioquia. Ia preso, para ser martirizado no Circo Máximo ou jogado às feras no Coliseu. Fez-se preceder de uma carta aos cristãos de Roma, que se preparavam para defendê-lo no tribunal. Nela escrevia: "Deixem-me imitar a Paixão do meu Deus... meu amor está crucificado... Se também eu sofrer o martírio, com ele me virá a liberdade em Cristo Jesus e livre ressuscitarei. É lindo para mim passar do mundo para Deus e nele ressuscitar". Veja-se como Santo Inácio unia a morte à ressurreição, o martírio à verdadeira libertação, em outras palavras: a cruz à glória.

A mais antiga cruz que temos foi encontrada em Betsaida, terra de Pedro e André, em 1994. Num pedaço de terracota há uma cruz, que os arqueólogos pensam ser anterior ao ano 70. Mas também na cidade de Herculano, destruída pelo Vesúvio em 79 d. C., numa sala familiar, ficaram as marcas de uma cruz de 43cm, pendurada na parede. Ainda se vê o buraco em que estava pregada. Dou esses dois exemplos para dizer que a cruz sempre foi venerada pelos cristãos, e sempre como símbolo de morte redentora e garantia de ressurreição e glória.

Trago outro exemplo de grande devoção à Cruz de Jesus. Falo de São Francisco († 1226). Seu primeiro biógrafo, Tomás de Celano, escreveu: "O homem de Deus tinha pela Cruz do Senhor um amor apaixonado, quer em público, quer em particular. Apenas começara a servir sob o estandarte do Crucificado, e já a Cruz gravava em sua vida as marcas de seu mistério". Celano conta, então, a conversa de Francisco com o Crucifixo de São Damião. E continua: "Desde então ficou impressa em seu coração, em marcas profundas, a Paixão do Senhor (...) Não terá a Cruz desejado estabelecer nele seu refúgio, quando o Santo adotou o hábito de penitência que reproduz a forma dela? (...) O Santo nos dá dessa forma uma certeza de que o mistério da cruz encontrara nele sua plena realização: assim como sua alma tinha revestido o Senhor Crucificado, da mesma forma seu corpo revestia a Cruz".

A comparação com a serpente

O episódio contado na primeira leitura (*Nm* 21,4-9), acontecido na planície de Moab, periga ser entendido como a presença no meio do povo eleito de costumes idolátricos. De fato, no Oriente Médio, era costume esculpir serpentes na entrada dos templos, na suposição de que elas protegessem a quantos neles entrassem para orar. O povo não esqueceu o episódio do deserto. Mais tarde, nos tempos do Rei Ezequias († 698 a. C.), as serpentes de bronze, de fato, haviam-se tornado ídolos, que recebiam incenso e oferendas. Por isso o rei mandou despedaçá-las (*2Rs* 18,4). O livro da Sabedoria, que condena com veemência as divindades representadas por animais, recorda a Serpente de Bronze, mandada fazer por Moisés, e afirma: "Quem se voltava para ela era salvo, não pelo que via, mas por ti, que és o salvador de todos. E mostraste aos inimigos que és tu que nos livras de todo o mal" (*Sb* 16,7-8).

Ao descrever o encontro entre Jesus e o sábio Nicodemos, João lembra a serpente do deserto, mas faz uma nova leitura do acontecido: a serpente levantada no poste é símbolo do Cristo levantado na Cruz (vv. 14 e 15). No deserto era curado o doente que olhasse para a serpente de bronze. Agora serão curados, e mais, terão a vida eterna os que olharem para o Cristo crucificado. Ao Cristo na Cruz se aplicam com justeza também as palavras explicativas do livro da Sabedoria. Ele, o crucificado, é o salvador de todos, é aquele que nos liberta de todos os males.

Não é difícil ver na comparação da serpente com Jesus o episódio do paraíso (*Gn* 3): a queda dos primeiros pais, enganados pela serpente. Jesus, novo Adão (*1Cor* 15,45), pregado na árvore da Cruz, vence a serpente, reconduz as criaturas ao seu estado primitivo, reabre as portas do paraíso. A árvore, maldita pela presença da serpente, torna-se, pelo Cristo nela pregado, a árvore da vida.

FESTA DE NOSSA SENHORA DA CONCEIÇÃO APARECIDA

1ª leitura: Est 5,1b-2;7,2b-3
Salmo: Sl 44
2ª leitura: Ap 12,1.5.13a.15-16a
Evangelho: Jo 2,1-11

É a imagem da bondade de Deus (Sb 7,26)

A MÃE QUE DEUS DEU AOS BRASILEIROS

A festa de Nossa Senhora Aparecida, por ser a Padroeira e Rainha do Brasil, quando cai em domingo, ocupa o lugar da Liturgia dominical. A Igreja católica não tem nenhum escrúpulo de venerar a Mãe de Jesus, que nos trouxe a salvação, e amá-la com o coração de filhos, já que, em Jesus, tornamo-nos todos irmãos (*Mt* 23,8). A imagem da Virgem Aparecida lembra-nos a ternura maternal de Maria, sua dedicação a Jesus como mulher de fé, seu serviço prestado a toda a humanidade. Nela temos o mais perfeito exemplo do discípulo de Jesus, que sabe cumprir os mandamentos e fazer a vontade do Pai (*Mt* 12,50; *Lc* 8,21).

Se a história da salvação é uma história da fidelidade do ser humano a Deus, Maria é o maior de todos os exemplos. Olhando para ela, não há coração adormecido de filho que não acorde para Deus, único Senhor; e não acorde para a fraternidade, fazendo dos povos e raças uma só família. Nossa devoção a Maria é uma resposta a todo o serviço que ela nos presta, convocando-nos sempre de novo ao Evangelho e convidando-nos, como no Evangelho de hoje: "Fazei tudo o que ele vos disser!" (v. 5)

Virgem Mãe Aparecida

Um pouco de história. Em 1717, passou por Guaratinguetá, SP, o Conde de Assumar e sua comitiva. Como era sexta-

-feira, dia de abstinência de carne, saíram três pescadores ao Rio Paraíba, a fim de pescar para o banquete a ser oferecido ao Conde. Sabe-se o nome dos três pescadores: Domingos Garcia, João Alves e Felipe Pedroso. Como na pescaria do Apóstolo Pedro (*Lc* 5,5), nada pescaram. Decidiram voltar. Mas, após um último arremesso, retiraram da água pequena estátua sem cabeça. Em outro arremesso, veio a cabeça da estátua. Seguiu-se pesca abundante.

Ao limparem a imagem, viram que era uma estátua de Nossa Senhora da Conceição, de barro cozido, enegrecida pelas águas e pelo tempo. Corpo e cabeça não mediam mais que 36cm. Um dos pescadores a guardou em casa. Outras pessoas foram rezar junto dela. Em 1745, construíram-lhe uma capela no alto do Morro dos Coqueiros. A imagem já era conhecida como "a Aparecida". Enquanto dentro da capela os peregrinos rezavam, em torno nascia a cidade. Em 1888, a capela, várias vezes reformada e aumentada, foi substituída por uma igreja. Em 1894, chegaram os religiosos Redentoristas, para tomar conta da imagem e atender os peregrinos. A festa de Nossa Senhora Aparecida trocou várias vezes de data. Já foi celebrada no 2º domingo de maio; depois, no dia 11 de maio; depois no dia 7 de setembro, junto com o dia da Pátria. Como a estátua teria sido encontrada nas águas do Paraíba em meados de outubro, a pedido dos Bispos brasileiros, a festa foi fixada, em 1953, no dia 12 de outubro.

Em 1908, o Santo Padre deu ao santuário de Aparecida o título de Basílica. Em 1930, Pio XI declarou Nossa Senhora Aparecida Padroeira do Brasil. A partir de 1955, começou-se a construir a nova e imensa Basílica, consagrada, no dia 4 de julho de 1980, pelo Papa João Paulo II. E, para lembrar para sempre a visita do Papa e a consagração da Basílica, foi declarado feriado nacional o dia 12 de outubro, festa de Nossa Senhora Aparecida.

**Padroeira
e advogada**

No ato de consagração da Basílica, o Santo Padre fez uma longa prece. Entre outras coisas, pediu e disse assim: "Maria, eu vos saúdo e vos digo 'Ave!' neste santuário, onde a Igreja do Brasil vos ama, venera-vos e vos invoca como *Aparecida*, como revelada e dada particularmente a ele! Como sua Mãe e Padroeira! Como Medianeira e Advogada junto ao Filho de quem sois Mãe! Como modelo de todas as almas possuidoras da verdadeira sabedoria e, ao mesmo tempo, da simplicidade da criança e daquela entranhada confiança que supera toda fraqueza e todo sofrimento!

Quero confiar-vos de modo particular este povo e esta igreja, todo este Brasil, grande e hospitaleiro, todos os vossos filhos e filhas, com todos os seus problemas e angústias, trabalhos e alegrias. Quero fazê-lo como sucessor de Pedro e Pastor da Igreja universal, entrando nessa herança de veneração e amor, de dedicação e confiança que, desde séculos, faz parte da Igreja do Brasil e de quantos a formam, sem olhar as diferenças de origem, raça ou posição social, e onde quer que habitem neste imenso país.

Ó Mãe, fazei que esta Igreja, a exemplo de Cristo, servindo constantemente as criaturas humanas, seja defensora de todas as pessoas, em particular das que estão pobres e necessitadas, das socialmente marginalizadas e espoliadas. Fazei que a Igreja do Brasil esteja sempre a serviço da justiça entre os homens e contribua, ao mesmo tempo, para o bem comum de todos e para a paz social". Certamente, uma prece que repetimos hoje, no dia de sua festa, pedindo à Mãe Aparecida proteção para a vida do nosso povo; pedindo maior justiça, para que haja paz e tranquilidade social; pedindo trabalho para todos, para que não falte o pão na mesa e os pais possam educar seus filhos com serenidade e dignidade; pedindo a paz, que nasce do respeito mútuo e do espírito fraterno.

**Mãe
modelo**

O Evangelho – o episódio das bodas de Caná (*Jo* 2,1-11) – fornece-nos uma série de sugestões. O fato acontece em família. Nós queremos que Maria seja a Mãe protetora de toda a família brasileira, em que tantas vezes falta a alegria da convivência e da mesa posta. Estão presentes Jesus e Maria. Sua presença valoriza o significado do matrimônio, da família humana. Maria intercede junto a Jesus. Da mesma maneira, ela haverá de interceder pelo povo brasileiro em suas múltiplas necessidades. Ela é apresentada como "mãe" (v.1). E é a mãe nossa. É a Mãe da misericórdia, cuja ternura toca o nosso coração, recebe e atende nossos pedidos.

Maria mostra confiança em Jesus, no seu poder, na sua ajuda. Ela nos diz como e quanto devemos todos confiar nele, capaz de transformar nossa pequena vida mortal (simbolizada na água) em vida divina (simbolizada no vinho). Houve abundância de vinho. Deus é abundante em sua misericórdia e encheu com a plenitude de sua graça a Mãe de seu Filho (*Lc* 1,28). É dessa riqueza de graça que Maria distribui, também ela com abundância, aos filhos que a ela recorrem. Dela podemos dizer o mesmo que a Carta aos Hebreus aconselhava a respeito de Jesus, Sumo Sacerdote: "Aproximemo-nos confiantemente do trono da graça, a fim de alcançar misericórdia" (*Hb* 4,16).

João diz que o milagre de Caná foi o primeiro milagre de Jesus na vida pública (v. 11). Ao mesmo tempo em que o primeiro milagre é realizado por intercessão de Maria, João nos dá as últimas palavras da Mãe de Jesus registradas pelos Evangelhos: "Fazei tudo o que ele vos disser! (v. 5) Uma palavra programática, cujo bom sucesso temos no próprio milagre de Caná. Nos anos de vida pública, Jesus disse muita coisa, ele que é chamado 'Palavra de Deus'; e afirmou que eram seus irmãos todos os que o escutassem e pusessem em prática seus ensinamentos, mencionando expressamente sua Mãe Maria como modelo de quem o ouve e vive a Palavra pronunciada por ele (*Lc* 8,21).

SOLENIDADE DE TODOS OS SANTOS

1ª leitura: Ap 7,2-4.9-14
Salmo: Sl 23
2ª leitura: 1Jo 3,1-3
Evangelho: Mt 5,1-12a

Os santos do Altíssimo receberão a realeza (Dn 7,18)

SANTIDADE CRISTÃ: PLENITUDE DA FÉ E DA GRAÇA

Celebramos hoje a festa de Todos os Santos, um dia de alegria pela glória alcançada por eles. Compreende-se que a Antífona de entrada seja um hino de alegria: "Alegremo-nos todos no Senhor na festa de Todos os Santos e conosco rejubilem os anjos e louvem o Filho de Deus". Mas é também um dia de agradecimento a Deus, porque tudo o que eles conseguiram foi graça do Senhor. É também um dia de reflexão sobre esta verdade: todos somos chamados à santidade. Esse chamado é a razão de ser da Encarnação de Jesus. Muitas vezes, pensa-se que a santidade é o resultado do nosso esforço em alcançar Deus com nossos merecimentos. Na verdade, nossa santidade é a resposta que damos ao dom do amor de Deus derramado sobre nós, mediante o Senhor Jesus. "Ninguém vai ao Pai senão por mim", afirmou Jesus (Jo 14,6). Ninguém se santifica por seus próprios méritos, mas pelos méritos de Jesus. Deus nos chama à santidade e no-la oferece.

Os textos da Missa de hoje nos apresentam três aspectos fundamentais da resposta que devemos dar a Deus. Em primeiro lugar, o santo é a criatura pobre que se abre para Deus, que a ama e lhe dá a vida (Evangelho). Em segundo lugar, o santo é a criatura que se descobre como filho de Deus, participante do mistério do amor que há entre o Filho Jesus e o Pai (2ª leitura). Em terceiro lugar, o santo é a criatura que testemunha Jesus Cristo, destronando os ídolos, sobretudo o ídolo da autossuficiência e da autojustificação (1ª leitura).

Celebramos os santos e bem-aventurados canonizados pela Igreja. Celebramos também todos aqueles que, conhecidos ou anônimos, conseguiram na vida fazer resplender em seu rosto e em seus gestos o rosto e os passos de Cristo; aqueles e aquelas – e são multidão –, que, diferentemente do tentador mito de Narciso, não se espelharam em si mesmos, não se contentaram nem se encantaram nem se envaideceram consigo, mas se abriram ao divino, enamoraram-se das bem-aventuranças e não procuraram outra glória fora do Cristo humilde, humilhado, pendente da Cruz (*Gl* 6,14): "Se cremos que Jesus morreu e ressuscitou, cremos também que Deus levará com Jesus os que nele morreram" (*1Ts* 4,14).

Vivemos em comunhão

Nossa alegria na festa de hoje tem ainda outra razão. A Igreja nos ensina que somos uma 'comunhão' com todos os cristãos da terra e com todos aqueles que morreram na amizade de Deus. Rezamos sempre no Credo: "Creio na comunhão dos santos". Diz o *Credo do Povo de Deus*, elaborado pelo Papa Paulo VI, em 1968: "Cremos na comunhão de todos os fiéis de Cristo, dos que são peregrinos na terra, dos defuntos que estão terminando a sua purificação, dos bem-aventurados do céu, formando todos juntos uma só Igreja, e cremos que nesta comunhão o amor misericordioso de Deus e dos seus santos está sempre à escuta de nossas orações" (n. 30).

Essa comunhão é dinâmica, porque os santos podem interceder por nós junto de Deus. Ensina o *Catecismo*: "Pela fraterna solicitude deles, nossa fraqueza recebe o mais valioso auxílio" (n. 956).

Que é um santo?

Penso que cada um de nós já teve a oportunidade de conhecer e até de conviver com um santo, uma santa. Às vezes, parecem-nos pessoas difíceis, porque vivem na contracorrente. Às vezes, distinguimos os santos por sua doçura e disponibilidade. Muitas vezes, por sua capacidade de discernimento e suas palavras de sabedoria e misericórdia. Outras vezes, reconhecemo-los por sua serenidade no sofrimento e nas horas adversas. Com toda a certeza eram pessoas humildes, orantes, eucarísticas, desapegadas e capazes de qualquer sacrifício para ajudar alguém em necessidade.

O Papa São João XXIII, que trabalhou a vida inteira o propósito de ser bom e espalhar bondade, escreveu: "Que é um santo? Santa é a pessoa que sabe anular-se constantemente, destruindo dentro e em torno de si aquilo em que outros encontrariam razões de louvores diante do mundo. Santa é a pessoa que mantém viva em seu peito a chama de um amor puríssimo para com Deus, acima dos languidos amores da terra. Santa é a pessoa que dá tudo, sacrifica-se pelo bem dos irmãos e procura na humilhação, na caridade seguir fielmente os caminhos traçados pela Providência (não esqueçamos que é a Providência que guia as almas e cada uma tem seu caminho próprio!). Nisto está toda a santidade".

Podemos dizer também que santa é a pessoa que consegue equilibrar três dimensões, próprias, aliás, de todas as criaturas: a dimensão para o alto, para Deus; a dimensão para dentro, para a própria consciência e amadurecimento de sua própria pessoa; e a dimensão para fora, para o próximo. As três dimensões se exigem na mesma intensidade. Excluir uma será excluir todas. Supervalorizar uma será prejudicar as outras duas e pôr em perigo as três. A dimensão para Deus, mal conduzida, produz fanatismo e intolerância, por um lado; indiferentismo e agnosticismo, por outro lado. A dimensão para dentro, se exagerada, produz o narcisismo, o egocentrismo e a presunção de autossalvar-se; ou até o suicídio. A dimensão desmesurada para o próximo gera um ativismo estéril ou desenvolve o vício da dominação e da soberba. Equilibrar as três dimensões é ser santo. As três têm suas exigências e compromissos. Não se contradizem nem tomam direções diferentes. As três se ajudam e se espelham.

A caminho da santidade

As Bem-aventuranças, que lemos no Evangelho de hoje, mostram bem as três dimensões. A criatura se sente pobre e dependente, por isso precisa de Deus e a ele recorre. Sente-se sedenta de justiça, por isso se abre misericordiosa aos outros e a seus problemas. Sente a necessidade da mansidão e da humildade, por isso é capaz de amar-se, cultivar-se. A humildade é uma constante do amor, e o amor é a força construtora, mantenedora e inconfundível da comunhão dos santos.

A santidade não é privilégio de ninguém. Todos somos chamados a ela. A todos Deus dá os meios suficientes. Nenhuma profissão, nenhum defeito físico, nenhum estado de vida nos exclui de avançar pelo caminho da santidade. A todos disse Jesus: "Sede santos como o Pai do Céu é santo!" (*Mt* 5,48). Aos Efésios recomendava São Paulo: "Comportai-vos como convém a santos!" (*Ef* 5,3). Mas ninguém se dá a santidade. A única fonte da santidade é Deus. É nela que devemos beber.

Ao terminar o grande Jubileu do ano 2000, São João Paulo II escreveu uma carta/programa para toda a Igreja e não hesitou em acentuar como primeira preocupação pastoral no novo milênio a santidade (*Novo Millennio Ineunte*, 30). Para quem recebeu o Batismo, que é a porta de entrada na santidade, porque é o momento da inserção em Cristo, seria um contrassenso contentar-se com uma vida medíocre, uma religiosidade superficial e ocasional. Perguntar a um catecúmeno: "Queres receber o Batismo?" é o mesmo que perguntar-lhe: "Queres ser santo?" (n. 31). Celebramos Todos os Santos. Celebramos a santidade. Celebramos a glória de sermos filhos de Deus a caminho da santidade.

COMEMORAÇÃO DE TODOS OS FIÉIS DEFUNTOS

1ª leitura: Sb 3,1-9
Salmo: Sl 24
2ª leitura: Ap 21,1-5a.6b-7
Evangelho: Mt 5,1-12a

Senhor, pai e dono de minha vida, não me abandones!
(Eclo 23,1)

CONTEMPLAREI O SENHOR NA TERRA DOS VIVENTES

Temos três formulários para a Missa de hoje. Os três centrados no mistério pascal de Cristo, mas cada um com acento especial. O Celebrante pode escolher um deles e, se celebrar três Missas, como é costume multissecular, não precisa necessariamente usar um formulário depois do outro. O primeiro formulário realça o tema da fé e da esperança em Deus e no Cristo redentor, que nos darão a plenitude da vida. O verso do Salmo responsorial resume bem o tema: "Contemplarei a bondade do Senhor na terra dos viventes" (Sl 27,13). O segundo esquema sublinha a espera da vinda gloriosa do Senhor e a derrota da morte. De novo é o Salmo responsorial que faz a síntese: "Não se decepcionarão os que esperam em ti" (Sl 25,3). O terceiro formulário, que privilegiamos neste ano, ressalta o comportamento cristão durante a vida, em vista da escatologia, isto é, em vista da morte, que o espera, e da glorificação prometida. O Salmo responsorial destaca bem essa perspectiva: "A minha alma tem sede de Deus, do Deus vivente" (Sl 42,3). Ou ainda o último versículo do Evangelho: "Alegrai-vos e exultai, porque é grande a vossa recompensa nos céus" (Mt 5,12).

A comemoração dos Mortos está muito bem posta junto à festa de Todos os Santos. As duas estão ligadas pela fé e pela esperança no destino eterno da criatura humana, redimida por Jesus Cristo. Os santos lembram a meta alcançada, em que não precisam mais da fé e da esperança, porque tudo é amor (*1Cor* 13,8). A celebração de hoje é toda tecida de esperança e fé e, por isso, bastante voltada para as boas obras realizadas por nossos mortos ou que devemos fazer nós, para alcançar a coroa da vida eterna (*Ap* 2,19). São Pedro expressou bem essa fé e essa espera/esperança, quando escreveu: "O Deus e Pai de Nosso Senhor Jesus Cristo, em sua grande misericórdia, regenerou-nos para uma viva esperança, pela ressurreição de Jesus Cristo dos mortos, para uma herança incorruptível, incontaminada e imarcescível, reservada nos céus para nós" (*1Pd* 1,3-4).

Luz e salvação

Na vigília da Páscoa, quando, reunidos em comunidade, esperamos e celebramos a Ressurreição de Jesus, acendemos o Círio pascal e todos, com velas acesas nas mãos, bendizemos a luz, símbolo do Cristo e da salvação por ele garantida. O Celebrante entoa com entusiasmo o *Exsultet*: "A luz do Rei eterno venceu as trevas do mundo... Cristo libertou-nos da escuridão do pecado e da corrupção do mundo e nos consagrou ao amor do Pai e nos uniu na comunhão dos santos!" E com as velas acesas nas mãos, renovamos as promessas do Batismo, isto é, nosso compromisso de caminhar na santidade.

A luz, que celebramos na madrugada da Ressurreição, é-nos dada na hora do Batismo, simbolizada por uma vela acesa. É a mesma luz que acendemos no velório. É a mesma luz que deixamos acesa no cemitério. Sempre com o mesmo sentido: Cristo, luz do mundo e salvação nossa, arrancou-nos das trevas da condenação, revestiu-nos da gloriosa condição de filhos de Deus e nos conduz para a luz eterna, para onde "já não haverá noite nem necessidade de velas nem mesmo da luz do sol, porque o Senhor Deus nos iluminará e reinaremos pelos séculos dos séculos" (*Ap* 22,5).

Pertencemos ao Senhor

A morte é o caminho necessário de todos os viventes (*1Rs* 2,2). Caminho que termina em Deus, de onde, um dia, saímos.

Se o Antigo Testamento não teve clareza com o que acontece ao ser humano depois da morte, o Novo Testamento é claro: Cristo conseguiu a vitória sobre a morte e levou a criatura a participar da vida incorruptível e eterna de Deus. O mesmo Senhor, que nos deu a vida, dá-nos a morte. "Tu, Senhor, tens poder sobre a vida e sobre a morte" (*Sb* 16,13). O mesmo Senhor, que nos criou por amor, acolhe-nos para um amor infinito, para uma perfeita comunhão com ele. São Pedro expressa--o com palavras fortes: "Fugindo da corrupção, tornamo-nos participantes da natureza divina" (*2Pd* 1,4).

Nossa vida e nossa morte pertencem ao Senhor (*Eclo* 11,14). Os bens que do Senhor recebemos e os bens que fizemos são do Senhor, embora tenham frutificado para nós. Nós inteiros, corpo e alma, pertencemos ao Senhor. São Paulo escreveu aos Romanos: "Se vivemos, é para o Senhor que vivemos; se morremos, é para o Senhor que morremos. Quer vivamos, quer morramos, pertencemos ao Senhor" (*Rm* 14,8). Por isso, a melhor atitude diante da morte é deixar-nos ficar serenamente na mão de Deus, como o fez Jesus, no momento em que morria na Cruz: "Nas tuas mãos, Senhor, entrego-me!" (*Lc* 23,46). A morte é um encontro festivo do amor divino e da vida humana. São Paulo mostra-se incisivo: "É preciso que este corpo corruptível se revista de incorrupção e que este ser mortal se revista de imortalidade" (*1Cor* 15,53). A morte é a ponte entre a bela vida terrena e passageira para a belíssima vida celeste, divina e eterna.

A figura da ponte nos lembra que há uma ligação entre os dois lados. Embora os mortos não possam retornar, nós formamos com eles uma comunhão, o que significa que há uma possibilidade de comunicar-nos com eles. Não no sentido de eles poderem aparecer, mas no sentido de nos podermos ajudar mutuamente. Ensina-nos o Concílio: "A união dos que estão na terra com os irmãos que descansam na paz de Cristo, de maneira nenhuma se interrompe, ao contrário, conforme a fé perene da Igreja, vê-se fortalecida pela comunicação dos bens espirituais. Pelo fato de os habitantes do céu estarem unidos mais intimamente com Cristo, consolidam com mais firmeza na santidade toda a Igreja, enobrecem o culto que ela oferece a Deus aqui na terra e contribuem de muitas maneiras para a sua mais ampla edificação" (*Lumen*

Gentium, 49). Os mortos nos podem ajudar. Cito ainda o Concílio: "Por sua fraterna solicitude, a nossa fraqueza recebe o mais valioso auxílio" (*Lumen Gentium*, 49). Mas nós também podemos ajudá-los com nossa oração pessoal e comunitária, sobretudo com a Missa, mistério de morte e ressurreição, em que comungamos, como diz a primeira Oração Eucarística, "o Pão da vida eterna e o Cálice da nossa salvação".

**Alegrai-vos
e exultai**

A Comemoração dos Mortos tem um sentido pascal. Por isso mesmo cobrimos as sepulturas de flores e velas, símbolos de festa. A morte é sempre um momento de reafirmação da fé na ressurreição. "Aos que a certeza da morte entristece, a certeza da imortalidade consola" (*Prefácio*). Cristo ressuscitou no escuro de uma madrugada, transformando as trevas da morte em luz sem-fim. De dentro da escuridão da morte, levantar-nos-emos como o Cristo, como o sol de uma aurora sem ocaso. E da noite de nossa morte se poderá dizer o que a Liturgia diz da noite pascal: "Ó noite, verdadeiramente gloriosa, que une a terra ao céu, o homem criado ao seu Criador!"

A Comemoração dos Mortos é a celebração da plenitude das Bem-aventuranças, procuradas e vividas na caridade, na esperança e na fé, durante a curta vida terrena. No momento em que a morte, nossa grande parteira e benfeitora, devolver-nos ao Senhor, ouviremos dele a frase com que encerrou a lição das Bem-aventuranças: "Alegrai-vos e exultai: grande é agora a vossa recompensa! (*Mt* 5,12).

FESTA DE DEDICAÇÃO DA BASÍLICA DO LATRÃO

1ª leitura: Ez 47,1-2.8-9.12
Salmo: Sl 45
2ª leitura: 1Cor 3,9c-11.16-17
Evangelho: Jo 2,13-22

Quem tiver ouvidos que ouça
o que o Espírito diz às igrejas (Ap 2,7)

NAS COMUNIDADES LOCAIS
ESTÁ PRESENTE A IGREJA UNIVERSAL

A Basílica do Latrão é dedicada ao Santíssimo Salvador, a São João Batista e a São João Evangelista. É a catedral de Roma, a catedral do Papa. O povo romano a conhece como Basílica de São João do Latrão, ou, simplesmente, Basílica do Latrão. A palavra 'Latrão' vem da família dos Leterani, que eram seus proprietários, quando o Imperador Constantino († 337), casado com uma Leterani, doou a vila ao Papa, depois do Edito de Milão (313), que permitiu o culto cristão livre em todo o Império romano. O Papa construiu na vila sua primeira moradia e a primeira igreja pública em Roma. Na fachada da Basílica está escrito em latim: *Caput et Mater omnium ecclesiarum*, que poderíamos traduzir livremente assim: 'Primeira e Mãe de todas as igrejas'. Primeira no tempo e primeira em importância. Mãe por ser a Catedral do Papa, que cria todas as catedrais do mundo e com as quais mantém estreita unidade.

A festa celebra-se desde o século XI no dia 9 de novembro. Quando cai em dia de domingo, ocupa a Liturgia dominical, porque é considerada uma festa do Senhor. Mas é também ocasião para que, de vez em quando, todas as igrejas do mundo se unam à Igreja-Mãe. Normalmente, as catedrais e as matrizes celebram o dia em que foram consagradas ou bentas (dia da inauguração). Os textos da liturgia lembram a sacralidade do lugar em que se reúnem os cristãos para a Mesa da Palavra e a Mesa do Pão. Mas lembram também que cada batizado é uma pedra viva (*1Pd* 2,4) do grande templo de Deus, que é a Igreja, corpo de Cristo (*Cl* 1,17). São Pedro recorda que isso nos traz muita honra (*1Pd* 2,7).

Assim como caprichamos na construção das nossas igrejas, onde nos reunimos aos domingos e onde recebemos os Sacramentos, tornando-as, muitas vezes, verdadeiras obras de arte, assim devemos cuidar do templo vivo, que somos nós. São Pedro escreve: "Se sois o templo de Deus, despojai-vos de toda a malícia e de toda a falsidade, das hipocrisias, das invejas e toda espécie de maledicência". E acrescenta com um pouco de humor: "Como crianças recém-nascidas, desejai o leite espiritual, não falsificado, que vos fará crescer" (*1Pd* 2,1-2).

Significado de 'igreja'

Na linguagem cristã, a palavra 'Igreja' designa a assembleia litúrgica, a comunidade local e toda a comunidade universal dos que creem em Jesus Cristo, Filho de Deus e Salvador do mundo. O *Catecismo* ensina que ela "vive da Palavra e do Corpo de Cristo e ela mesma se torna assim Corpo de Cristo" (n. 752). Por estar fundada sobre Cristo e ter por alma o Espírito Santo, mas ser composta de homens pecadores, a Igreja é, ao mesmo tempo, divina e humana, santa e pecadora.

Se a comunidade é a Igreja, o termo igreja passou também a significar o lugar em que a comunidade se reúne para ler ou escutar o Evangelho, para celebrar o mistério da Eucaristia, que é a memória da Paixão, Morte e Ressurreição de Jesus, para receber os Sacramentos do batismo, da comunhão, da confissão, do matrimônio, e para fazer suas orações em comum, na certeza de que "onde dois ou mais estiverem reunidos em meu nome, eu estarei no meio deles" (*Mt* 18,20).

Jesus quis a comunidade

Podemos dizer que foi São Paulo quem definiu para sempre a comunidade cristã como 'Igreja', uma palavra grega já existente tanto na literatura profana quanto bíblica, com o sentido de 'convocação', 'reunião', 'assembleia'. Não significa, porém, que foi São Paulo quem fundou a Igreja. Apenas fixou a palavra com que a comunidade, querida por Jesus em torno de sua pessoa e de seus ensinamentos, passou a ser conhecida. Jesus sempre quis uma comunidade. Veja-se, por exemplo, *Mc* 8,34-38; *Mt* 10,26-39. Jesus chegou a definir a lei que regeria a comunidade dos discípulos: o amor (*Mt* 5,43ss); e até o símbolo da fé: o batismo (*Mt* 28,19). Depois da Ressurreição, aos poucos, o Cristianismo adotou como seu grande sinal e símbolo a Cruz, sobre a qual Jesus completara a obra salvadora que o trouxera ao mundo.

A palavra 'católica' é grega e significa 'universal'. A Igreja é católica, primeiro, porque nela está Cristo presente. Escrevia Santo Inácio de Antioquia († 107) aos cristãos de Esmirna: "Onde está Cristo Jesus está a Igreja católica". Segundo, porque ela conserva a totalidade dos ensinamentos recebidos de Jesus, mediante os Apóstolos. Ao longo dos séculos, a Igreja cuidou com muito zelo da fidelidade à doutrina do Evangelho. E não foram poucos os que preferiram o martírio a renegar uma das verdades ou a escamoteá-la com ideologias a serviço da política. Terceiro, a Igreja se chama católica, porque o próprio Cristo a enviou em missão a todos os povos da terra (*Mt* 28,19). Todos os povos, de todos os tempos e de todas as culturas, são chamados a fazer parte do novo Povo de Deus, que Jesus chamou de Reino dos Céus.

A Igreja católica está presente em todas as comunidades locais dos fiéis que, unidos ao Bispo diocesano, quase sempre representado pelo padre, se reúnem para as celebrações. Ensina o *Catecismo*: "Nessas comunidades, embora muitas vezes pequenas e pobres, ou vivendo na dispersão, está presente Cristo, por cuja virtude existe a Igreja una, santa, católica e apostólica" (n. 832). Dentro de uma igreja de pedra ou de madeira, portanto, reúne-se a comunidade dos batizados que, por menor e mais simples que seja, é sempre a Igreja universal, a Igreja de Jesus Cristo, reunida em oração.

Comunhão de bens espirituais

A festa da dedicação da Basílica do Latrão é também a celebração do lugar em que nos reunimos como comunidade de fé. Festejar a igreja que nos congrega é celebrar a unidade entre nós e nossa unidade com a Igreja-Mãe, simbolizada na catedral do Papa, sucessor de Pedro, a quem Jesus entregou as chaves (*Mt* 16,19), isto é, o poder de presidir, na caridade, a Igreja universal. A palavra 'catedral' vem de 'cátedra' (cadeira), o lugar onde se assentam os sucessores dos Apóstolos (o Papa com todos os Bispos em comunhão com ele) para ensinar, com autoridade divina, as verdades da fé.

Festejar o lugar em que nos reunimos como comunidade cristã é celebrar nosso encontro com Deus, para adorá-lo "em espírito e verdade", como nos ensina o Evangelho da Missa de hoje (*Jo* 4,23). E é também um momento excelente para expressar gratidão pela graça de participarmos de todos os bens espirituais da Igreja universal. Explica-nos o *Catecismo*: "Uma vez que todos os crentes formam um só corpo, o bem de uns é comunicado aos outros: existe uma comunhão de bens na Igreja. Como ela é governada por um só e mesmo Espírito, todos os bens que ela recebeu se tornam necessariamente um fundo comum" (n. 947).

Festejar o lugar em que nos reunimos como batizados é também recordar a responsabilidade de todos e de cada um pela conservação desse lugar sagrado. Do mesmo jeito como chamamos o lugar de 'Casa de Deus', podemos chamá-lo de 'Casa da Comunidade'. Uma igreja bonita, funcional, bem cuidada pode ser o símbolo de uma comunidade responsável, harmônica e feliz.

OUTRAS FESTAS E SOLENIDADES

SOLENIDADE DE SÃO JOSÉ, ESPOSO DA VIRGEM MARIA

1ª leitura: 2Sm 7,4-5a.12-14a.16
Salmo: Sl 88
2ª leitura: Rm 4,13.16-18.22
Evangelho: Lc 2,41-51a

Não se encontra mancha alguma em sua glória (Eclo 44,19)

O SINGULAR DEPOSITÁRIO DO MISTÉRIO DE DEUS

A festa de São José cai sempre durante a Quaresma. Por isso não é celebrada em domingo. Em alguns países é dia santo de guarda. Muito cedo ele ocupou um lugar especial na devoção popular. Nas celebrações litúrgicas, ele começa a ser lembrado no século IX. A festa no dia 19 de março foi fixada pelo Papa franciscano Sisto IV († 1484), o mesmo que mandou fazer a famosa Capela Sistina. Provavelmente escolheu esse dia porque era, desde os tempos da Roma pagã, o dia dos artesãos. O Papa Gregório XV, em 1621, elevou a festa a dia de preceito. A festa permaneceu como dia santo até a reforma litúrgica do Concílio Vaticano II. Ela recebera grande destaque, quando o Papa Beato Pio IX, em 1870, dera a São José o título de 'Padroeiro da Igreja Universal'. Os grandes propagadores da festa foram os Franciscanos e os Carmelitas. Os Carmelitas conseguiram, em 1680, uma segunda festa: a do Patrocínio de São José, adotada de imediato por algumas outras Ordens, como a dos Franciscanos. Pio IX, em 1847, estendeu-a a toda a Igreja. Celebrava-se com solenidade na quarta-feira da terceira semana da Páscoa. Em 1955, Pio XII consagrou a São José também o dia 1º de maio, Dia Internacional do Trabalho, dando-lhe uma missa própria, que acentua sua qualidade de operário-carpinteiro.

Embora os Evangelhos falem pouco de José, todos os Papas dos últimos séculos o destacaram com encíclicas, cartas apostólicas e exortações. Não pelos dados biográficos que temos, mas pelas suas qualidades humanas e, sobretudo, pela sua presença ativa no mistério do Cristo redentor. Depois de Maria, foi a pessoa que mais teve a ver com a educação e preparação para a vida pública do Filho de Deus. Jesus levou uma vida normal em sua casa de Nazaré, tanto do ponto de vista de crescimento físico, quanto de crescimento na piedade, na vida escolar e civil. E todos sabem a influência do pai, ainda que adotivo, sobre o desenvolvimento de uma criança. Podemos, portanto, pressupor que José não só deu a Jesus a linhagem legal da família de Davi, mas também toda uma linha de comportamento, seja na dimensão para Deus seja na dimensão para o próximo.

Carpinteiro de profissão

José deu também uma profissão a Jesus. Todo rabino, além de formado em 'Leis e Profetas', tinha uma profissão. Jesus, de profissão, foi carpinteiro, como São Paulo, de profissão, foi fabricante de tendas (*At* 18,3). E a profissão aprendeu-a de José. Escreveu o Papa João Paulo II na Exortação Apostólica sobre São José: "O texto evangélico especifica o tipo de trabalho, mediante o qual José procurava garantir o sustento da família: o trabalho de carpinteiro... Aquele que era designado como o *filho do carpinteiro* (*Mt* 13,55) tinha aprendido o ofício de seu pai legal" (n. 22).

Há gente que viu no ofício de carpinteiro um símbolo de toda a sua missão: a de construir a nova família de Deus, o novo templo da presença do Senhor no meio da humanidade. Na verdade, Jesus tinha muito a consertar. Dele foi que o Apocalipse disse: "Devo renovar todas as coisas" (*Ap* 21,5). A Igreja é um edifício sempre em construção até o fim dos tempos. Fica-lhe muito bem São José carpinteiro, mestre-escola de Jesus, como patrono.

O Patriarca
São José

A segunda leitura fala de Abraão como homem de fé (*Rm* 4,13.22). Por ser homem de fé, foi um homem justo (v. 22). Exatamente como São José. Abraão esperou e confiou em Deus mesmo contra tudo (v. 18). José esperou e confiou em Deus na sombra dura da fé, vendo crescer lentamente, sem nenhuma diferença, o Filho de Deus e de Maria, posto legalmente em seus cuidados. Lucas elogia muito a fé de Maria (*Lc* 1,45), no grande fato da encarnação de Jesus, talvez para contrastar com Zacarias, que era sacerdote e não acreditou no primeiro momento (*Lc* 1,18.20). Mateus, porém, realça a fé robusta de José, expressa pela atitude de sujeição e de respeito ao mistério (*Mt* 1,24).

O Evangelho de hoje nos conta um dos episódios da vida humana de Jesus adolescente. Por quatro vezes, nesse curto trecho, aparece a palavra *buscar*, *procurar*. É o velho tema, tantas vezes acentuado na Escritura, da busca de Deus. O nosso Deus não se encontra ao acaso. Os Patriarcas o procuraram. E José – ainda que visse diariamente o Cristo com seus olhos – saiu à procura do Senhor. E, quando o encontrou, não o compreendeu nem a ele nem sua maneira de agir (*Lc* 2,50). A sabedoria de Deus ultrapassa o conhecimento humano. Deus quer ser procurado. E, ao ser encontrado, ainda exige fé sem medida. A procura de Deus é a dinâmica da fé.

Abraão foi provado na fé, quando lhe foi pedido sacrificar o filho único (*Gn* 22,1-2), nascido já na velhice (*Gn* 21,5) e filho de uma mulher sabidamente estéril (*Gn* 16,1). Abraão venceu a prova: tornou-se pai na fé de uma multidão. José foi provado na fé, quando sua mulher, com a qual ainda não havia coabitado, apareceu grávida (*Mt* 1,18-19). Venceu a prova e teve a alegria de ser o primeiro a escutar a grande novidade: "É ele que salvará o povo de seus pecados" (*Mt* 1,21). José tornou-se a raiz de uma multidão, de todos os discípulos de Jesus. Cabe muito bem a ele o título de Patriarca, como muitas vezes é chamado pelos Santos Padres, o mesmo título dado a Abraão.

Obediência e fidelidade

Muito ligada à fé está a obediência. São José é chamado de 'Obedientíssimo' na sua ladainha, aprovada pelo Papa São Pio X. São João XXIII não perdia ocasião de referir-se a José, seu padroeiro pessoal, desde o batismo. É dele este trecho: "Saber obedecer em silêncio: esse é São José. Ei-lo súbito em viagem, por obediência, a Belém; solícito em procurar um abrigo e, depois, atencioso na custódia da gruta; oito dias depois do nascimento de Jesus, preside o rito hebraico que decidia a pertença do recém-nascido ao povo eleito; ei-lo recebendo as honras dos magos, esplêndidos embaixadores do Oriente. Ei-lo a caminho do Egito e, depois, a caminho de retorno a Nazaré, sempre sob obediência silenciosa. Esta a missão de José: mostrar e esconder Jesus, defendê-lo e alimentá-lo, permanecendo sempre à sombra dos mistérios do Senhor, dos quais havia recebido alguns raios por meio das palavras do anjo".

São Bernardo († 1153) faz uma bela comparação entre São José e o outro José da Escritura: "São José recorda o grande Patriarca que outrora foi vendido no Egito. Dele não só herdou o nome, mas também o seguiu na castidade e se assemelhou na inocência e na graça. Se o José de outrora, que foi vendido pela inveja dos irmãos (*Gn* 37,8.11) e levado para o Egito (*Gn* 37,28.36), é figura da venda de Cristo (*Mt* 26,15-16), este José, para fugir da inveja de Herodes, levou Cristo para o Egito (*Mt* 2,13-14). Aquele, fiel a seu Senhor, não quis unir-se à senhora (*Gn* 39,7ss); este, permanecendo puro, guardou fielmente a sua senhora, a mãe do seu Senhor, reconhecendo-a virgem. Àquele que recebeu o dom de interpretar os mistérios dos sonhos (*Gn* 40,12) foram concedidos o conhecimento e a participação nos mistérios celestes. Aquele que guardou o trigo, não para si, mas para o povo (*Gn* 41,35), recebeu o Pão vivo descido do céu, tanto para si quanto para todo o mundo (*Jo* 6,41.51)".

SOLENIDADE DA ANUNCIAÇÃO DO SENHOR

1ª leitura: Is 7,10-14;8,10
Salmo: Sl 39
2ª leitura: Hb 10,4-10
Evangelho: Lc 1,26-38

És bendita pelo Deus Altíssimo,
mais que todas as mulheres da terra! (Jt 13,18)

O *SIM* QUE GEROU O CRISTO, O *SIM* QUE RECRIOU O MUNDO

O mistério da Encarnação do Filho de Deus no seio de Maria de Nazaré foi percebido, cantado, descrito, pintado e esculpido de muitas maneiras. Cada povo, cada época descobre nele aspectos e cores diferentes, e cada tempo e cada artista consegue contemplá-lo com os olhos de seu coração pessoal. Mas todos, se partem da fé, hão de chegar à mesma conclusão: o momento da Anunciação ultrapassa toda a poesia, todas as palavras e toda a arte. Ultrapassa até mesmo o fato histórico, para envolver-se no mistério divino. Podemos acercar-nos dele de mil maneiras, admirá-lo, compreender algumas de suas razões, celebrá-lo com as mais lindas, solenes e exóticas liturgias. Mas ele nos levará sempre a recolher nossa inteligência e a dobrar nosso joelho: é mistério, o mistério da Encarnação de Deus.

A festa da Anunciação, ou da Encarnação do Senhor, poderia também se chamar a festa da Nova Criação, porque, com a vinda do Filho de Deus em carne humana, Jesus se tornou a primeira de todas as criaturas (*Cl* 1,15), a cabeça de todos os seres vivos (*Ef* 4,15), e nele todas as criaturas foram regeneradas. A primeira criação ficou marcada pela desobediência. A nova começa com um *sim* obediencial. Santo Irineu († 208) escreve: "Obedecendo, Maria se tornou causa de salvação para si e para todo o gênero humano". E continua: "O nó da desobediência de Eva foi desfeito pela obediência de Maria. Aquilo que a virgem

Eva havia amarrado com sua incredulidade, a virgem Maria soltou com sua fé". Irineu termina com esta frase-resumo de toda a história humana: "A morte nos veio por Eva, a vida nos veio por Maria". Sim, a Anunciação celebra o início da nova vida, que ultrapassa o tempo da velha criação e jorra para dentro da eternidade de Deus.

Encarnação do Senhor: presença da Santíssima Trindade

Observemos como no Evangelho de hoje aparecem claras as três pessoas da Santíssima Trindade, um mistério que o Antigo Testamento não chegou a descobrir e foi revelado por Jesus. Primeiro, a pessoa de Deus, que, a partir desse momento, chamar-se-á Pai também de seu Filho feito homem; um Deus, que, misericordioso em seu amor, abre-se para nós, criaturas suas; um Deus, que sempre quis bem às criaturas, fruto de um ato de amor gratuito seu; um Deus, que enviou profetas para manter em fidelidade e obediência as criaturas rebeldes e resolveu enviar o próprio Filho para que, na sua pessoa humana e divina, a humanidade fosse doravante absolutamente fiel e obediente.

Depois, o Espírito Santo, a força divina que não conseguia fecundar a terra, porque ela se empedrara na desobediência e no orgulho. Hoje ele encontra a terra boa, por ele mesmo preparada. O Espírito Santo fecunda a Virgem, tornando-a Mãe do Filho de Deus. Vai acompanhá-lo ao longo de sua vida. Ao começar a vida pública, Jesus dirá: "O Espírito Santo está sobre mim" (*Lc* 4,18).

E vem a pessoa de Jesus, figura central da festa de hoje. Filho do Altíssimo, herdeiro de todos os reinos, para quem foram feitas todas as coisas do céu e da terra, e por quem nos veio toda a bênção (*Ef* 1,3), assume hoje a condição humana, tornando realidade acessível "as mais preciosas e ricas promessas para que, por elas, venhamos a ser participantes da natureza divina" (*2Pd* 1,4).

O Anjo aparece a Maria, esposa de José

Aparecem no Evangelho de hoje três outras personagens. O anjo Gabriel, como enviado de Deus, José e Maria. A palavra 'anjo' quer dizer 'mensageiro'. Segundo São Jerônimo, que escreveu um livro sobre a interpretação dos nomes hebraicos, 'Gabriel' significa 'Força de Deus'. Gabriel aparece a primeira vez, no Antigo Testamento, na vida do profeta Daniel, para lhe explicar uma visão (*Dn* 8,16-26). No Novo Testamento, aparece a Zacarias para anunciar a concepção de João Batista (*Lc* 1,11-20) e é ele mesmo que diz chamar-se Gabriel (*Lc* 1,19). Sua missão maior, porém, foi levar a Maria a notícia de que Deus a escolhera para ser a mãe de seu Filho.

José, descendente de Davi (*Mt* 1,20), a quem o Evangelho chama de *justo* (*Mt* 1,19), teve papel importante no nascimento e na infância de Jesus. Coube a ele dar-lhe a paternidade jurídica que, no Oriente, tantas vezes substitui completamente a paternidade natural. Era carpinteiro de profissão (*Mt* 13,55). O Evangelho anota sua presença até os 12 anos do Menino, quando ele se tornou legalmente adulto. À altura da Anunciação, José havia desposado Maria. Esses esponsais, embora não fossem ainda matrimônio, tinham validade jurídica. O tempo que mediava entre os esponsais e o matrimônio era chamado de noivado. Nessa situação de noiva (legalmente já esposa), encontrava-se Maria, quando o anjo a procurou para pedir seu consentimento à maternidade humana e divina de Jesus.

Junto com Jesus, Maria de Nazaré, uma jovem de 15 anos, passou para o centro do Evangelho de hoje. Não se sabe nada sobre as origens de sua família. Não se tem certeza se ela era descendente de Davi ou da tribo sacerdotal. Quem deu a Jesus a filiação davídica foi José (*Mt* 1,16). Não se sabe o nome de seus pais; o protoevangelho de Tiago, um apócrifo do século II, chamou-os de Joaquim e Ana e, sob esses nomes, a Liturgia os celebra no dia 26 de julho. Já se deram mais de 70 significados para o nome 'Maria'; nenhum deles, porém, com segurança. Segundo São Jerônimo, significaria 'Estrela do Mar'. Parece certo que 'Maria' é um nome egípcio. A primeira Maria que ocorre na Bíblia é Maria, irmã de Moisés, nascida no Egito (*Nm* 26,59).

**Serva do Senhor,
servidora da humanidade**

Observe-se que Deus pediu o consentimento de Maria. Diz o Concílio: "Quis o Pai das misericórdias que a Encarnação fosse precedida pela aceitação daquela que era predestinada a ser Mãe de seu Filho, para que assim como uma mulher contribuiu para a morte, uma mulher também contribuísse para a vida" (*Lumen Gentium*, 56). Eva pode significar "mãe de todos os viventes" (*Gn* 3,20); Maria se tornou a mãe do doador da Vida (*1Cor* 15,45), aquele que é a Vida (*Jo* 14,6) e não apenas uma vida temporal, mas Vida eterna (*Jo* 11,25).

São Bernardo demora-se em poética contemplação diante do anjo Gabriel e de Maria: "Todos fomos criados pela sempiterna Palavra de Deus, mas caímos na morte; com uma breve resposta tua seremos recriados e novamente chamados à vida. Ó Virgem piedosa, o pobre Adão, expulso do paraíso com sua mísera descendência, implora a tua resposta. Implora-a Abraão, implora-a Davi; e os outros santos Patriarcas, teus antepassados, que também habitam na região da sombra da morte (*Is* 9,2), suplicam essa resposta. Toda a humanidade, prostrada a teus pés, aguarda-a. E não é sem razão, pois do teu consentimento depende o alívio dos infelizes, a redenção dos cativos, a libertação dos condenados, enfim, a salvação de todos os filhos de Adão, de toda a tua raça... Por que demoras? Por que hesitas? Crê, confia e acolhe!"

E Maria disse seu *sim*, tornando-se não só um instrumento passivo de Deus, mas também cooperadora do mistério da salvação. Não só a 'serva do Senhor', mas também a servidora, sob seu Filho e com seu Filho, de toda a nova humanidade, chamada à comunhão eterna com Deus.

ÍNDICE DE LEITURAS BÍBLICAS

ANTIGO TESTAMENTO

Gênesis
3,9-15.20 283
14,18-20 273
15,5-12.17-18 67
18,1-10a 191
18,20-32 195

Êxodo
3,1-8a.13-15 71
12,1-8.11-14 89
17,8-13 243
32,7-11.13-14 223

Números
6,22-27 45

Deuteronômio
26,4-10 63
30,10-14 187

Josué
5,9a.10-12 75

1Samuel
1,20-22.24-28 41
26,2.7-9.12-13.22-23 155

2Samuel
5,1-3 263
7,4-5a.12-14a.16 329
12,7-10.13 171

1Reis
8,41-43 163
17,17-24 167
19,16b.19-21 179

2Reis
5,14-17 239

Neemias
8,2-4a.5-6.8-10 139

2 Macabeus
7,1-2.9-14 255

Provérbios
8,22-31 269

Eclesiastes
1,2;2,21-23 199

Sabedoria
3,1-9 319
9,13-18 219
11,22-12,2 251
18,6-9 203

Eclesiástico
3,3-37.14-17a 41
3,19-21.30-31 215
27,5-8 159
35,15b-17.20-22a 247

Isaías
6,1-2a.3-8 147
7,10-4;8,10 333
9,1-6 33
12,2-3.3.4bcd.5-6 97
12,2-3.4bcd.5-6 23
40,1-5.9-11 53
42,1-4.6-7 53
43,16-21 79
49,1-6 291
50,4-7 83
52,7-10 37
52,13-53,12 93

54,5-14 97
55,1-11 97
60,1-6 49
62,1-5 135
66,10-14c 183
66,18-21 211

Jeremias
1,4-5.17-19 143
17,5-8 151
33,14-16 15
38,4-6.8-10 207

Baruc
5,1-9 19

Amós
6,1a.4-7 231
8,4-7 227

Miqueias
5,1-4a 27

Habacuc
1,2-3;2,2-4 235

Zacarias
12,10-11;13,1 175

Malaquias
3,19-20a 259

NOVO TESTAMENTO

Mateus
2,1-12 49
5,1-12 319
5,1-12a 315
6,1-6.16-18 59
16,13-19 295

Lucas
1,1-4;4, 14-21 139
1,26-38 .... 283, 333

1,39-45 27
1,39-56 303
2,1-14 33
2,16-21 45
2,41-51a 329
2,41-52 41
3,1-6 19
3,10-18 23
3,15-16.21-22 53
4,1-13 63

1,1-4;4,14-21	139	3,13-17	307
4,21-30	143	8,1-11	79
5,1-11	147	10,27-30	113
6,17.20-26	151	13,1-15	89
6,27-38	155	13,31-33a.34-35	117
6,39-45	159	14,15-16.23b-26	129
7,1-10	163	14,23-29	121
7,11-17	167	16,12-15	269
7,36-8,3	171	18,1-19,42	93
9,11b-17	273	20,1-9	101
9,18-24	175	20,19-31	105
9,28b-36	67, 299	20,1-9	101
9,51-62	179	21,1-14	109
10,1-12.17-20	183	21,1-19	109
10,25-37	187		
10,38-42	191	**Atos dos Apóstolos**	
11,1-13	195	1,1-11	125
12,13-21	199	2,1-11	129
12,32-48	203	5,12-16	105
12,49-53	207	5,27b-32.40b-41	109
13,1-9	71	10,34-38	53
14,1.7-14	215	10,34a.37-43	101
14,25-33	219	12,1-11	295
15,1-3.11-32	75	13,14.43-52	113
15,1-32	223	13,22-26	291
16,1-13	227	14,21b-27	117
16,19-31	231	15,1-2.22-29	121
17,5-10	235		
17,11-19	239	**Romanos**	
18,1-8	243	4,13.16-18.22	329
18,9-14	247	5,1-5	269
19,1-10	251	8,8-17	129
19,28-40	83	10,8-13	63
20,27-38	255		
21,5-19	259	**1Coríntios**	
21,25-28.34-36	15	5,6b-8	101
22,14-23,56	83	3,9c-11.16-17	323
23,35-43	263	10,1-6.10-12	71
24,46-53	125	11,23-26	89,273
		12,3b-7.12-13	129
João		12,4-11	135
1,1-18	37	12,12-30	139
2,1-11	135,311	12,31-13,13	143
2,13-22	323	15,1-11	147

15,12.16-20 151
15,20-27a 303
15,45-49 155
15,54-58 159

2Coríntios
5,17-21 75
5,20-6,2 59

Gálatas
1,1-2.6-10 163
1,11-19 167
2,16.19-21 171
3,26-29 175
4,4-7 45
5,1.13-18 179
6,14-18 183

Efésios
1,3-6.11-12 283
1,17-23 125
3,2-3a.5-6 49

Filipenses
1,4-6.8-11 19
2,6-11 83
3,8-14 79
3,17-4,1 67
4,4-7 23

Colossenses
1,12-20 263
1,15-20 187
1,24-28 191
2,12-14 195
3,1-4 101
3,1-5.9-11 199
3,12-21 41

1Tessalonicenses
3,12-4,2 15

2Tessalonicenses
1,11-2,2 251

2,16-3,5 255
3,7-12 259

1Timóteo
1,12-17 223
2,1-8 227
6,11-16 231

2Timóteo
1,6-8.13-14 235
2,8-13 239
3,14-4,2 243
4,6-8.16-18 247
4,6-8.17-18 295

Tito
2,11-14 33
2,11-14;3,4-7 53

Filêmon
9b-10.12-17 219

Hebreus
1,1-6 37
9,24-28;10,19-23 125
10,5-10 27
11,1-2.8-19 203
12,1-4 207
12,5-7.11-13 211
12,18-19.22-24a 215

1João
3,1-2.21-24 41
3,1-3 315

Apocalipse
1,9-11a.12-13.17-19 105
5,11-14 109
7,2-4.9-14 315
7,9.14b-17 113
11,19a;12,1.3-6a.10ab 303
21,1-5a 117
21,1-5a.6b-7 319
21,10-14.22-23 121

ÍNDICE

ABREVIATURAS E SIGLAS DA BÍBLIA 5
INTRODUÇÃO 7

TEMPO DO ADVENTO 13
    1º Domingo do Advento 15
    2º Domingo do Advento 19
    3º Domingo do Advento 23
    4º Domingo do Advento 27

TEMPO DO NATAL 31
    Solenidade do Natal do Senhor – Missa da noite 33
    Solenidade do Natal do Senhor – Missa do dia 37
    Festa da Sagrada Família 41
    Solenidade de Santa Maria, Mãe de Deus 45
    Solenidade da Epifania do Senhor 49
    Festa do Batismo do Senhor 53

TEMPO DA QUARESMA 57
    Quarta-feira de Cinzas 59
    1º Domingo da Quaresma 63
    2º Domingo da Quaresma 67
    3º Domingo da Quaresma 71
    4º Domingo da Quaresma 75
    5º Domingo da Quaresma 79
    Domingo de Ramos e da Paixão do Senhor 83

TRÍDUO PASCAL E TEMPO PASCAL 87
    Quinta-feira Santa, Ceia do Senhor 89
    Sexta-feira Santa, Paixão do Senhor 93
    Sábado Santo, Vigília Pascal 97
    Solenidade da Páscoa do Senhor 101
    2º Domingo da Páscoa 105
    3º Domingo da Páscoa 109

4º Domingo da Páscoa 113
5º Domingo da Páscoa 117
6º Domingo da Páscoa 121
Solenidade da Ascensão do Senhor 125
Solenidade de Pentecostes 129

TEMPO COMUM 133
2º Domingo do Tempo Comum 135
3º Domingo do Tempo Comum 139
4º Domingo do Tempo Comum 143
5º Domingo do Tempo Comum 147
6º Domingo do Tempo Comum 151
7º Domingo do Tempo Comum 155
8º Domingo do Tempo Comum 159
9º Domingo do Tempo Comum 163
10º Domingo do Tempo Comum 167
11º Domingo do Tempo Comum 171
12º Domingo do Tempo Comum 175
13º Domingo do Tempo Comum 179
14º Domingo do Tempo Comum 183
15º Domingo do Tempo Comum 187
16º Domingo do Tempo Comum 191
17º Domingo do Tempo Comum 195
18º Domingo do Tempo Comum 199
19º Domingo do Tempo Comum 203
20º Domingo do Tempo Comum 207
21º Domingo do Tempo Comum 211
22º Domingo do Tempo Comum 215
23º Domingo do Tempo Comum 219
24º Domingo do Tempo Comum 223
25º Domingo do Tempo Comum 227
26º Domingo do Tempo Comum 231
27º Domingo do Tempo Comum 235
28º Domingo do Tempo Comum 239
29º Domingo do Tempo Comum 243
30º Domingo do Tempo Comum 247
31º Domingo do Tempo Comum 251

32º Domingo do Tempo Comum 255
33º Domingo do Tempo Comum 259
Solenidade de Nosso Senhor Jesus Cristo,
Rei do Universo 263

SOLENIDADES DO SENHOR QUE OCORREM NO TEMPO COMUM 267

Solenidade da Santíssima Trindade 269
Solenidade do Santíssimo Corpo
e Sangue de Cristo 273
Solenidade do Sagrado Coração de Jesus 275

DIAS DE PRECEITO – SOLENIDADES E FESTAS QUE PODEM OCORRER NO DOMINGO 281

Solenidade da Imaculada Conceição
de Nossa Senhora (8 de dezembro) 283
Festa da apresentação do Senhor (2 de fevereiro) 287
Solenidade da Natividade de
São João Batista (24 de junho) 291
Solenidade de São Pedro e
São Paulo, Apóstolos (29 de junho) 295
Festa da transfiguração do Senhor (6 de agosto) 299
Solenidade da Assunção de
Nossa Senhora (15 de agosto) 303
Festa da exaltação da Santa Cruz (14 de setembro) 307
Festa de Nossa Senhora da
Conceição Aparecida (12 de outubro) 311
Solenidade de todos os santos (1 de novembro) 315
Comemoração de todos os Fiéis
Defuntos (2 de novembro) 319
Festa de dedicação da Basílica
do Latrão (9 de novembro) 323

OUTRAS FESTAS E SOLENIDADES 327

Solenidade de São José, esposo
da Virgem Maria (19 de março) 329
Solenidade da Anunciação do Senhor 333

MISTO
Papel produzido
a partir de
fontes responsáveis
FSC® C132240

A marca FSC® é a garantia de que a madeira utilizada na fabricação do papel deste livro provém de florestas que foram gerenciadas de maneira ambientalmente correta, socialmente justa e economicamente viável.

Este livro foi composto com as famílias tipográficas Aparajita, Segoe e SimonciniGaramond e impresso em papel Offset 63g/m² pela **Gráfica Santuário.**